이 책에 쏟아진 찬사들

"우리 시대의 가장 성공한 투자 멘토 알렉산더 그린이 그가 가진 지혜를 인생의 좀 더 중요한 문제로 돌려 우리에게 이야기한다. 매일 마주하게 되는 산만하고 침체된 감정으로부터 벗어나 어떻게 정의롭고, 창조적이고 깊이 있게 살 수 있는가에 관해서 말이다. 역사와 과학, 정신적인 스승들의 통찰을 넘나들며 아름답게 풀어나가는 그린의 글들 속에서 독자들은 스스로의 철학을 형성하고 그에 따라 행동할 수 있는 힘을 얻게 될 것이다."
  - 대니얼 워커 호우Daniel Walker Howe
    (퓰리처상 수상 작가이며 『신이 하신 일What Hath God Wrought』의 저자)

"이 책을 통해, 알렉산더 그린은 우리에게 진정으로 부자가 된다는 것의 의미를 다시 생각하도록 만든다. 그것은 단순히 돈이나 돈으로 살 수 있는 것들을 의미하지 않는다. 세상에 대한 이해와 우리의 의식 수준을 높이는 것 또한 부유함의 조건이다. 이 책의 내용들은 우리를 올바른 방향으로 이끌어준다."
  - 존 매케이John Mackey, (홀푸드의 창립자이자 CEO)

"알렉산더 그린은 물질주의가 팽배한 오늘날의 세상에서 우리가 어떻게 하면 영성과 삶의 의미를 지닌 채, 더 큰 목표를 잃어버리지 않고서 살아남을 수 있는지를 보여준다. 그린은 특유의 절제된 언어와 날카로운 사유를 사용하여, 인생에서 진정 소중한 것에 대한 이야기들을 우리의 심장 안으로 파고들게 만든다."
  - 마이클 셔머Michael Shermer
    (《사이언티픽 아메리칸Scientific American》의 칼럼니스트, 베스트셀러 『선과 악, 그리고 뇌의 과학Science of Good and Evil and The Believing Brain』의 저자)

"누구나 생각해봐야만 할 정신적인 주제들이 있다. 알렉산더 그린은 그것을 알고 있으며, 여기 그 주제들에 관해 멋진 글들을 썼다."
  - 찰스 뮤레이Charles Murray
    (베스트셀러 『벨 커브Bell Curve』, 『인간의 성취Human Accomplishment』, 『진정한 교육Real Education』의 저자)

"정말 놀라운 책이다. 알렉산더 그린은 국보급 작가이다."
  - 에드거 F.퓨리에Edgar F. Puryear
    (베스트셀러 『명령의 기술The Art of Command』의 저자)

깨어 있는가?
살아 있는가?

.

붓다가 스스로 깨달음을 얻은 뒤, 얼마간 인도를 방랑하며 떠도는 길에 범상치 않은 그의 모습을 알아보는 몇몇 이들과 마주쳤다. 그들은 붓다에게 물었다.

"당신은 신인가요?"
"아니오." 그는 대답했다.
"그럼 성인인가요?"
"아니오."
"그럼 예언자인가요?"
"아니오." 그는 다시 말했다.

마침내 그들이 물었다.
"그렇다면 대체 당신은 누구란 말입니까?"
붓다는 대답했다.
"나는 깨어 있는 사람이오."
— 팔리 경전

깨어 있다는 것은 살아 있다는 것이다.
나는 지금껏 완전히 깨어 있는 사람을 만나본 적이 없다.
내가 어찌 감히 그의 얼굴을 바라볼 수 있었겠는가?
— 헨리 데이비드 소로 Henry David Thoreau

삶에서
무엇이 가장
중요한가

Beyond Wealth
Copyright ⓒ 2011 by Alexander Green. All rights reserved.
This translation published under license

No part of this book may be used or reproduced in any manner
whatever without written permission except in the case of brief quotations
embodied in critical articles or reviews.

Korean Translation Copyright ⓒ 2013 by Bookhouse Publishers Co., Ltd.
Korean edition is published by arrangement with
John Wiley &Sons, Inc. through BC Agency, Seoul.

이 책의 한국어판 저작권은 BC 에이전시를 통한
저작권자와의 독점 계약으로 북하우스에 있습니다. 저작권법에 의해
한국 내에서 보호 받는 저작물이므로 무단전재와 복제를 금합니다.

부를 뛰어넘어 풍요로운 인생으로 가기 위한
72가지 삶의 지혜

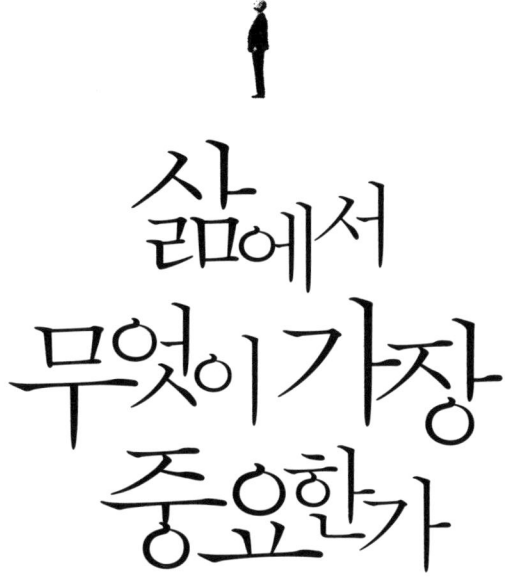

삶에서 무엇이 가장 중요한가

알렉산더 그린 지음 ― 곽세라 옮김

북하우스

추천의 글
새로운 가치에 눈을 뜨다

당신은 이 책을 선택했다. 그것은 당신이 본능적으로 다른 이들보다 '부'를 감지하는 감각이 뛰어난 증거라고 나는 자신 있게 말할 수 있다. 일하고, 저축하고, 투자하는 것을 넘어서 그 이상의 어떤 것이 있다는 것을 당신은 이미 알고 있다는 뜻이니까. 우선, 이 책은 '부자가 된다'는 것이 도대체 무엇을 의미하는지 명확하게 짚어낸다. 그러고 나서 그 부유함을 어떻게 써야 하는지에 대해 이야기한다. 우리가 아무리 경제적 성공의 풍요로움을 누린다 해도 돈뿐만 아니라 우리 삶의 가장 값비싼 일용품인 '시간'과 '주의력'을 제대로 쓰는 법을 반드시 아는 것은 매우 중요하다.

4,500만 달러의 매출을 올리는 경제 관련 출판사의 사장으로서, 20년 넘게 옥스퍼드 클럽 출판사 일을 하면서 나는 운 좋게도 그 분야에서 가장 빈틈없기로 이름난 '투자 구루guru(힌디어로 '스승'이라는 뜻 –역자 주)'들과 가까이 어울릴 수 있었다. 그리고 두말할 나위 없이 이 책의 저자는 그들

중에서도 최고의 구루였다. 알렉산더 그린은 그의 책을 읽은 수백만, 수천만의 독자들이 믿고 따를 수밖에 없는 '부의 마스터'이다.

그는 10여 년 전, 보다 많은 사람들의 재정적 자립을 돕고 싶다는 열망으로 거대 투자 은행을 떠나, 우리의 투자 자문으로서 옥스퍼드 클럽에 참여했다. 그가 참여하고 나서 얼마 지나지 않아 옥스퍼드 클럽의 공식 실적은 국내 최고 기업의 자리에 이름을 올리게 되었다.

알렉스(필자는 저자 알렉산더 그린을 이렇게 친숙하게 줄여 부른다.—역자주)가 명쾌하게 정의해준 투자 원칙과 추천종목 들 덕분에, 나는 지금까지 개인 자산을 불리기 위해 해왔던 것들 중에서 최고의 선택을 할 수 있었다. 또한 그가 운영하는 세계 최대 규모의 개인투자 클럽에서 수많은 사람들이 그의 도움을 받고 있다. 내가 알렉스의 글을 출간하는 출판 관계자로서 얻는 가장 큰 혜택이 있다면, 매일 나의 메일함에 도착하는 그의 독자들이 보내는 생생한 목소리들을 바로 들을 수 있다는 점이다.

3년 전 쯤, 알렉스는 우리 클럽 멤버들에게 새로운 종류의 이야기를 꺼내기 시작했다. 그것은 부유함을 물질적인 관점이 아닌, 정신적인 관점에서 해석하는 것이었다. 그의 이야기를 처음 들었을 때, 나와 나의 동료들은 너무 위험한 주제가 아닐까 생각했다. 그 주제는 우리가 지금껏 다루어왔던 경제 담론과는 너무나 동떨어져 있었고, 심지어 반대적 성향까지 띠고 있었기 때문이다. 지금껏 우리가 비즈니스를 순조롭게 이끌어올 수 있었던 핵심을 비껴가는 주제이기도 했고, 더욱 난처했던 것은 도무지 팔릴 것 같지 않은 책을 출판하기 위해 돈을 써야 한다는 사실이었다.

하지만 알렉스는 내게—그리고 우리 독자들에게—탐험가적인 기질과 철학적인 면이 있다는 것을 간파하고 있었다. 나는 마침내 알렉스가 갖고 있는 뛰어난 재능을 보다 많은 독자들에게 공개하는 일에 찬성했다. 그리고 그가 일단 마음속에 갖고 있던 것들을 조금 꺼내어 보여주자, 나는 도저히 그 매력적인 주제를 거부할 수가 없었다. 그가 말하는 새로운 종류의 '부를 향한 길잡이'는 값을 매길 수 없는 가치가 있다는 것을 직감했고, 그 느낌은 주판알을 튕기는 나의 이성을 잠재우고도 남았다.

그러고 나서 우리는 2008년 2월, 그 첫 번째 시리즈로 『정신적인 부 Spiritual Wealth』를 펴냈다. 그것은 지금까지 내가 출판한 어떤 책보다 선풍적인 반응을 일으켰다. 독자들은 즉각 반응하여 앞다투어 긍정적인 서평과 열광적인 후기를 남겼다.

『정신적인 부』를 통해서 알렉스는 독자들 앞에 사려 깊고, 자비롭고, 지적이기까지 한 삶에 관한 통찰을 솜씨 좋게 펼쳐 놓았다. 서로 다른 종교적, 정치적 신념을 충분히 존중하면서도 말이다. 그가 쓴 한 편 한 편의 짤막한 에세이들은 바로 지금 우리의 삶에 적용할 수 있는 역사적 교훈들과 진리의 금언들로 우리를 자극한다.

알렉스는 그의 다음 65개의 에세이들을 다른 몇 가지 생각들을 보태어 당신이 지금 들고 있는 이 책으로 엮어냈다. 만약 당신이 편견 없이 이 책을 읽는다면, 아마도 이 책을 단지 재미있게 읽는 데 그치지 않고 가족들, 친구들에게 소개하고 선물하고 싶어 견딜 수 없어질 것이다.

알렉스는 경제 관련 출판시장에서 두드러지는 존재이다. 그의 글들은 영민하면서도 이해하기 쉽게 쓰였다. 그의 시선은 날카로우면서도 희망적이며 우리를 즐겁게 한다. 하지만 가장 중요한 것은, 그의 투자 조언은 ―돈이건 영혼이건― 매우 확실하다는 것이다.

그의 생각들, 특히 좀 더 충만한 삶을 위한 조언들은 '가치 있다'는 말로 표현할 수 없을 만큼 가치 있다. 『삶에서 무엇이 가장 중요한가』는 우리 삶에 더욱 깊숙이 관여하며 우리가 사물들을 보다 또렷하게 보게 해주고, 그로 인해 보다 현명한 선택을 할 수 있도록 내면의 지혜를 키워준다.

알렉스는 언어를 연장으로 삼는 훌륭한 조각가이기도 하다. 한 편 한 편 군더더기 없이 잘 다듬어진 에세이들을 읽는 동안 어느덧 우리는 삶에서 가장 가치 있는 것에 주의를 기울이고 의식의 초점을 맞추게 된다.

알렉스는 결코 우리에게 무엇을 하라고, 무엇을 생각하라고 강요하지 않는다. 다만 그의 목소리가 지닌 순수한 설득의 힘에 이끌려 우리는 그가 말하고자 하는 바를 자연스럽게 이해하게 되고 그가 제시하는, 삶을 더욱 부유하게 만드는 여정에 오르게 되는 것이다.

만일 당신이 나와 같은 부류의 사람이라면, 무언가 아주 좋은 것—당신에게 활기를 불어넣고, 고무시키며, 새로 태어난 듯한 느낌을 주고, 삶을 바로잡는 듯하고, 깨달음을 주는—을 경험했다면 그걸 주위 사람들과 나누고 싶어질 것이다. 당신의 깊숙한 현을 울리게 한 그것은 새로 나온 노래일 수도 있고, 예술작품일 수도 있다. 아니면 새로운 것에 눈뜨게 하는 짧은 글을 읽어서일 수도 있고 당신이 일생 동안 만나고 싶었던 누군가를 만난 것일 수도 있다. 이 모든 마법의 순간들을 대할 때마다, 우리는 그 경험을 나누고 싶어 한다. 바로 지금 내가 『삶에서 무엇이 가장 중요한가』를 읽고 나서 느끼는 것처럼 말이다. 내가 그랬듯이 당신이 이 책과 사랑에 빠질 것을 난 이미 알고 있다.

줄리아 구스 (옥스퍼드 클럽 수석편집자)

여는 글
진정 부유한 삶을 위한 첫걸음

"부를 넘어서—이 책의 원제는 'Beyond Wealth'이다—라고?"

새로 나올 책의 제목을 듣자마자 친구 하나는 이상하다는 표정으로 물었다. "왜 부를 넘어서야 해? 난 부에 머물러 있을 수만 있다면 행복할 텐데……." 하지만 그녀의 생각은 틀렸다.

당신은 주식 포트폴리오를 입고 다닐 수 없고, 은행 계좌를 타고 다닐 수 없으며, 금화와 은화를 먹을 수도 없다. 돈은 결코 목적이 되지 못한다. 다만 목적을 위한 수단이 될 뿐이다.

당신이 돈을 넘치도록 갖고 있고, 많은 물건들을 갖고 있다 하더라도 만일 당신이 건강한 몸을 갖고 있지 않다면, 그리고 사랑하는 사람, 진실한 우정, 각별한 취미 등 아침에 침대에서 당신의 몸을 일으켜야만 하는 이유들을 갖고 있지 않다면 그 모든 것의 의미는 사라진다.

요즘 같은 세상에 돈의 위력을 얕보고 하는 말이 아니다. 25년이 넘는 세월 동안, 나는 투자 상담사이자, 시장조사 분석가이자, 경제 관련 칼럼니스트로 일해왔다. 나는 모든 사람들이 경제적 자유를 얻기 위해 애써야 한다고 누구보다 강력하게 믿고 있는 사람이다. 사람에 따라서는 '경제적 자유'라는 것이 독립할 수 있을 만큼의 부를 획득한다는 것을 의미할 수도 있고, 단순히 카드빚으로부터 헤어나오는 것을 의미할 수도 있지만 말이다.

당신이 돈 걱정에 매일매일 허우적대느라 시간을 탕진하고 있다면, 당신은 당신의 잠재력을 일깨울 수도 없고 삶을 충만하게 누릴 수도 없다.

돈은 독립을 뜻한다. 돈은 당신의 욕망으로부터, 단조롭고 고된 노동으로부터, 당신을 옥죄는 모든 관계들로부터 당신을 해방시킨다. 일이나 채무자, 어려운 환경, 그리고 갖가지 부담에 얽매어 있는 사람은 결코 진정한 자유를 누리지 못하기 때문이다.

돈은 당신이 어떤 집에서 살지, 당신의 아이들이 어떤 이웃들에게 둘러싸여 자라게 될지를 결정한다. 당신이 병에 걸렸을 때, 그저 그런 의사가 진료를 할지 저명하고 훌륭한 의사가 진료를 할지를 결정하는 것도 돈이다. 당신이 변호인이 필요할 때, 교통사고나 쫓아다니는 3류 변호사가 당신의 소송을 맡느냐, 최고의 법률 대변인이 맡게 되느냐도 물론 돈이 결정한다.

돈은 또한 위대한 평형장치이다. 당신이 남자건 여자건, 흑인이건 백인이건, 젊건 나이가 들었건, 키가 크건 작건, 잘생기건 못생기건, 교육을 받았건 못 받았건 상관없다. 만일 당신에게 돈이 있다면 당신은 힘 있는 사람이 된다.

부유함은 자유이자 안전이며 마음의 평화이다. 그것은 당신이 원하는 것을 하고 원하는 것이 될 수 있도록 하며 가치 있는 것들이 당신에게로 끌려오게 한다. 또한 부유함은 당신이 꿈을 좇아 살 수 있도록, 그래서 당신이 선택한 길 위에서 당신의 삶을 쓸 수 있는 권한을 준다.

돈은 당신에게 품위를 준다. 선택할 수 있는 기회도 준다. 바로 그 점 때문에 남녀를 불문하고 적정 수준의 경제적 독립을 이룰 수 있는 권리─혹은 의무─를 갖는 것이다.

만약 지금 당신을 가장 압박하고 있는 것이 돈 문제라면─혹은 돈의 부족에 관한 문제라면─나의 첫 책 『낚시 챔프의 포트폴리오The Gone Fishin' Portfolio』를 권하고 싶다. 〈뉴욕타임스〉 베스트셀러였던 그 책은 경제적 자유로 가는 가장 짧고, 간결한 직선 루트를 제공한다.

그 책은 소위 말하는 성공에 관한 책이 아니다. 차라리 의미에 관한 책이라고 하는 것이 옳을 것이다. 나는 그 글들에서 어떻게 하면 돈을 벌고 저축을 하고 투자에서 좋은 성과를 내는지에 관해 이야기하지 않는다. 또한 당신이 이미 가지고 있는 돈들을 어떻게 써야 하는지에 관해서도 미주알고주알 떠들지 않는다. (아마도 돈을 쓰는 방법에 대해서는 당신들이 더 잘 알 테니까.) 나의 에세이들은 그와는 다른 것들, 이를테면 더 부유한 '삶'을 사는 것에 관한 글이다.

의문이 들지도 모르겠다. 내가 어떻게 그런 것들을 당신에게 말해줄 수 있는지. 사실 난 당신이 누군지도 모른다. 당신은 어쩌면 NBA농구 게임이나 집 안 꾸미기, 혹은 구형 자동차 모형조립에 열광하는 사람일 수도 있을 것이다. 그렇다면 아쉽게도 당신의 관심사는 이 책에서 다루지 않는다. 설령 운 좋게 당신의 흥미를 끌 만한 한두 가지 주제를 건드렸다 해도 내가 어떻게 감히 무엇이 당신에게 '좋은 삶'인지 정의할 수 있단 말인가?

그 답은 고전에 있다. 인류는 수천 년 동안 그 주제—좋은 삶이란 무엇인가?—를 연구해왔고, 때문에 최고의 답들은 아주 오랜 역사를 가지고 있다. 하지만 그렇다고 해서 많은 사람들이 그것을 알고 있다는 뜻은 아니다.

당신은 학교에서 수많은 방정식들과 세포의 생성주기, 세계 지도에서 프랑스를 찾아내는 법 등을 배웠을 것이다. 하지만 최상의 삶이 무엇인가는 아무도 가르쳐주지 않는다.

우리는 아주 어려운 방법으로 배움에 다가간다. 너무나 많은 사람들이 성공이라는 가면을 쓴 토끼들—돈, 명예, 지위, 소유—을 좇아 달리고 막상 그것들을 손에 잡았을 땐, 알 수 없는 공허감에 시달리게 된다.

너무나 자주, 세상은 잘못된 가치에 휘둘린다. 우리 스스로의 길을 가는 대신, 주위를 둘러보고 대다수의 다른 사람들이 하고 있는 것을 흉내낸다. 당신은 중요한 인물과 친분을 쌓아야 한다고, 다른 이들을 압도하는 권력이 있어야 한다고, 비싼 물건을 가져야 한다고, 혹은 이웃으로부터 좋은 평판을 얻어야 한다고 당연하게 생각한다. 하지만 그것들은 모두 싸구려 장식일 뿐이다. 반짝거리기는 하지만 가치는 없다.

소크라테스는 "검증되지 않은 삶은 가치가 없다"는 유명한 말을 남겼다. 하지만 우리 중 절대다수는 스스로의 삶에서 무엇이 가장 중요한지, 무엇을 위해 살고 있는지 생각하기 위해 바쁜 걸음을 멈추지 않는다. 그것은 너무나 개인적인 주제이기 때문에 설령 서로를 가장 잘 알고 있는 사람들끼리라 할지라도 그것에 관해 이야기를 나누기는 쉽지 않다. 게다가 그 주제에 관해 토론하는 것이 실생활에서 그다지 유용하지도 않다. 하지만 거기엔 실리를 넘어 우리를 끌어당기는 무언가가 있다.

여기 소개하는 에세이들은 '무엇이 진정으로 부유한 삶을 만드는가'에 관한 나의 생각들이다. 하지만 내가 가진 밑천을 다 펼쳐보았댔자 결국 이 책에 등장하는 최고의 이야기들은 내가 쓴 것이 아니다. 나는 그저 옮겨 적기만 한 것들이 대부분이다. 그 대신 시대를 통틀어 최고의 사상가들에게 자문을 구했다. 아리스토텔레스, 플라톤, 에픽테토스, 마르쿠스 아우렐리우스, 예수, 붓다, 토머스 제퍼슨, 톨스토이, 간디, 아인슈타인, 그리고 리처드 파인먼과 스티븐 호킹에 이르기까지.

우리 모두는 많은 것들에 무지하다. 세상은 너무나 거대하고 복잡 미묘하게 얽혀 있어서 우리가 어떻게 손써볼 도리가 없는 일들로 넘쳐난다. 하지만 '어떻게 살아야 하는가'의 문제에 관해서만은 우리 중 그 누구도 무지한 채로 남아 있어서는 안 된다. 역사적으로 가장 현명했던 이들이 사랑, 일, 명예, 신뢰, 자유, 죽음, 두려움, 진실, 아름다움, 그리고 그 밖의 중요한 것들에 대해 어떻게 생각했는지 들어보는 것은 무지에서 벗어나는 좋은 방법이 될 것이다.

다음 페이지부터 당신이 읽게 될 글 속에서 나는 이 모든 것들을 다뤘다. 내 개인적인 취향도—이를테면 와인, 재즈, 여행, 초콜릿, 문학, 예술, 그리고 벌새 같은 것들을—포함해서 말이다.

무엇보다 나는 세상을 발견하고, 보고, 듣고, 읽고, 그리고 멋진 생각들을 경험하는 순수한 기쁨을 당신에게 전달하고 싶다.

격언집에 나의 마음을 가장 잘 표현한 구절이 있다. "네가 가진 모든 것을 주고, 지혜를 구하라." 이것이야말로 부유한 삶으로 가는 첫걸음이다.

목차

추천의 글 새로운 가치에 눈을 뜨다 · 5
여는 글 진정 부유한 삶을 위한 첫걸음 · 9

1부 달러와 센스 돈보다 당신의 삶을 풍요롭게 만드는 지혜

부자들이 당신보다 똑똑할까? · 27
당신의 마음은 안녕한가? · 33
어떻게 베풀고 나눌 것인가? · 39
구글에서는 검색할 수 없는 것 · 43
정말 중요한 단 한 가지를 꼽는다면 · 49
그중에 첫째는 이것! · 53
믿음이 모든 것을 바꾼다 · 56
행복보다 더 중요한 것 · 59
당신을 자유롭게 하는 열쇠 · 65
다르게 보면, 다르게 살 수 있다 · 68
그때, 마침내 당신의 세상이 온다 · 72
세상에서 가장 중요한 직업은 무엇일까? · 76
'어머니'라는 기적 · 82
그것이 없다고 생각해보라 · 85
인생을 리셋하는 법 · 88
내 조상님이 하신 말씀 · 93
명예롭게 살기 위하여 · 97

2부 측정할 수 없는 부유함 음악, 예술, 문학 그리고 인생의 즐거움

혹시 당신, 매력 없는 인간인가? · 108
걷는 것 이상의 가치 · 111
예술, 당신을 위한 마법의 순간들 · 116
새로운 시각을 얻는 여행 · 121
음악을 통한 인생의 하이라이트 · 127
여자들이 진짜 원하는 게 뭘까? · 132
황홀한 작은 불꽃 · 136
와인과 인생의 즐거움 · 140
명상하듯 밥 먹는 법 · 145
시를 읽고 세상을 보기 · 150
당신 접시 위의 아이스크림이 다 녹아버리기 전에 · 156
대화가 삶에 주는 힘 · 160
꿈꾸는 자의 초상 · 163
행동하지 않는 순간, 놓쳐버리는 것 · 166
천천히 사는 것의 아름다움 · 172
오래도록 함께하는 친구, 재즈 · 176
비밀 이야기를 해볼까? · 182
죽도록 재미있게 살고 있는가? · 188
게으름 예찬 · 194
'새 것'에만 열광하는 당신에게 · 197
이 '독립적인 인간'을 기억하라 · 201
4,500피트 상공의 예배당 · 204

3부 아는 것과 믿는 것 인생의 깨달음을 주는 사상가들의 한마디

톨스토이의 숨겨진 책 · 214

영웅들이 우리에게 준 선물 · 217

다만 던져버릴 것 · 222

최소한의 삶을 위한 철학 · 227

'위대한 대화'에 참여하고 있는가? · 232

2,600년 된 인생 매뉴얼 · 237

짐 브라운이 알고 있는 것을 당신도 알았더라면 · 244

인간 영혼의 가장 고귀한 징표 · 248

의식적으로 살아가기 위해 · 253

당신의 삶이 당신을 증거하게 하라 · 259

그가 남기고 간 것 · 264

불평하기 전에 기억해야 하는 것들 · 267

당신의 집에 지혜를 들여라 · 271

우리는 모두 그리스인이다 · 276

힐렐Hillel의 지혜 · 280

아우렐리우스는 이렇게 말했다 · 283

4부 사는 것과 죽는 것 과학과 종교 그리고 삶을 어떻게 받아들일 것인가

신성함의 새로운 의미 · 296
살아 있다고 느껴야 살아 있는 것이다 · 300
에머슨, 마음속의 진리를 구하다 · 303
당신이 그 아이들을 구할 수 있다 · 306
빅뱅, 우리의 근원을 찾아서 · 312
진실의 문학 · 318
당신과 모든 것을 연결하는 고리 · 321
아는 것과 믿는 것은 어떻게 다른가? · 325
아이티Haiti 사태에서 배운 것 · 328
'미개척지'를 여행하기 · 331
공포를 극복하는 법 · 337
우리가 죽으면 사망 기사에 뭐라고 실릴까? · 340
모자에서 우주를 끄집어내는 법 · 344
죽어야 사는 것들 · 348
전설을 위한 진실 · 352
당신은 어디쯤 와 있는가? · 357
영성의 일곱 가지 원칙 · 366

닫는 글 '영혼의 부'를 이루는 균형 있는 삶을 위해 · 377
감사의 글 '정신적인 부'를 마치며 · 381

달러와 센스

돈보다 당신의 삶을 풍요롭게 만드는 지혜

2009년 이른 봄, 예술품 상인 친한 친구 제이Jay가 내게 전화를 걸어왔다. 그는 나와 둘이서만, 그것도 당장 만나고 싶다고 했다. 그런데 그의 목소리가 심상치 않았다.

그는 그날 저녁 동네 스테이크하우스에서 함께 저녁을 먹으며 이야기하는 것이 어떻겠냐고 물었고 나는 그러자고 제의에 응했다.

나는 그에게 무슨 문제가 생겼는지, 그리고 그 문제를 왜 나와 만나서 풀어야 하는지 전혀 짐작할 수 없었다. 몇 시간 후 내가 레스토랑에 들어섰을 때 먼저 와 있던 그가 나를 향해 손을 흔들었다.

우리는 우선 가벼운 잡담을 나눴지만 그는 평소의 느긋한 모습이 아니었다. 어딘지 불안해 보이고 감정에 날이 서 있었다. 나는 무엇이 문제인지 물었다. 하지만 그는 조금 있다가 저녁 식사를 하면서 이야기하겠다고 했다. 마침내 우리는 자리를 잡고 앉아서 음식을 주문했고, 그는 보드

카 토닉을 한 잔 크게 쭉 들이켜고 난 뒤 내 쪽으로 몸을 기울이며 마침내 속마음을 털어놓았다.

"자네의 도움이 필요해."

그는 최근 들어 재정 상태가 급격히 나빠졌다고 했다. 깊은 경기 침체로 그의 예술품 관련 사업이 파산 직전에 이르러 수입이라 할 만한 것이 없는 지경이 되었다. 엎친 데 덮친 격으로 최근 들이닥친 경제 재앙으로 그의 투자 종목들이 전멸이라 할 정도로 비참한 실적을 내고 있었다. 그는 은퇴를 앞두고 있었기 때문에 그것은 정말 큰일이 아닐 수 없었다.

제이는 10년이 넘는 세월 동안 나의 좋은 친구였다. 나는 그의 성향을 잘 알고 있었다. 그는 보수적인 사람이어서 신중하게 여러 개의 주식에 쪼개어 분산 투자를 했다. 하지만 '돌다리도 두드려 보고 건너는' 그의 투자 방식도 2008년의 폭락장에서는 조금도 도움이 되지 못했다. 그리고 2009년에도 시장은 그다지 나아지지 않았다.

"알렉스." 그는 창백한 얼굴로 말했다. "나는 평생 열심히 일했네. 열심히 저축했고, 투자 계획을 세워 나갔지. 그런데 지금은 그 모든 것이 하수구의 물처럼 빙빙 돌면서 빠져 나가고 있어. 난 지금 65세이고 앞으로 25년 동안 더욱 경제적으로 자립해서 살아가야 하네. 나는 항상 현명하게 투자했고 꾸준하게 포트폴리오를 확장해왔어. 단 한 번도 원금에는 손을 댄 적이 없어. 단 1센트도! 하지만 내게 은퇴를 위한 충분한 돈이 없다는 사실이 두렵네. 정말 내가 이 꼴이 되리라고는 상상해본 적이 없었는데……."

나는 그의 말에 고개를 끄덕였다.

"투자 자문을 구하자는 게 아니네." 그는 말했다. "자네까지도 지난번에 지금이 주식을 사들일 절호의 찬스라고 말했었으니까. 난 지금 단 1페니도 시장에 던질 생각이 없어. 어떤 위험도 감수할 수가 없네. 하지만 바닥 가격으로 내 주식들을 팔아 치울 수도 없어. 어떻게 해야 좋을지 모르겠어."

그는 다시 그의 보드카 술병으로 손을 뻗었다. 그는 굉장히 절망적으로 보였다.

"내 투자 명세서를 가지고 왔네." 그는 덧붙였다. "자네가 그냥 한 번 봐주었으면 좋겠어. 내가 어떤 종목들을 갖고 있는지 보고 난 뒤의 자네 생각을 듣고 싶어"

그는 테이블 밑에서 명세서들을 꺼내어 펼쳐 놓았다. 그가 갖고 있는 주식 종목들 중에는 탄탄한 블루칩 종목들의 이름이 많이 섞여 있었다. 그는 옳은 선택을 했다. 그는 어리석은 투자자가 아니었다. 그는 단지 다른 수백만 투자자들과 마찬가지로 경제 공황의 소용돌이에 말려들어 있을 뿐이었다.

내가 그의 명세서들을 훑어보고 있는 내내, 제이는 머리를 흔들며 설마 자신이 이 지경이 될 줄은 정말 몰랐노라고 끊임없이 중얼거렸다.

나는 그에게 침착하게 몇 가지 질문을 던졌다. 그가 투자로 벌어들이는 돈이 얼마나 되는지, 매월 총 지출되는 돈은 얼마나 되는지, 그리고 은퇴 이후에 편안히 살려면 매달 얼마가 필요하다고 생각하는지 등의 질문이었다. 그러고 나서 다시 질문을 던졌다. 자신이 갖고 있는 주식들이 앞으로 10년 뒤—소박하게 계산해서—얼마의 돈을 벌어 줄 거라고 생각하고 있는지 말이다.

그가 제시한 액수는 내 생각에 지나치게 소심했다. 하지만 나는 그냥 고개를 끄덕였다.

"자, 그럼 앞으로 자네가 얼마나 더 오래 살 거라고 생각하나?" 나는 물었다.

"내 건강 상태는 완벽해." 그는 말했다. "앞으로 30년은 더 살겠지."

나는 계산기를 꺼내들고 그에게 보여주었다. 그가 보유하고 있는 주식 자산들이 향후 30년 동안 그에게 매달 얼마씩을 벌어줄 수 있는지. 그가 상상한 대로 가장 형편없는 수익을 내고 영영 원금을 회복하지 못하게 될지라도 말이다. 나는 그가 일시적으로는 그의 원금도 쓰게 될 것이란 점을 지적했다.—지금껏 그가 결코 해오지 않은 일이었지만—그래도 만일 그가 매월 '겨우 요만큼씩만' 원금에서 인출한다면 향후 30년간 그의 포트폴리오는 건재하게 된다. (이것이 바로 은퇴를 앞둔 사람들이라면 반드시 해봐야 할 '계획적인 인출 계산'이라는 거다.)

내가 보여준 액수에 그는 경이로움을 감추지 못했다. 대부분의 노인들이 그렇듯이 그는 검소한 사람이었다. 그는 지금도 그가 매월 충분히 쓸 수 있는 돈도 쓰지 않고 있었다. 그리고 앞으로는 더욱 절약할 각오가 되어 있었다. (인플레이션이 꾸준히 우리의 주머니를 갉아먹고 있다는 사실을 감안해 보면 아주 바람직한 일이다.)

그의 얼굴에 즉각 환하게 불이 들어온 것 같았다. 비록 경제 침체가 그를 뒤흔들긴 했어도 그것이 세상의 끝이 아니란 걸 알게 된 것이다. 그는 앞으로 남은 인생의 황금기를 5센트짜리 동전 한 닢에 벌벌 떨며 살거나 마분지 박스 속에서 얼어붙은 겨울을 보내게 되지 않을 것이다. 그의 태도는 놀랍게도 순식간에 바뀌었다. 구두쇠 기질마저 180도 바뀐 듯, 우리가 먹은 저녁 식사 계산서까지 우아하게 집어들었다.

그다음 주에 제이는 내게 무려 3번이나 전화를 걸었다. 고맙다고 말하기 위해서 말이다. 그때까지 그는 잠을 잘 자지 못했고 신경이 날카로워져서 와이프에게 퉁명스럽게 굴곤 했다. 세상의 모든 짐이 자신의 어깨 위에 놓여 있다고 느꼈기 때문이다. 하지만 이젠 그 짐이 싹 사라졌다.

"고맙네, 오랜 친구!" 그는 거듭해서 말했다. "진심으로 자네에게 고마워."

그가 나에게 쏟아내는 감사에 난 어리둥절할 뿐이었다. 내가 도대체 뭘 했기에? 나는 그의 주식 포트폴리오를 관리해주지도 않았고, 종목을 갈아타라고 조언해주지도 않았다. 하다못해 그의 행동이나 생활습관을 고치라고 말해준 것도 아니었다.

그렇다면 무엇일까? 그는 분명 무언가 다른 어떤 것에 감사하고 있는 것이다. 나는 단지 그의 생각의 방향을 조금 틀어주었을 뿐이고, 바로 그것이 모든 것을 달라지게 만들었다.

내가 왜 이 이야기를 하는지 궁금할 것이다. 나에게는 세상을 보는 눈을 바꾸게 해준 많은 계기들이 있었다. 최신 과학의 발견도, 고대 철학의 탐구도, 역사학자와 나눈 대화도, 재무 설계사와의 상담도, 아니면 어느 낯선 이와 함께 보낸 시간들도 다양한 형태로—아주 조금씩이라도—나의 세계관을 바꿔놓았다. 그 계기들에 관해 이야기하고 나눔으로써 당신도 조금이나마 새로운 시각을 갖게 되기를 바라는 마음에서 나는 이 글을 쓴다.

경제 칼럼을 쓰는 투자 분석가의 입에서 나오는 말이기에는 좀 의아한 주제일 수도 있다. 그렇다. 나는 한편으로는 투자하는 방법과 돈을 버는 방법을 연재해서 먹고사는 사람이다. 하지만 다른 한편으로는 가치 있는 글들을 읽고, 달러와 센트로 값이 매겨질 수 없는 무언가에 관해 사색하는 데 많은 시간을 보내는 사람이기도 하다. 여기, 나의 그 다른 한편의 이야기들을 나누고자 한다.

부자들이 당신보다 똑똑할까?

사춘기 즈음, 내가 머리가 좀 굵어졌다고 어머니와 언쟁을 시작하게 되었을 무렵, 어머니는 아들의 버릇없는 말대꾸를 제지하기 위해서 종종 낡지만 효과가 확실한 방법을 쓰시곤 했다. 엉덩이 위에 손을 척 걸치고 지독한 남부 사투리 억양으로 말씀하시는 것이다. "좋아, 네가 그렇게 똑똑하고 잘났다 이거지? 그런데 왜 여태 재벌이 아니냐?"

나는 그 말엔 꼼짝없이 할 말을 잃고 말았다. 그때 나는 겨우 열두 살이었고, 빈둥거리고 놀기 좋아하는 내가 큰 부자가 될 가능성은 별로 없어 보였기 때문이었다. 그때의 나는 부자들에게는 분명 무언가 특별한 재능이나 비밀이 있을 것이라는 생각을 갖고 있었다. 그러니까 그들만이 으리으리한 집에서 살고 호화로운 파티를 열 수 있는 것이다. 그렇지 않다면야, 너도 나도 벌써 부자가 되었을 것이다. 안 그런가?

사실, 나의 이 믿음을 뒷받침해줄 통계적인 증거들도 있다. 최근의 미국통계국의 보고를 보면, 교육을 많이 받은 사람일수록 수입이 높다고 한다. 한 사람의 성인이 평생 동안 벌어들이는 돈을 놓고 봤을 때, 고등학교 졸업자들은 평균 120만 달러를 벌고, 학사 학위 소지자들은 210만 달러를, 석사 학위 소지자들은 250만 달러를, 박사 학위 소지자들은 340만 달러, 여기에 전문자격증까지 갖춘 이들은 440만 달러를 벌어들인다.

하지만 현실은 통계처럼 그렇게 단순하지가 않다. 연구결과는 또 다시, 가장 돈 많은 부자가 반드시 가장 높은 학위를 가진 것은 아니라는 사실을 보여주기 때문이다. 여기에 '많이 벌지만 가난한 사람'이라는 함정이 등장한다. 실제로 그가 부자인가 아닌가를 판가름하기 위해서는 그의 수입 명세서가 아니라 그의 손익 대차대조표—보유자산에서 부채를 뺀 것—를 살펴봐야만 한다. 토머스 J. 스탠리 박사에게 한번 물어보라. 그는 베스트셀러 『이웃집 백만장자』(2004), 『백만장자 마인드』(2000), 그리고 『부자 흉내는 그만두고 진짜 재벌로 살아라』(2009)의 저자이며 미국 재벌들의 습관과 성향에 관한 연구에서 가장 이름 있는 권위자이다. 그의 연구결과는 의외로 우리의 선입견과 반대되는 것들이 많다.

예를 들어, 우리 머릿속에 각인된 부자들의 이미지란 렉서스를 몰고, 롤렉스 시계를 차고, 맨션을 소유하고, 티파니에서 쇼핑을 하고, 컨트리클럽의 특별 회원권을 갖고 있는 사람이다. 하지만 스탠리의 조사결과에 따르면 천만 달러 이상의 자산을 갖고 있는, 그야말로 '재벌'들이라면 모를까 대부분의 백만장자들—개인이 백만 달러 이상의 자산을 소유한 경우—은 우리의 상상과 전혀 다른 라이프스타일을 갖고 있다. 스탠리가 그들에게서 가장 크게 발견되는 공통점을 정리한 것은 다음과 같다.

- 40만 달러 이하의 집에서 거주한다.
- 별장, 혹은 살고 있는 집 이외의 집이 없다.
- 한 번도 보트를 소유한 적이 없다.
- 롤렉스보다는 타이맥스를 착용한다.
- 와인 수집 취미가 없으며, 보통 와인 한 병에 15달러 이상 쓰지 않는다.
- BMW보다는 토요타를 탄다.
- 결코 400달러 이상 나가는 양복을 구입하지 않는다.
- 고급 브랜드 제품이나 명품 등을 사는 데 거의 돈을 쓰지 않는다.

읽어보면 분명 우리가 드라마에서 보던 백만장자의 모습들은 아니다. 그럼 당신은 궁금해질 것이다. 그럼 도대체 누가 그 많은 벤츠 오픈카를 사고, 루이비통 지갑을 싹쓸이하고, 한 병에 60달러짜리 그레이구스Grey Goose를 마신단 말인가? 스탠리 박사에 따르면 바로 '꿈속의 백만장자들'이 그렇게 한다. 부자인 척 행세하고, 부자가 되길 열망하지만 정작 부자가 아닌 사람들 말이다. (텍사스 식으로 말하자면 '소 한 마리 없는 카우보이All Hat, No Cattle'인 셈이다.)

'꿈속의 백만장자들' 중 다수는 선량하고 교육도 잘 받은 사람들이다. 그리고 아마도 매년 여섯 자리 숫자의 수입을 올릴지도 모른다. 하지만 그들은 대차대조표상의 부자는 아니다. 왜냐하면 그런 온갖 과소비성 물건들을 사들이면서—아무리 월급을 많이 받는다 해도—많은 돈을 저축한다는 것은 거의 대부분의 사람들에게 불가능한 일이기 때문이다. (그리고 저축이야말로 투자를 위한 필수 선행 과목이다.)

스탠리는 그의 저서 『부자 흉내는 그만두고 진짜 재벌로 살아라』에서 자신이 오프라 윈프리 쇼에 출연했던 기억을 언급한다. 쇼의 방청객 중 한 명이 그가 이전에도 골백번 들었던 '그 질문'을 다시 던졌다.

"아무리 돈이 많아도 그걸 쓰지 않으면 다 무슨 소용인가요?" 그녀는 화가 나 있었고 심지어 분개하는 듯 보였다.

"그런 인간들은 절대 행복할 수가 없어요!"

다른 많은 사람들이 그렇게 믿고 있듯, 그녀 또한 돈을 쓰면 쓸수록 삶이 나아질 수 있다는 뿌리 깊은 신념을 갖고 있었다. 여기서 기억해야 할 것은, 우리는 지금 가난한 사람들의 이야기를 하고 있는 것이 아니라는 점이다. (가난한 사람들의 경우라면야 물론, 쓸 수 있는 돈이 더 많아지면 분명히 삶이 훨씬 나아진다.) 우리가 다루고 있는 것은 중류층과 그 이상 수준의 사람들—그들의 수입에 비해 지나치게 사치스러운 생활을 하면서 돈에 관하여 엄청난 스트레스에 짓눌려 사는 많은 사람들—에 관한 것이다.

어떤 이들은 또, 돈을 쓰는 데 지나치게 낙천적이다. 세상에서 가장 교활한 마케팅 전문가(광고업자)들의 술수에 놀아나고 있다는 사실을 모른 채 그들이 말하는 대로 "당신이 구입하는 물건이 당신을 말해준다"고 순진하게도 굳게 믿는다. 그 신념을 지키기 위해서 그들은 불필요하게 비싼 물건들을 사들이고, 그것을 다른 이들에게 자랑한다. 융단폭격처럼 쏟아붓는 텔레비전 광고에 등장하는, 믿을 수 없을 만큼 멋진 외모의 남자 모델과 여자 모델들이 말없이 그들을 세뇌시킨다. "당신은 특별해요, 이걸 가질 자격이 충분하죠. 이걸로 당신은 성공한 사람처럼 보여야 해요. 지금 당장!"

여기서 스탠리 박사의 말을 들어보자.

거짓으로 부자 행세를 하는 이들은 다른 사람들 사이에서 자신이 몇 번째 순위에 놓일까 늘 불안해한다. 때문에 그들은 자주 스스로의 자존감마저 늪에 빠진 듯 위태롭게 느낀다. 그들은 얼마나 더 '부자들의 물건'을 구입할 수 있는가에 목을 맨다. 그들은 경제적으로 성공한 사람이면 누구나 명품을 구입하여 진열함으로써 그들의 부유함을 증명한다고 굳게 믿는다. 그런데 그 믿음을 뒤집어보면, 고급 브랜드를 갖지 못한 이들은 패배자라는 믿음이 바탕에 깔려 있다.

하지만 진짜 백만장자들은 절대로 그렇게 생각하지 않는다. 그들 중 대부분은 복권에 당첨되거나 유산을 상속받아서 부유해진 것이 아니다. 그들은 단지 그들의 수입을 최대로 끌어올리기 위해서 끊임없이 고군분투했고, 밖으로 나가는 돈은 최소화했으며, 종교와 같은 신념으로 그 차액을 저축하고 투자했다.

그들은 결코 돈 쓰는 걸 즐기는 사람들이 아니었다. 스탠리 박사의 조사에 따르면 백만장자들이 가장 즐겨하는 활동들이란 이런 것이다.

- 자녀들이나 손자들과 놀아주기(95퍼센트)
- 투자 설계하기 (94퍼센트)
- 친한 친구와 함께 시간 보내기 (87퍼센트)
- 박물관 관람하기 (83퍼센트)
- 봉사 기금 조성하기 (75퍼센트)
- 스포츠 이벤트 참가하기 (69퍼센트)
- 시민 활동 참여하기 (69퍼센트)
- 예술 공부하기 (63퍼센트)
- 전문적인 단체 모임에 참가하기 (56퍼센트)
- 정원 손질하기 (55퍼센트)
- 종교 활동하기 (52퍼센트)
- 조깅하기 (48퍼센트)
- 강연회 참석하기 (44퍼센트)

이런 활동들을 하는 데에는 돈이 들지 않거나, 아주 저렴하다. 대부분의 백만장자들은 알고 있는 것이다. 진정한 즐거움과 만족은, 그들이 모는 차나 차고 있는 시계로부터 오는 것이 아니라, 그들의 가족, 친구, 동료 들과 함께하는 시간 속에서 온다는 것을 말이다.

그들은 구두쇠가 아니다. 특히 그들의 자녀와 손자들의 교육, 혹은 가치 있는 곳에 기부하는 일에 관해서는 누구보다 통 크게 베풀 줄 안다. 평소 그들은 지독하게 저축을 해대지만 자선기부에 관한 한 그들은 미국에서 가장 통이 큰 사람들이다. 그들은 다른 방법을 통해서도 자신의 부를 나눈다. 미국국세청IRS에 따르면, 미국 내 소득 상위 1퍼센트에 해당되는 사람들이 미 연방정부가 거둬들이는 세금 총액의 37퍼센트를 낸다. 상위 5퍼센트의 사람들이 57퍼센트를 내며, 상위 10퍼센트의 사람들까지 합하면 68퍼센트의 세금을 부자들이 낸다.(소득 하위 50퍼센트에 해당하는 사람들이 낸 세금은 다 합쳐도 미국 총 세금의 4퍼센트에도 미치지 못한다.) 이 사실은 노동운동가들이 외치는 "부자들은 그들의 정당한 몫을 지불하지 않는다"는 주장과는 상당히 거리가 있다.

그렇다면 미국 내 백만장자들은 어떻게 분포되어 있을까? 스펙트럼 그룹Spectrum Group에 따르면, 2008년 말 기준 미국 내에 집을 보유하고 있는 사람들 중 670만 명이 백만 달러 혹은 그 이상의 재산을 갖고 있다고 추정된다. 그런데 그들 중 극소수만이 그래미상을 수상했거나, NBA팀에 소속되어 있거나, 차고에 컴퓨터 회사를 차렸던 경력(스티브 잡스를 빗대어 한 표현-역자주)을 갖고 있다. 이 사실은 아무리 고리타분하고 촌스러운 생각처럼 느껴진다 할지라도, 피할 수 없는 하나의 진리로 요약된다. 검약과 절제의 미덕이 아직도 이 땅에서 이루어지는 대부분의 부를 일궈내고 있다는 사실 말이다.

수백만의 '가짜 재벌' 소비자들이 부질없는 성공의 이미지들—결국은 쓰레기통으로 들어가거나 벼룩시장에 내놓게 될 물건들—을 사들이기 위해 그들이 애써 번 돈을 날려버리고 있는 사이, 체계적인 투자자들은 벌어들이는 수입보다 검약한 생활을 하면서 자유와 만족, 그리고 마음의 평화를 즐긴다. 그들은 소비함으로써 흥분을 느끼지 않는다. 그들을 흥분시키는 것은 개인적인 성취, 근면에 대한 보상, 인정받음 등이다. 그들은 성공이란 돈 자랑을 하는 게 아니라는 사실을 알고 있다. 그들이 알고 있는 성공은 성취이며, 그것에 따르는 독립적인 삶이다. 그리고 진정 부유한 그들은 그들이 원하는 일을, 원하는 장소에서, 원하는 사람들과 함께할 수 있는 힘이 있다.

아마도 그들이 당신보다 더 똑똑하지는 않을지 모른다. 하지만 그들은 당신이 모르는 값진 무언가를 알고 있다. 그것은 자기 자신을 사용하는 방법—돈의 사용법이 아니라—이다. 그것만 알면 우리는 부유해질 수 있다.

당신의 마음은 안녕한가?

오랫동안 못 보고 지냈던 지인을 최근에 만난 적이 있다. 그는 내게 물었다.

"자네 아직도 돈 관리하는 일을 하나?"

"아니, 요새는 투자 상담 칼럼을 쓰고 있어." 내가 대답했다.

"흠, 어쨌든 벌이가 그닥 신통치는 않은 모양이군."

그는 한쪽 눈을 찡긋하며 말했다.

"아니면 자네가 아직까지 일을 하고 있겠나?"

나는 이상하게도 올해 그런 비슷한 이야기들을 여러 번 들었다. 그 말들은 항상 살짝 비아냥거리는 투로 들려 그다지 유쾌하지는 않았지만, 대신 내게 한 가지 생각할 거리를 주었다. 만약 누군가가 일을 하지 않아도 되는 상황인데도 일을 계속한다면, 무엇 때문일까?

만일 내 일이 없다면 나는 지겨워 죽을지도 모른다. 그리고 확신컨대 내 주위에 있는 모든 사람들을 들들 볶게 될 것이 뻔하다.(워런 버핏과 빌 게이츠, 돈푼깨나 있는 두 양반도 분명 나와 똑같이 느끼고 있을 거라 생각한다.) 40회가 넘는 갤럽 연구결과에 따르면 우리들 중 4분의 3이 자신의 직업에 그다지 몰입하고 있지 않다. 가장 최근의 미국 직업보유 조사에서도 우리 중 60퍼센트 이상이 현재 호시탐탐 새로운 자리로 옮길 기회를 찾고 있다고 한다.

이상한 일 아닌가? 우리는 우리의 직장―대부분 젊은 시절 스스로 선택했던 직장―에서 깨어 있는 대부분의 시간을 보내지만 우리가 왜 그곳에 있는지, 그 직업이 우리에게 진정 무엇을 의미하는지를 점검하는 사람들은 거의 없다는 사실 말이다.

예를 들어 우리가 누군가 새로운 사람과 만났다고 치자. 어디 출신인지, 서로 공통적으로 알고 있는 사람은 없는지에 관한 의례적인 탐색이 끝나고 나면 어김없이 가장 먼저 받게 되는 질문이 "뭐하시는 분인가요?"이다. 우리의 직업은, 조금 과장되게 말하자면, 우리 자신을 정의하는 말이다.

물론 언제나 그랬던 것은 아니다. 3백 년 전 볼테르는 노동은 인간을 3가지 죄악―권태, 가난, 사악함―으로부터 구원하기 위해 존재한다고 역설했다. 하지만 인간 사회가 존재한 이래로 우리는 가장 큰 두 가지 사회적 가치—멋진 사랑, 의미 있는 직업—에 매달려왔다.

역사적으로 보면 사랑과 일에 관한 우리의 관념은 동일 선상에서 나란히 함께 성장해왔다. 예를 들어, 우리가 사랑을 완성하기 위해 결혼을 해야 한다고 믿기 시작한 것과 거의 비슷한 시기에 우리는 단지 돈을 벌기 위해서가 아니라 스스로 만족감을 얻기 위해 일을 해야 한다고 믿기 시작했다.

그것은 물론 아름다운 가치지만 현실은 그리 녹록치 않았다. 그 둘을 함께 얻기란 거의 불가능에 가까웠고 그에 따른 고통은 엄청난 것이었기 때문이다. 만일 우리가 직업을 갖고 있지 않다면—오늘날 2,900만 미국인들이 처한 현실처럼—우리의 불행은 수입을 잃는 것으로 끝나지 않는다. 우리는 자아 정체감을 잃게 된다. 우리는 더 이상 우리가 뭘 하는 사람인지 설명할 수 없게 되고, 나아가 우리가 누구인지도 알 수 없게 되어버린다.

사람의 재능이 낭비되는 것을 보면 늘 가슴이 아프다. 직업이 없는 사람뿐만이 아니다. 직업이 있지만 그 직업에 몰입하지 못하는 사람들도 마찬가지이다. 만일 당신의 직업이 당신 안에 있는 최고의 능력을 이끌어낼 수 있게 해주고 그것을 세상에 펼칠 수 있게 해준다면 정말 멋질 것이다. 당신의 직업이 소프트웨어 개발자이건, 치과 의사이건, 아니면 행복한 꼬마들을 여럿 낳아 키우는 엄마이건 말이다. 그 일은 당신에게 품위와 의미를 부여해줄 것이다.

당신이 직장에서 보내는 당신의 시간을 어떻게 쓰건, 한 가지를 선택할 수 있다는 것만은 확실하다. 당신이 하고 있는 일을 단지 의무와 책임으로 느끼든가, 그 일을 신나는 경기나 도전이나 기회로 보든가! 만일 당신이 하고 있는 일을 즐기지 못한다면, 그 일의 결과가 다른 이들을 즐겁게 하거나 좋은 인상을 남길 수 없는 것은 당연한 일이다.

조심스럽게 추측해보건대, 자신의 직업을 좋아하지 않는 사람들은 거의 대부분 '좋은 직업'을 단지 돈과 이익, 안정성 등에 연관시키는 경향이 있다. 그 직업이 그들의 재능을 펼칠 기회를 제공하는지에 대한 여부에는 그다지 관심이 없다.

그것은 큰 실수이다. 심지어 더 이상 아무런 개인적 발전의 희망이 보이지 않는 자리에 앉아 있는 이들까지도 직업을 바꾸기를 망설인다. 왜 일까? 여러 가지 이유가 있겠지만 그들은 지위나 물질적인 소유욕에 사로잡혀 있기 때문에 스스로 만든 구속에서 헤어나지 못하고 있는 경우가 많다.

자신에게 의미 있는 직업을 선택하다보면, 종종 일시적으로는 수입의 감소를 각오해야 할 때도 있다. 만약 당신이 엄청난 융자금을 갚아야 한다면, 무거운 자동차 할부금에 짓눌려 있다면, 혹은 매달 카드 결제일에 파산할 지경으로 몰고 가는 라이프스타일을 갖고 있다면 당신은 그런 선택을 할 수 없다. 미안하지만 '그 모든 것'을 갖는 꿈은 포기하는 것이 옳다.

많은 사람들이 스스로에게 맞지 않는 직업에 매달려 있는 또 다른 이유는 두려움이다. 두려움은 당신에게 이렇게 속삭인다. "만약 꿈을 좇아 지금보다 벌이가 못한 다른 직업을 선택한다면, 당장 생활비는 어떻게든 줄여볼 수 있겠지. 하지만 평생 돈 걱정을 하며 살아가야 할 거야." 두려움은 당신을 속이기 위한 온갖 책략을 갖추고 있다. 그는 당신이 현실을 직시하지 않는다고 꾸짖는다. 당신은 그 일에 적합하지 않고, 재능도 없고, 그 업무를 파악할 훈련도 받지 않았다고, 당신이 선망하는 그 일은 다른 누군가를 위해 이미 예약되어 있다고 말이다.

분명히 말하지만 그것은 사실이 아니다. 삶이 우리에게 주는 선물 중 최고의 것은, 우리가 가치 있다고 믿는 일에 열정을 바칠 기회이다. 한번 열렬히 생각해보라. 당신이 하루하루를 얼마나 미적지근하게 사용하고 있는지를. 그러면 좀 더 당신을 뜨겁게 달굴 일로 손을 뻗을 용기가 생길 것이다.

퇴직자들도 마찬가지다. 일반적으로 의미 있는 삶을 완성시키는 길은 두 가지다. 인류의 즐거움을 증대시킬 수 있는 길을 찾거나 인류의 고통을 감소시킬 수 있는 길을 찾으면 된다. 인류가 당신의 노고에 감사를 하는가의 여부는 나중 문제이다. 당신이 어쩔 수 없는 환경 때문에 아직 의미 없는 일을 해야만 하는 처지라 할지라도, 아직 당신의 재능을 의미 있게 펼칠 수 있는 가능성이 남아 있다.

일례로 몇 년 전, 전미 퇴직자 협회AARP가 변호사들에게 물었다. "시간당 30달러씩을 지불할 테니, 법률적 도움이 필요한 퇴직 노인들에게 기본적인 상담을 해주실 수 있습니까?" 변호사들은 물론 "아니오NO"라고 답했다. 그때 전미 퇴직자 협회 프로그램 매니저가 기발한 생각을 해냈다. 그는 질문을 이렇게 바꿔 다시 물었다. "도움이 필요한 퇴직 노인들에게 무료로 법률 상담을 해주실 용의는 있습니까?" 그러자 그들은 적극적으로 "예스Yes"를 외쳤다.

어떻게 '무료'가 30달러보다 더 큰 힘을 발휘할 수 있었을까? 첫 번째 요구는 변호사들의 자존심을 건드렸다. 그들의 전문 법률 지식을 평균 시급에도 미치지 못하는 가격에 거래하려고 했기 때문이다. 하지만 같은 행위를 자원봉사(의미 있는 행위)라는 틀에 넣어 제시하자, 모두가 기쁘게 수락했던 것이다.

로렌스 G. 볼드는 그의 저서 『삶을 이루는 선과 예술』에서 다음과 같이 말한다.

> 스스로를 표현하지 못하는 삶은 즐거움과 자연스러움이 결여된 삶이다. 또, 다른 이에게 봉사하지 못하는 삶은 의미와 목적이 결여된 삶이다. 우리가 어떤 일을 하고 있건, 우리 스스로를 아티스트로 여길 필요가 있다. 그러면 고결함, 봉사, 즐김, 그리고 위대함이 무엇인가를 알게 될 것이다. 나는 아리스토텔레스가 남긴 이 금언만큼 인생의 진정한 목적을 찾아가는 중요성에 관해 간결하고 함축적으로 표현한 말을 알지 못한다.
>
> "당신의 재능과 세상의 요구가 맞물리는 곳에, 당신의 천직이 있다. 이것은 이 삶에서 진정한 당신의 사명을 일깨우는 알람소리와 같은 것이다. 이것을 무시하고 살아간다면, 당신은 영혼을 잃은 것이다."

주위를 둘러보면 가장 행복한 이들은—그로 인한 수입이 있건 없건—그들이 몸담고 있는 일터나 조직—혹은 둘 다—에 깊이 몰입해 있는 이들일 것이다.

노동은 우리의 에너지와 열정의 자연스런 출구이다. 우리가 하고 있는 일을 즐기고 그것이 가치 있는 일이라 느끼는 것만큼 좋은 일이 어디 있겠는가?

결국 최고의 직업을 결정하는 것은, 당신이 그것으로 얼마를 버느냐가 아니라 그것이 당신을 무엇으로 만들어주느냐이다.

어떻게 베풀고 나눌 것인가?

부자가 되는 게 좋은 일일까? 수많은 철학자들과 정치인들, 그리고 종교 지도자들은 입을 모아 "아니오No"라고 대답한다. 카를 마르크스는 부자들이 노동자계급을 착취한다고 목소리를 높였다. 시어도어 루스벨트는 '거부의 얼굴을 한 악당들'에 반대하는 노선을 걸었다. 성서에 등장하는 이사야 또한 '내 백성을 멸망시키며', '가난한 이들의 얼굴을 일그러뜨리는' 범인으로 부자들을 지목했다.

하지만 미국인들이 부자가 되는 것에 대하여 취하는 태도는—특히 젊은 이들의 태도는—예나 지금이나 변함없다. 리서치 센터Pew에서 최근 26세에서 40세까지의 사람들과 18세에서 25세까지의 사람들을 대상으로 실행한 광범위한 조사가 있다. 그들에게 "당신이 생각하는 인생의 가장 중요한 목표는 무엇입니까?"라고 물었을 때, 26세에서 40세 그룹의 62퍼센트가 '부자가 되는 것'이라고 답했다. 18세에서 25세 그룹에서는 무려 81퍼센트가 부자가 되는 것이 생의 가장 중요한 목표라고 답했다.

이 결과를 보고 점점 물질만능으로 흐르는 문화를 탓하며 개탄하는 이들도 있을 것이다. 하지만 부자가 되는 것은 결코 나쁘지 않다. 돈은 자유를 의미하며 중요한 선택을 할 수 있는 능력도 뜻한다. 그리고 막강한 부는 우리에게 또 다른 어떤 것을 가능하게 한다. 바로 '적극적 인류공헌'이다.

- 강철 왕 앤드루 카네기는 '지식과 이해를 더 발전시키고 전파시키기 위하여' 재단을 하나 설립했다. 그 재단은 스코틀랜드와 미국 전역을 가로질러 공공

도서관들과 대학들을 세웠다.
- 헨리 포드는 그의 전 재산을 포드 재단에 기부했다. 그 재단은 매년 5억 3,000만 달러를 경제 발전과 교육, 예술과 문화, 그리고 인권 분야를 지원하는 데 쓴다.
- 아침 대용 시리얼 시장을 개척한 W. K. 켈로그 재단은 매년 수억 달러를 빈민층의 건강과 교육 증진을 위해 쓰고 있다.
- 휴렛팩커드의 설립자 데이비드 팩커드는 미국 전역에 공공 병원을 세우기 위한 데이비드&루실 팩커드 재단을 만들었다.
- 인텔을 설립한 고든 무어는 매년 수억 달러를 환경보호 그룹과 대학들에 기부한다. (2007년에는 캘리포니아대학교와 캘리포니아공과대학교에 세계에서 가장 큰 천체 망원경을 설치하기 위한 기금 2억 달러를 기부했다.)
- 스탠더드 오일의 창립자 존 록펠러는 록펠러대학교를 설립했으며, 그의 재단을 통해서 최초의 공중보건 학교를 세웠고, 황열병 치료 백신을 개발했으며, 세계 전역을 통해 농업의 발전을 이룩했다.

인류를 위해 적극적이고 대담하게 공헌하는 전통은 오늘날까지 이어져 내려오고 있다. 마이크로소프트MICROSOFT사를 설립한 빌 게이츠를 예로 들어보자. 그가 하버드대학교 2학년 때 새로운 비즈니스를 시작하기 위해 학교를 그만두겠다는 말을 하자, 그의 부모는 가슴이 찢어지는 것 같았다. 하지만 그는 대학을 졸업할 때쯤이면 이미 너무 늦다는 것을 알고 있었다.

그의 판단은 두말할 나위 없이 옳았다. 몇 년 뒤, 그는 그의 컴퓨터 시스템을 시장에 공개하는 대신 아이비엠IBM에 8만 달러에 팔았다. 다른 컴퓨터제조사들이 아이비엠의 설계를 곧 모방하게 될 것이고, 그러기 위해서는 그의 시스템 특허를 얻지 않으면 안 될 것이라는 것을 알고 있었던 것이다.

그것은 사업적 관점에서 볼 때 정말 위대한 결정이었다. 세계의 컴퓨터제조업자들과 소프트웨어 개발자들로부터 사용료를 긁어모으며 초기 주주로서 엄청난 배당금을 받고, 500억 달러의 재산을 소유하게 되면서 빌 게이츠는 놀랄 만큼 빠른 속도로 세계에서 가장 부유한 사람이 되었다. 그런데 최근에 그가 다른 곳에도 주의를 기울이기 시작했다. 다른 모든 자선가들이 그렇듯, 그는 재산을 현명하게 나누고 싶다는 바람으로 빌앤멜린다 게이츠 재단을 세웠다. 그는 자선을 위한 몇 가지 방법들을 모색하다가 죽어가는 어린이들에 관한 이야기에 사명감을 느꼈다. 매달 백만 명의 어린이들이 홍역과 말라리아, 설사 등 충분히 예방할 수 있는 병들로 목숨을 잃는다는 사실을 알게 된 빌 게이츠는 그들을 돕기로 마음먹었다. 오래전, 그는 『전염병, 모기, 말라리아의 퇴치, 그리고 인간과 쥐, 이, 그리고 역사』라는 책을 읽은 적이 있었다.

아이들을 위협하는 질병을 막기 위한 첫 번째 기부를 마치고 난 뒤, 빌 게이츠는 의사들과 과학자들, 그리고 면역학 전문가들을 그의 집에서 열린 만찬에 초대했다. 어린이들을 위해 무엇을 더 할 수 있는지를 전문가들에게 묻기 위해서였다. 그는 한 해 3,000만 명의 어린이들이 예방접종을 맞지 못한다는 사실에 몹시 놀랐다. 그리고 초청된 이들에게 그 어린이들을 돕기 위해서 무엇을 해야 하는지, 그리고 그 비용은 얼마나 드는지에 관한 조사를 부탁했다. 만찬이 끝나고 빌 게이츠가 손님들을 배웅하며 던진 말은 듣지 않아도 짐작할 수가 있다.

"비용은 걱정 마시고, 그 아이들을 크게 도울 수 있는 방법을 생각해주십시오."

오늘날, 빌앤멜린다 게이츠 재단은 전 세계의 교육, 공학, 농업, 산아제한, 소액금융 대출 등의 가치 있는 여러 분야에 기여하고 있다. 하지만 주된 활동 내용은 저개발 국가의 건강을 증진하고 사람들을 극심한 가난으로부터 구원하는 것이다. 그중에서도 예방접종은 그 재단의 큰 사명 중 하나이다. 왜일까? 백신은 가장 효과적이면서도 가격 대비 효용이 큰 의학 도구이기 때문이다. 생후 1년 안에 몇 차례에 걸쳐 백신을 투여하기만 해도 유아 사망률은 극적으로 줄어든다.

빌앤멜린다 게이츠 재단이 전염병을 퇴치하기 위해 1년에 쓰는 돈인 8억 달러는 미국 정부가 국제 개발을 위해 쓰는 돈과 맞먹는 액수이며, 193개국으로부터 기부금을 받는 미국 세계건강기구United Nations' World Health Organization의 1년 예산과도 규모가 비슷하다.

2008년, 빌 게이츠는 재단에서 활동하는 시간을 늘리기 위해서 마이크로소프트사에 출근하는 것을 그만두었다. 그의 사회적 기부활동으로 이미 수백만 명의 목숨을 건졌다. 하지만 그는 이제 시작일 뿐이라고 생각한다. 그는 스스로를 "성질 급한 낙관론자"라고 부른다.

빌 게이츠는 자신이 자유과 교육, 개인의 창의성이 존중받는 나라에서 태어난 것이 얼마나 큰 행운인지 잘 알고 있다. 그는 또한 충분한 의료시설과 재산권과 자유시장 경제의 실적주의와 잘 발달된 자본주의 시장의 뒷받침이 없었더라면 그가 오늘날과 같은 부를 거머쥐지 못했으리란 사실도 잘 알고 있다. 많은 사람들이 그러한 특혜를 지니지 못한 채 이 세상에 태어난다. 태어나서 한 살이 될 때까지 생존할 권리마저 박탈당한 채 말이다.

빌 게이츠는 이러한 아픔을 자신의 것으로 끌어안았다.

누군가는 가난한 사람이 기부한 10달러가, 빌 게이츠나 워런 버핏이 기부한 천만 달러보다 더 큰 희생을 의미할 수 있다며 반문할지도 모른다. 난 그 점에 대해선 할 말이 없다. 하지만 이들은 분명 양적으로는 훨씬 더 많은, 좋은 일들을 하고 있고 다른 이들이 동참할 수 있도록 모범을 보여준다. 그들은 어떻게 돈을 벌어야 하는지를 알았던 것이 아니다. 다만 그들은 어떻게 나누고 베풀어야 하는지를 알았다.

구글에서는 검색할 수 없는 것

얼마 전 나는 한 친구와 점심 식사를 함께 한 적이 있다. 그런데 그것은 결코 유쾌한 시간이 아니었다.

그는 내가 아니라 그의 블랙베리 핸드폰과 점심 식사를 했다. 5분이 멀다하고 그는 핸드폰을 꺼내 메일을 체크했고, 도착한 메일이 없으면 화면을 그냥 만지작거리며 바라보기라도 했다. 아니면 그는 나에게 양해를 구한 뒤, 본격적으로 무언가를 타이핑하여 메시지를 보냈다. 그 작업이 끝나면 그는 정말 끝이라는 듯 짐짓 그의 핸드폰을 바지 주머니에 쑤셔 넣어버렸지만 안절부절 못하는 게 눈에 보였다. 아니나 다를까 5분도 채 지나지 않아 그의 블랙베리는 다시 우리 사이에 끼어들었다.

그의 모습은 내가 대학시절 수강한 '실험적 정서불안 상태' 과목 실험을 연상시켰다. 나는 그 당시 한 무리의 쥐들을 가지고 실험하고 있었다.

쥐들이 우리 안에 설치된 막대를 한 번 누르면 먹이가 나오게끔 훈련시켰다. 그들이 익숙해질 즈음, 나는 막대를 두 번 눌러야 먹이가 나오게끔 환경을 바꿨다. 그러고는 3번, 5번, 10번으로 먹이를 얻기 위해 막대를 눌러야 하는 횟수를 늘려갔다. 머지않아, 쥐들은 막대를 누르는 동작 자체에 심취해서 먹이보다 막대에 광적으로 집착하기 시작했다. 그들의 눈에는 막대를 누르는 것 이외에 아무도, 아무것도 보이지 않는 듯했다.

당신이 아는 누군가가 떠오르지 않는가?

오해는 하지 않기를 바란다. 나는 인터넷이 신의 선물이라고 생각하는 사람이다. 작가보다 더 이 사실을 잘 아는 사람은 없다. 20년 전, 나는 국제 종합증권 회사에 관한 조사 리포트를 쓴 적이 있다. 보통 이런 작업은 전화로 이루어진다. 나는 투자 은행과 무역업 사무실의 조사담당자에게 수없이 전화를 걸어 내가 필요한 자료를 좀 보내달라고 달래고, 어르고, 사정—구걸이라고 해도 좋을 만큼의 애걸복걸—을 해야만 했다. 마침내 얼마 뒤 자료들이 도착하면 나는 또 최신 자료를 업데이트 해달라고 애걸하기 위해 전화를 걸어야만 했다.

인터넷은 이 모든 걸 한 방에 해결해버린다. 예전엔 도서관에 앉아서 몇 시간, 혹은 며칠씩 자료를 뒤져가며 조사해야 했던 것들을 단 몇 분 만에 눈앞에 보여준다. 지구 곳곳에 흩어지고 숨겨져 있던 아이디어들과 정보들을 단숨에 열람할 수 있게 해주는 것이다. 오늘날 경제 분야 칼럼니스트가 된다는 건, 마치 책을 펴놓고 시험을 볼 수 있는 학교에 다니는 것과 마찬가지다.

인터넷의 이 빠르고, 효과적이고, 편리하고, 비용절감적인 측면을 축복이라 부르지 않을 사람은 아마도 문명 혐오론자뿐일 것이다.

하지만, 편리한 만큼 우리는 대가를 치른다. 아래 예들을 한번 살펴보자.

- 2008년의 국제조사에 따르면, 18세에서 55세 사이의 성인 27,500명을 상대로 조사한 결과, 그들은 여가 시간의 30퍼센트를 온라인상에서 보낸다. 그 수치는 핸드폰으로 통화를 하거나 다른 기타 이동식 전자장치를 사용하는 시간을 빼고 순수하게 인터넷을 사용하는 시간만을 계산한 것이다.
- 헨리 J. 카이저 패밀리 재단의 최근 조사에 의하면, 어린아이들이 텔레비전이나 인터넷, 비디오 게임, 휴대용 기기와 함께 보내는 시간이 하루 평균 7시간 반이라고 한다. 아이들은 일주일에 53시간 이상을 무언가에 플러그를 꽂고 전자기기와 함께 보내고 있으며 그것은 대부분의 어른들이 직장에서 보내는 시간보다 더 많은 시간이다.
- 전자기기에 집착하는 어린이들은 그것들을 덜 사용하는 어린이들보다 성적이 낮은 경향이 있다. (하지만 반 이상의 부모들이 아이들에게 게임기나 인터넷 사용을 자제시키지 않고 있다.)
- 12세에서 17세 사이의 청소년 중에서 4분의 3이 핸드폰을 갖고 있지만, 그것을 통화하는 데 쓰는 시간은 그렇게 많지 않다. 10대의 절반이 하루에 50건이 넘는 문자를 보낸다. 청소년층의 3분의 1은 하루에 100건 넘는 문자를 보내며, 그 숫자를 합하면 한 달에 3,000건이 넘는다.
- 특히 걱정스러운 것은 16세에서 17세 사이의 핸드폰 이용자의 34퍼센트가 운전 중에 문자를 보낸 적이 있다고 답했다는 점이다. 그리고 그들 중 절반은 타고 있던 차의 운전자가 문자를 보내는 걸 본 경험이 있다고 말했다. (이쯤에서 충고 한마디 할까? 운전할 땐 눈은 오로지 똑바로 앞을 보고, 두 손은 핸들 위에 10시 10분 포지션으로 얌전히 고정시킬 것!)

우리가 핸드폰으로 문자를 보내고 인터넷 서핑을 하는 시간이 늘어났기 때문에, 최소한 우리가 텔레비전을 보는 시간은 그만큼 줄지 않았을까 생각한다면 큰 착각이다. 닐슨사의 조사에 따르면 인터넷상에서 보내는 시간이 늘어날수록 텔레비전 앞에서 보내는 시간도 크든 작든 증가한다고 한다. 2009년 우리가 브라운관 앞에서 보낸 시간은—텔레비전 영상저장장치 DVR의 보급도 한몫을 했지만—한 달에 153시간이라는 신기록을 달성했다. (인터넷으로 텔레비전을 시청한 시간은 제외시킨 숫자이다.) 이쯤되면 전자 미디어에 중독된 나라라고 하지 않을 수 없다.

낙관주의자들은 말한다. 그래도 최소한 우리가 웹상에서 무언가를 '읽으며' 시간을 보내지 않느냐고. 그건 좋다. 하지만 연구결과들은 우리가 웹상의 글들을 읽는 방식이 대부분 내용의 얄팍한 표면을 스치는 데 지나지 않는다고 지적한다. 우리는 웹상의 글을 읽을 때 내용을 뛰어넘고, 생략하고, 스크롤을 쭉 내려버리고, 이 페이지에서 저 페이지로 넘어간다.

혹자는 이런 읽기 방식이 시간을 절약해주고 무언가를 쉽게 습득할 수 있게 해준다고 말한다. 하지만 이에 대한 연구결과들은 그 의견에 찬성하지 않는다. 심리학자들은 웹상의 글을 읽는 독자들의 마음이 산만하고 지나치게 흥분된 상태라는 점을 지적한다. 그 상태에서 우리는 읽고 있는 것에 대한 집중력이 떨어지고, 나중에 그 내용을 기억할 수 있는 능력도 감소된다.

온라인 환경은 무엇이든 대충 읽게 만들고, 사고를 산만하게 하며, 겉핥기식의 배움만을 가능하게 한다. 인터넷에 물들수록 우리는 시간을 들여 차분하게, 무언가 심오한 것을 논의할 수 있는 인내심을 잃는다. 예를 들어 책을 읽음으로써 개발할 수 있는 상상력과 논리력 같은 것 말이다.

책을 읽는 행위는—e북을 포함해서—고요하고, 집중하며, 흐트러지지 않은 의식을 요구함으로써 머릿속에 새로운 생각이 싹트도록 돕는다.

독서에 몰입하게 되면 새로운 아이디어들의 조합이 이루어지고, 영감이 떠오르고, 그 영감들이 때때로 현실화 된다. 또한 생각들이 가지를 뻗고, 언어들이 자라나고, 의식이 깊어진다.

이런 충만한 독서는 우리가 세상을 경험하는 방식을 좀 더 세련되게 다듬어준다. 또한 형이상학적인 것을 생각하는 힘을 길러주고 책 밖의 현실적 삶도 풍요롭게 만들어준다. 하지만 진정 깊이 있는 독서를 위해서는 충분한 시간과 주의력이 요구된다. 애석하게도 현대의 미국인들은 무언가 인쇄된 활자를 읽는 데 하루에 20분도 채 쓰지 않는다는 설문조사 결과가 있다.

책을 읽는 대신 우리는 인터넷에 접속한다. 컴퓨터나 이동식 전자장비로부터 멀리 떨어져 있을 때도—심지어는 휴가 중에도—수백만의 사람들이 이메일을 체크하고, 웹 서핑을 하고, 구글에서 무언가를 검색하고 싶어 좀이 쑤셔한다. 머리카락에 불 붙은 사람이 연못을 찾듯 그들은 인터넷 연결이 되는 곳을 찾는다. 그들은 어딘가에 '접속'되어야만 하는 것이다.

디지털 혁명은 많은 이들이 컴퓨터—데스크톱, 랩톱, 초미니 컴퓨터—의 수하에 들어가게 만들었다. 실리콘 칩이 우두머리에 앉아 있는 이 지배체제는, 전자기기가 우리를 구속해서 생긴 것이 아니다. 우리가 그들로부터 헤어나오지 못하기 때문에 생긴 것이다.

나도 다른 이들과 크게 다르지 않다. 나는 웹상에서 일한다. 나는 비행기표를 예매하고 호텔룸을 예약하고, 그 비용을 결제하고, 스케줄을 잡고, 주식 시세를 살피고, 뉴스를 보는 데 브라우저를 사용한다. 단, 나는 볼일이 끝나면 단호하게 접속을 해제한다. 내 핸드폰은 대부분 꺼져 있다. 내가 업무 출장을 갈 때를 제외하고 내 노트북 컴퓨터는 집에 모셔져 있다. 나는 며칠에 한 번씩만—특히 주말은 건너뛰고—이메일을 체크한다. 내 동료들은 내가 시대에 뒤떨어진 사람이라고 생각하지만, 난 그게 좋다.

얼마 전 버지니아대학교의 캠퍼스를 걸으면서 나는 해사한 날씨와 빨갛고, 노랗고, 오렌지 빛으로 물든 단풍들을 흠뻑 즐겼다. 하지만 나는 문득 학생들이 이 아름다운 광경을 보고 있을까 하는 의문이 들었다. 내 주위를 스치는 학생들의 시선은 하나같이 아래로 고정되어 있었고 초소형 키보드 위에 엄지손가락을 올리고는 자신을 둘러싸고 있는 자연의 예술작품은 거들떠보지도 않은 채, 열심히 무언가를 입력하며 보이지 않는 지평선을 향해 발을 질질 끌며 가고 있었다.

특정 직업을 갖고 있는 사람들은 직업상 어쩔 수 없이 일주일의 7일 내내 24시간 웹에 접속된 상태여야 한다는 사실을 나도 알고 있다. 하지만 그 이외의 대다수 사람들의 상황은 그렇지 않다. 우리는 네트워크망 위를 활보하고 싶다는 욕망을 어마어마하게 키워버렸다. 그래서 한시라도 이메일을 보내지 않거나, 웹 검색을 하지 않거나, 포스팅을 하지 않으면 우리 존재가 사라져버릴 것 같은 두려움에 떤다.

이 전자 매체 중독자들은 선택권이 자신들에게 있다는 사실을 잊고 있다. 그들은 그들의 주의력을 다른 일에, 혹은 다른 사람에게 쏟을 수 있다. 자, 혁명을 시작해보자. 인터넷 전원을 뽑아버려라. 아이폰을 꺼버려라. 그리고 방 밖으로 나가라.

심리학자들은 최근 20년간에 걸친 조사를 통해, 조용한 시골 환경—자연이 살아 있는—에서 시간을 보내는 것은 주의력을 놀랍도록 향상시키고,

기억력을 강화시키며, 의식 활동을 활발하게 한다는 사실을 밝혀냈다.

왜일까? 나도 모른다. 하지만 아마도 그것이 그저 '보통의 생활 방식'이어서가 아닐까? 아니면 몸과 정신의 긴장이 풀리기 때문에? 아니면 자연이 우리 DNA의 일부이기 때문일지도 모른다. 어쨌거나 우리를 둘러싼 이 멋진 자연들과 다시 연결되는 느낌은 비교할 수 없이 멋지다.

한마디로, 구글에서는 검색할 수 없는 것이다.

정말 중요한 단 한 가지를 꼽는다면

인생의 황혼기에 접어들어 자신의 삶을 되돌아보면서 만약 다시 산다 해도 크게 다르게 살 것 같지 않다고—심지어는 꼭 그대로 다시 살겠다고—말하는 사람들이 있다. 그들의 확신은 어디에서 오는 걸까? 그들에게는 후회 없는 삶을 사는 특별한 공식—사랑과 일, 취미 등이 절묘하게 배합된—이라도 있는 것일까?

하버드대학교에서 72년간에 걸쳐 268명의 삶을 조사했다. 그들은 1930년대 후반에 대학에 입학한 세대들로, 전쟁, 직장생활, 질병, 건강, 결혼, 부모 시절, 조부모 시절, 그리고 노년을 겪었다. 그들을 통해 밝혀진 '좋은 삶을 구성하는 것들'에 관한 데이터는 당신을 놀라게 할지도 모른다.

조지 베일런트George Vaillant 박사의 이야기를 들어보자. 하버드대학교 의학 교수였던 그는 1967년부터 '그랜트 장학금'(후원자인 백화점계의 거물 W. T. 그랜트의 이름을 따 붙여짐)을 받는 하버드대학생들의 삶을 조사하는 데 헌신해왔다.

베일런트 박사의 전문 분야는 소수의 사람들을 끈기 있게, 오랜 시간에 걸쳐 심도 깊게 조사하는 것이었다. 하지만 그의 연구 주제는 한 번도 사회를 대표하는 자료로 인정받지 못했다. 왜냐하면 그가 연구한 대상들은 모두 젊은 하버드대학생들로서, 상대적으로 특권층이라 부를 수 있는 배경을 가진 이들이었기 때문이다.

하지만 베일런트의 연구는 인간과 환경에 관한 뜻 깊은 통찰을 제공해준다. 그 통찰은 국적을 불문하고 적용이 가능하며, 나이가 들어서 삶을 되돌아볼 때에 우리가 '잘 살았다'고 말하게 해주는 단 하나의 조건이 무엇인지 밝혀준다.

그의 연구는 시작 단계부터 철저했다. 조사팀은 의사, 물리학자, 심리학자, 아동심리학자, 사회사업가, 인류학자를 포함한 각계의 전문가들로 구성되었다.

조사 대상자들은 70년이 넘는 기간 동안 그들이 무엇을 먹고 마시는지, 운동은 하는지, 정신적·육체적 건강상태는 어떤지는 물론 직업의 변화, 경제적 진전이나 후퇴, 결혼 생활, 부모로서의 역할, 조부모로서의 역할, 그리고 노년의 삶에 대하여 상상할 수 있는 모든 각도에서 인터뷰를 했고 모니터링을 거쳤다. 그들은 또한 성향 조사와 인성 조사를 받았으며 정기적으로 편지나 서류 들을 제출할 것을 요구 받았다.

그랜트 장학금 수여자들 중 상당수가 드라마틱한 성공을 거두었다. 몇몇은 기업체 회장이 되기도 했다. 한 명은 베스트셀러 작가가 되었다. 네 명은 미국 상원의원이 되었다. 한 명은 대통령 고문이 되었고, 다른 한 명은 대통령이 되었다. (우리 모두가 알고 있는 케네디가 바로 그이다. 그리고 알다시피 그의 파일들은 2040년까지 공개가 금지되어 있다.)

하지만 다른 한 편으론 실망스런 학생들도 있었다. 예를 들어 47번 조사 대상자를 보면 말 그대로 '술 취해 쓰러져 죽었다'. (연구팀이 그다지 예상하지 못했던 결과였다.) 하지만 이들을 제외한, 조사 대상이 되었던 학생들 대다수는 평범하게 살았다. 물론 오랫동안 〈워싱턴포스트〉지의 편집장을 맡으며 그를 포함한 다른 연구 대상자들의 존재를 대중에게 알린 벤 브레들리 같은 사람도 있었지만 말이다.

지난 40년 동안, 그랜트 장학생들의 삶은 베일런트 박사의 모든 것이었다(개인적인, 혹은 직업적 의미에서도). 1977년 발간된 그의 책 『삶의 적용』에서 그는 "그들의 삶은 과학이라기엔 너무나 인간적이고, 숫자화 하기엔 너무나 아름답고, 진단 내리기엔 너무나 애닯고, 좁은 지면에 옮기기엔 너무나 심원하다"고 썼다. 하지만 그의 70년 넘은 연구 분석 데이터는 인간의 삶에 대한 대강의 결론에나마 도달하게 해주었다.

그는 육체적으로나 정신적으로 건강하게 나이 들어 갈 수 있는 일곱 가지 조건을 발견했다. 교육, 안정적인 결혼 생활, 적정 체중, 적당한 운동, 금연, 과음하지 않는 것, 그리고 상황을 받아들일 줄 아는 성숙한 태도가 그것들이다. 베일런트는 삶을 전반적으로 만족스럽게 만드는 결정적인 요인은 그 개인의 사회성과, 동화 되는 능력이라고 말했다.

하지만 그의 가장 위대한 발견은 2008년의 인터뷰에서 드러난다. "당신이 그랜트 장학생들을 연구하면서 가장 크게 깨달은 점은 무엇입니까?"라는 질문에 베일런트는 이렇게 답했다. "삶에서 중요한 단 한 가지는, 당신과 다른 사람들과의 관계라는 점입니다."

그의 연구결과에 따르면, 성공한 삶이란 누가 더 갖고 더 차지하느냐의 냉혹한 전투에서 승리를 거두는 것이 아니었다. 콜레스테롤 없는 날씬한 몸매도 아니었고, 지적인 빼어남도 아니었고, 직업적인 성취도 아니었다. 그것은 사람들과 '어떻게 연결되어 있느냐'의 문제였다. 부모, 동료, 배우자, 아이들, 친구, 이웃, 그리고 멘토 들과 말이다.

아름다운 관계가 없다면 우리의 삶은 아무리 돈이 많다 해도, 급속히 그 맛을 잃어간다. 의미 있고 인간적인 관계를 제외하면 인생에서 오래 지속되는 만족이란 존재하지 않는다. 당신의 삶을 한 번 되돌아보라. 가장 의미 있는 순간은 언제였나? 태어날 때, 죽을 때, 결혼할 때, 그리고 무언가를 기념하거나 축하하던 순간이 아닌가?

가장 마음에 남았던 순간은? 당신이 누군가를 어루만졌을 때, 혹은 누군가의 손길이 당신에게 닿았을 때가 아닐까. 고통에 빠졌을 때, 상실감에 빠졌을 때, 몸이 아플 때, 누군가를 죽음으로 잃었을 때 우리를 치료할 수 있는 처방은 없다. 어떤 약물로도, 알량한 충고로도 치유되지 않는 고통들은 오로지 누군가가 함께 있어주는 것으로만 위로받을 수 있다. 우리가 이 사실을 망각하고 자신만을 생각하며 살 때, 우리 영혼의 통로는 막힌다.

당신이 사랑하는 사람들을 보살피고, 그들로 하여금 당신이 얼마나 그들을 사랑하는지 알게 하는 것만큼 의미 있는 일은 없다. 다행히도 우리는 하루에 셀 수 없이 많은 기회들을 갖고 있다. 그들을 위해 사려 깊게 배려하고, 감사의 말을 전하고, 진심으로 이해해줄 수 있는 시간과 기회들을 말이다.

베일런트 박사의 결론은 이렇다. "진정한 성공은 '내'가 이루는 것이 아니라 '우리'가 이루는 것이다."

그중에 첫째는 이것!

내가 투자 자문회나 세미나를 열 때 참석자들이 가장 궁금해하는 것은 앞으로의 시장 동향과 주식 시세이다. 그들을 실망시키고 싶진 않지만, 나는 이렇게 말할 수밖에 없다. "저는 모릅니다. 그건 누구도 모르지요."

하지만 다행스럽게도 투자의 성공을 이끌어내는 비결은 족집게 예언을 따르는 것이 아니라, 바른 투자원칙을 따르는 데 있다.

인생에 있어서도 마찬가지이다. 믿을 만한 설계도 없이 터널과 다리, 고층건물을 짓는다고 생각해보라. 그 결과는 엉망진창일 것이다.

작곡가는 자유롭게 아름다운 음악을 만들 수 있지만, 그 음악이 하모니와 멜로디, 리듬에 맞지 않는다면 결코 감동을 주지 못한다. (특이한 취향을 가진 소수는 소위 '전위적인 걸작'을 끝까지 들을 만한 인내심을 가지고 있는지 모르겠지만.)

만약 당신이 골퍼라면, 바르게 서고 바르게 쥐는 법을 익혀야 한다. 머리는 움직이지 않게 고정시키고, 왼팔은 똑바로 펴야 하며, 오른쪽 팔꿈치는 당겨 올려야만 한다. 이것이 마음에 들지 않는다고 당신이 골프 스윙을 새로 개발해서 챔피언이 될 가능성은 전혀 없다. 인류는 콜럼버스가 아메리카 대륙을 발견하기 이전부터 세인트 앤드류스 근방에서 골프를 쳐왔다는 사실을 기억하라.

한마디로, 원칙들이란 인류의 지혜를 모아 놓은 캡슐이다. 원칙들은 우리에게 무엇이 가치 있는지 말해주고, 무엇이 그렇지 않은지에 관해서도 경고한다. 법률 원칙들은 사회를 안전하게 보호해주고 우리의 권리를 지켜준다. 건강 원칙들은 우리가 영양을 생각하고, 운동을 하고, 질병을 예방할 수 있는 길을 제시해준다. 과학 원칙들은 기술을 발전시키고 자연현상을 설명해준다. 영적인 원칙들은 우리 삶을 이끌어준다.

물론 공론에는 항상 반대파들이 있어 왔다. 하지만 몇 가지 핵심 원칙들—정직, 자비심, 용서, 아량, 인내, 정의 ,겸손, 박애, 감사—에는 이의를 제기하는 이가 없다는 점을 생각해보자.

이 원칙들은 우리를 구속하지 않는다. 오히려 우리를 자유롭게 만들며 삶에 의미를 불어넣어준다. 그리고 인류는 의심할 바 없이 '의미를 추구하는' 존재이다. 살아갈 의미를 상실하고 나면 누구나 쉽게 좌절하고 실의에 빠진다. 그런 면에서 우리는 모두 정신적인 구도자라 할 수 있다.

당신은 십계명을 신봉하고 있는 사람일지도 모른다. 기독교의 산상수훈이나 불교의 사제(고집멸도), 이슬람교의 다섯 가지 지주, 아니면 또 다른 윤리 규범을 지키고 있는지도 모른다.

데이비드 포스터 월리스David Foster Wallace는 2005년 케니언대학교 연설을 이렇게 시작했다.

"당신이 무엇을 숭배하든, 그것이 당신을 산 채로 먹어 치울 것이다. 만일 당신이 돈을 숭배하면—그로 인해 삶의 의미를 찾고자 한다면—당신은 결코 충분한 돈을 갖지 못할 것이다. 만일 당신이 당신의 아름다운 육체와 성적인 매력을 숭배한다면 당신은 언제나 스스로의 모습에 불만을 갖게 될 것이며 나이가 들어가면서 미리 수천 번의 죽음을 맛봐야 할 것이다. 만일 당신이 권력을 숭배한다면, 당신은 항상 두려움에 떨며 스스로 약하게 느끼게 될 것이고 그 두려움을 몰아내기 위해 더욱더 큰 힘을 갈구하게 될 것이다. 만일 당신이 지성을 숭배한다면, 당신은 끝내 스스로를 누군가 알아주기만을 바라는 멍청한 협잡꾼으로 만들어버릴 것이다."

우리들이 어느 정도는 알고 있는 말이다. 그의 메시지는 우리가 듣고 보아왔던 전설, 속담, 격언, 고전 영화들, 위대한 소설들 속에 끊임없이 등장해왔던 것이다. 그러나 사회와 문화, 심지어 우리의 무의식까지 한 통속으로 달려들어 우리를 반대 방향으로 몰아간다.

거리에서, 회사에서, 집 안에서 방송과 광고 들은 우리를 빈틈없이 감싼다. 우리가 얼마나 근사한 걸 가질 수 있는지, 우리가 얼마나 멋지게 보일 수 있는지, 우리가 그 기가 막힌 최신상품을 가졌을 때 얼마나 기분이 좋을지 끊임없이 세뇌시킨다.

하지만 현대 경제사회는 우리에게 만족을 줄 생각이 없다. 끊임없이 새로운 욕구를 창조해낸다. 그것이 항상 나쁘다는 뜻은 아니다. 나는 현대 문명이 아이패드, 원더브라, 60인치 평면 텔레비전을 창조해준 것에 늘 감사하고 있는 사람이다.

단지 스스로의 숭배에 빠져 끊임없이 무언가를 갈망하는 삶은, 결국엔 한움큼의 사탕만큼의 만족도 남겨주지 못한다는 사실을 말하고 싶을 뿐이다. 다행히도 우리에겐 북극성처럼 정확히 방향을 가리켜주는 정신적 원칙들이 있다. 오늘 당신이 해야 할 가장 중요한 일은 무언가를 얻거나 성취하는 것이 아니라, 당신 주위에 있는 사랑하는 이들에게 할 수 있는 온갖 방법으로 애정을 표하는 일이라고 말하는 원칙들 말이다. 그다지 섹시한 일은 아닐지 모른다, 하지만 그게 진리다.

랠프 월도 에머슨은 이 원칙들을 잘 알고 있었다. 그는 유명한 에세이 『자기 신뢰 Self Reliance』를 이와 같이 끝맺고 있다.

"당신 이외의 그 누구도 당신에게 평화를 줄 수 없다. 원칙들을 지키는 것 말고 평화에 이르는 길은 없다."

믿음이 모든 것을 바꾼다

알고 있는지 모르겠지만, 당신이 삶 속에서 맺는 모든 관계들에는 반드시 영향을 미치는 한 가지가 있다. 그것은 당신의 모든 교류를 하나로 통합하고, 당신이 개인적으로나 직업적으로 무엇을 꿈꾸고 있는지를 명확하게 말하며, 심지어 당신을 규정한다. 그것 없이 진정한 성공은 불가능하다.

스테판 M.R. 콘베이는 그것에 대해 더 강하게 이야기한다.

이 세상의 모든 개인, 관계, 팀, 가족, 기관, 국가, 경제, 그리고 문명을 통틀어 공통된 점이 하나 있다. '이것'이 없다면 제아무리 강력한 정부도, 아무리 튼튼한 경제도, 최고로 탁월한 리더십도, 위대한 우정도, 강한 개성도, 가장 깊은 사랑도 붕괴되고 만다는 사실이다.

하지만 달리 생각하면, 우리가 '이것'을 개발하고 키운다면 잠재 능력은 십분 발휘되고, 삶의 모든 방면에서 비할 바 없는 성취를 이루게 될 것이다. 하지만 사람들은 '이것'을 전혀 알아주지 않고, 거의 무시한다. 아마도 '이것'은 우리 시대에 가장 저평가된 가치일 것이다.

'이것'은 바로 믿음이다.

믿음이란 단순히 말해서 개인, 혹은 기관을 신뢰하는 것이다. 누군가가 당신을 신뢰하면 기분이 좋다. 믿음의 가치는 헤아릴 수 없을 정도다. 전 세계 공통으로 '좋은 성품'을 말할 때 빠지지 않는 덕목이 신뢰성이다.

만일 당신이 누군가를 믿는다면, 그것은 당신이 그의 정직성과 능력을 신뢰한다는 뜻이다. 당신은 그에게 안심하고 일을 맡길 수 있다. 그에게 무언가를 맡기고 나면 마음이 편안하다. 하지만 만일 당신이 누군가의 성실성을 의심하거나, 그의 실적이 탐탁치 않다거나, 그의 의사결정 능력에 의문을 품기 시작하면 신뢰는 의혹과 불안으로 바뀐다.

당신이 무조건적으로 신뢰하는 누군가를 눈앞에 떠올려보라. 배우자일 수도 있고, 부모, 동료, 친구, 아니면 사업파트너일 수도 있다. 그들을 떠올리면 어떤 느낌이 드는가? 얼마나 쉽게 그들과 이야기를 나눌 수 있는가? 얼마나 빨리 그들이 당신이 원하는 것을 이루어주는가?

깊이 신뢰하는 사람과 얕게 신뢰하는 사람과의 차이는 하늘과 땅이다. 당신이 깊이 신뢰하는 사람과는 설령 유쾌하지 않은 이야기라 할지라도 허심탄회하게 나눌 수 있고, 듣는 사람도 어찌 되었든 당신을 이해할 것이다. 하지만 얕게 신뢰하는 사람 앞에서는 말을 신중하게 고르게 되고, 정확한 표현을 하려고 노력하지만, 그럼에도 불구하고 종종 오해를 받는다.

슬프게도, 믿음은 우리 사회에서 멸종 위기에 처해 있다. 해리스 설문조사에 따르면 단지 27퍼센트의 미국인만이 정부를 믿는다고 대답했다. 22퍼센트만이 언론 보도 내용을 믿으며, 12퍼센트만이 거대 기업을 믿는다. 그리고 정치 정당들을 믿는 미국인은 고작 8퍼센트에 불과하다.

사람들 간의 믿음도 메말라가긴 마찬가지이다. 요즘 사람들은 무언가를 협상하기 위해서는 반드시 계약서나 약정서를 필요로 한다. 결혼한 사람들의 절반이 이혼하며, 많은 부부—아마도 모든 부부—들이 옅어진 믿음으로 인해 이혼을 선택한다.

우리는 자연히 믿을 수 있는 사람들에게 끌리고, 그렇지 않은 이들로부터는 멀어지게 되어 있다. 신용이 없다는 것은 곧 나쁜 관계를 의미한다. 그리고 당신이 누군가로부터 한 번 믿음을 잃었다면, 그것을 되찾는 것은 상상 이상으로 힘들다.

비즈니스의 세계에선 더더욱 이 사실이 명백해진다. 우리 모두는 무언가—상품, 서비스, 아니면 재능—를 세일즈해서 살아가고 있다. 하지만 우리의 세일즈를 방해하는 다섯 가지 요소가 있다. 필요 없거나, 돈이 없거나, 당장 필요하지 않거나, 원하지 않거나, 믿지 않거나.

만약 고객이 당신을 믿지 않는다면, 나머지 네 가지는 생각할 필요도 없다. 당신의 사업은 끝장난 거다. 일단 누군가가 당신을 의심하는 순간, 당신이 무슨 짓을 하든 그의 눈에는 사기로 보인다.

이것이 바로 성공한 기업들이 신용을 쌓고 관리하는 데 우선순위를 두는 이유이다. 컬럼비아 비즈니스 스쿨의 교수직을 명예퇴직한 존 휘트니는 신뢰 없이 사업을 하기 위해서는 두 배의 돈이 든다고 말한 적이 있다. 당신이 아무리 훌륭한 제품과 완벽한 서비스, 경쟁력 있는 가격, 산더미 같은 고객평가단의 찬사를 갖고 있다 해도 믿음을 쌓지 못한다면 당신의 성공은 오래 가지 못한다.

개인적 관계에 있어서 믿음을 쌓기 위해서는 책임감 있는 행동을 보여주어야 한다. 다른 이들이 당신을 지속적으로 의지하고 신뢰하게 만들어라. 이것은 성실성만 갖고는 되지 않는다. 스스로를 돌보듯이 다른 이들의 관심과 필요에 시선을 돌려야만 가능한 일이다.

고용주들은 고용인들에게 할당된 책임을 주고 그들이 실수를 할 자유와, 그 실수를 통해 배울 수 있는 기회를 줌으로써 믿음을 쌓아간다. 진정한 리더십이란 신뢰를 불러일으키는 방법으로 결과를 이끌어내는 것을 말한다.

급변하는 오늘날의 사회에서 믿음은 생존 자체를 위협받고 있다. 그리고 그것은 치명적인 현상이다.

비즈니스 컨설턴트 톰 피터스는, 믿음을 "이 세기의 이슈"라고 말한 적 있다. 믿음은 일을 쉽고 생산적으로 만든다. 믿음은 안정감 있고 탄탄한 관계를 만든다. 그것은 또한 공동체를 탄생시킨다.

이 모든 이유들 때문에 우리는 믿음을 절대 포기할 수가 없다. 믿음을 얻기까지는 몇 년이 걸릴지 모르지만 잃는 것은 한 순간이면 충분하다. 그리고 그것을 되찾기 위한 기회는 영영 오지 않는 경우가 많다.

우리 모두에게 있어서—개인과 조직 모두에게—믿음을 쌓아 올리고, 그 믿음을 지키고, 소중히 여기고, 조심스럽게 보존하는 것은 아주 중요한 일이다. 왜냐하면 믿음은 모든 것을 변화시킬 수 있는 단 한 가지이기 때문이다.

행복보다 더 중요한 것

이 나라는 '행복'에 목숨 건다. 매년 행복에 관한 책들이 수천 권씩 쏟아져 나온다. 토크쇼 진행자들은 심리학자들과 심리 치유사들의 메시지를 전하기 바쁘다. 잡지의 표지는 언제나 '행복에 이르는 지름길' 혹은 '행복한 결혼 생활을 위한 일곱 가지 비밀' 등의 타이틀이 장식한다.

행복시장이 왜 이토록 거대한지 궁금하지 않은가? 어 퓨 리서치 센터A pew research center의 설문조사에 따르면 이미 85퍼센트의 미국인이 스스로 행복하다고, 혹은 아주 행복하다고 답했다.

하지만 그들 중 수백만 명이 아직 더 행복해지고 싶어 한다. 그리고 그들은 스스로가 조금만 더 강렬하게 원하기만 한다면 더 큰 행복을 누릴 수 있다고 믿는다.

미안하지만, 그들의 믿음은 틀렸다. 행복은 목적이 아니라 부산물일 뿐이다. 행복은 무언가 아름다운 것, 혹은 유용한 것을 창조해냈을 때 아니면 다른 누군가를 행복하게 했을 때 따라오는 간접적인 감정이다. 행복 자체를 추구하는 것은 불행해지기 위한 가장 좋은 방법이다.

주위를 둘러보기 바란다. 경제적인 불행을 겪고 있는 사람들은 대부분 이성을 잃고 큰 집, 멋진 차, 호화로운 여행을 추구하고 있다. 소비문화의 유혹과 더 갖고 싶다는 집착이 그토록 많은 사람들을 욕구불만의 상태로 몰아가는 것이다.

스토아학파는 행복이 물질적 부나 지위로부터 오는 것이 아니라 미덕과 지혜로부터 온다고 역설하고 있다. 기원전 6세기의 철학자이자 수학자였던 피타고라스는 그의 추종자들에게 당부했다. 매일 밤 잠자리에 들기 전, 조금의 시간을 내어 스스로에게 세 가지 질문을 던져보라고.

"나는 오늘 무엇을 했나?", "내가 오늘 잘못한 일은 무엇인가?", "오늘 내가 다하지 못한 책임은 무엇인가?"

만일 우리가 욕망을 채우기에만 급급하다면, 우리는 결국 깊이 없고, 탐욕스럽고, 기만당하기 쉽고, 바보스러운 인간이 되고 말 것이다. 무엇보다 행복을 향해 앞뒤 가리지 않고 달려들다보면 우리는 다른 사람들의 고통에 무감각해지게 된다. 삶이란 어차피 즐거움과 슬픔의 기둥들 사이를 걷는 여행이다. 웃음과 사랑은 그 여정의 일부이다. 하지만 고통과 슬픔도 역시 그 일부임을 잊어서는 안 된다. 세상의 비극적 측면을 외면하려 한다면 인간이기에 겪어야 하는 커다란 생의 일부를 부정하게 된다.

희곡작가 테너시 윌리엄스Tennessee Williams는 이것을 이해하고 있었다. 한 인터뷰에서 행복을 정의내려 달라는 요청을 받았을 때 그는 이렇게 답했다. "음……. 둔감함이 아닐까요?"

위대한 예술가들은 우리를 흔들어 깨우기 위해—혹은 양심을 자극하기 위해—애쓴다. 그들은 우리에게 생의 좀 더 어두운 부분을 상기시킨다. 1963년 네 명의 소녀들이 죽임을 당한 16번가 교회 폭파사건—쿠클룩스 클란Kuklux Klan, KKK에 의한—을 애도하며 색소폰 연주자 존 콜트레인이 작곡한 〈알라바마〉는 글로 쓴 어떤 작품보다 호소력 있게 분노와 슬픔을 표현해낸다.

시인들 역시 슬픔에 가득한 묘사로 우리를 일깨운다. 17세기의 영국시인 로버트 헤릭은 유명한 시에서 이렇게 노래했다.

그대가 할 수 있을 때 장미 봉우리들을 모아라.
시간들은 날아가버리고
오늘 미소 짓는 꽃들은
내일이면 죽어 없으리.

셰익스피어 또한 〈심벨린Cymbeline〉에서 그와 같은 감성을 이렇게 표현했다.

> 꽃다운 청년들, 아름다운 소녀들.
> 그들은 모두 굴뚝 청소부라네.
> 결국은 재로 변하지.

역사적으로 천재들은 우울증에 시달리는 경향이 있다. 작가인 어니스트 헤밍웨이나 버지니아 울프, 작곡가인 로시니와 말러, 정치가인 링컨과 처칠, 화가인 미켈란젤로와 고갱, 철학자인 쇼펜하우어와 키에르케고르가 그 예이다.

1890년 빈센트 반 고흐는 스스로 무가치하다는 감정에 휩쓸려 남부 프랑스의 시골에서 권총으로 자신의 복부를 쐈다. 그때의 부상으로 이틀 만에 숨을 거둘 때 그는 겨우 37세였다. 하지만 그는 자살하기 직전의 2년 동안 200점이 넘는 작품들을 완성했고 그들 중 상당수가 걸작으로 꼽힌다.

헨델은 음악계의 우두머리로 군림하던 시절이 지나자, 지독한 가난과 질병, 우울증에 시달렸다. 그러나 가장 깊은 우울의 늪 속에서 필생의 역작 〈메시아〉를 완성한다.

베토벤은 점점 악화되어가는 청력과 스스로의 한계에 부딪혔지만 바로 그 시기에 그의 유일한 오페라인 〈5번 교향곡〉, 그의 후기 현악 사중주 〈피델리오〉, '환희의 송가'로 유명한 〈9번 교향곡〉 등 불굴의 작품들을 창조해냈다.

물론 모든 천재들이 우울증을 앓았던 것은 아니었다. 그리고 모든 우울증 환자들이 위대한 작품을 만들어내는 것은 더더욱 아니다. 나는 정신적 피폐를 미화하고 싶진 않다. 그것은 명백히 사람을 병들게 한다. 하지만 슬픔 없이는 기쁨도 없다는 사실을 말하고 싶다. 밤이 없이는 새벽도 오지 않듯이. 우리가 불행하다고 느끼는 시기는 삶 속에서 자연스럽고 소중하기까지 한 기회이다. 그런 기회들이 없다면 우리가 '생의 최고의 순간들'을 어떻게 알아보고 누릴 수 있겠는가?

만족감은 때때로 우리의 의욕을 빼앗아간다. 불만족이야말로 우리가 앞으로 나가게 하는 최고의 자극제가 될 때가 있다. 만약 우리가 거위깃털 펜에 만족하고, 말이 끄는 마차에 만족하고, 질병은 '악마의 저주'라는 이론에 만족했다면 오늘날의 문명은 없었을 것이다.

오늘날, 수많은 사람들이 행복과 돈을 동의어로 생각한다. 하지만 연구결과에 따르면, 일단 가난으로부터 벗어나고 나면 인간의 행복은 수입의 많고 적음의 범주를 떠난다. 그때부터는 사랑을 하고 있는지, 의미 있는 일을 하고 있는지의 여부가 행복을 결정한다. 웰빙의 수준은 또한 부분적으로는 유전적인 성향이나 건강 상태, 생활 환경, 그리고 모방능력과도 관계가 있다.

우리의 욕망이 충족되었을 때, 우리의 미래가 낙관적일 때, 우리의 능력이 향상되고, 다른 이들의 능력 향상을 도왔을 때 우리는 행복을 느낀다. 다시 말해, 행복 그 자체가 목적이 아니었을 때 가장 행복하게 느낀다.

우리 시대의 철학자 로버트 노직은 이렇게 썼다.

> 우리는 경험하고 싶다. 다른 이들과 깊이 연결되어 있는 느낌을, 자연현상들을 뿌리부터 이해하는 느낌을, 사랑을, 음악과 비극이 주는 근원적인

감동을……. 아니면 무언가 아주 새롭고 혁신적인 것을 하고 싶다. 그리고 행복한 순간들의 경박한 기쁨으로부터 멀리 떨어진 어떤 것을 경험하고 싶다.

행복을 위한 모든 처방전들 중에서 가장 쓸데없는 것은 아마도 요즘 유행하고 있는 이 말일 것이다. "스스로에게 관심을 기울여라". 어림없는 소리! 세상에서 가장 행복한 사람들은 대부분 매일매일 아주 바쁘게 보내고 있고, 스스로에겐 그다지 관심이 없는 사람들이다.

다른 사람들을 위해 스스로를 희생하라는 말이 아니다. 단지 끊임없이 "얼마나 더 가져야 내가 행복해질까?"를 묻는 대신 "내가 어디쯤에서 그만두어야 할까?", "내 욕심과 타인을 위한 배려와의 균형을 어떻게 조절해야 할까?" 그리고 "행복 때문에 잊어버린 다른 중요한 건 없을까?"라고 질문해보라는 뜻이다.

우리는 모두 행복해지길 원한다. 하지만 인생은 공부, 일, 용기, 명예, 감정이입, 그리고 고난을 통해 강해지는 과정을 경험하기 위한 훈련장이기도 하다.

진정한 만족은, 우리의 삶이 무언가 의미 있고 위대한 것에 녹아들어가 가치 있게 사용되고 있다고 느낄 때 찾아온다. 그리고 그 느낌은 우리를 감사로 이끈다.

그리고 감사는, 행복의 필수불가결한 요소이다.

당신을 자유롭게 하는 열쇠

증가하는 실업률과 경제 불황으로 지난 1년간 개인파산자의 비율이 50퍼센트 이상 늘어나는 진기록이 세워졌다.

물론 거기에는 다른 측면도 있었으니, 파산자 수에 비례해서 졸부들 또한 무수히 탄생했다. 우리가 더 좋은 환경을 원하고, 인생의 쾌락을 즐기며 '맛있는 것을 향하여' 가는 것은 자연스러운 일일지 모른다. 하지만 적당한 제어장치가 없다면 우리의 욕망은 끝이 없을 것이다.

우리 중 일부는 다른 사람들에 비해 적은 욕망을 갖고 있는 게 사실이다. 하지만 검약가들이 반드시 야망이 작거나, 상상력이 부족하거나, 돈이 없는 것은 아니다. 그들은 수년간에 걸친 수련으로 검소함이 몸에 배인 경우가 많다.

자유란 책임에서 벗어난 상태가 아니다. 그것은 타인의 구속으로부터 벗어난 상태이다. 만일 진정으로 자유롭길 원한다면, 우리는 스스로에게 가혹한 구속을 할 필요가 있다. 그 구속이란 만족을 미루는 것일 수도 있고, 부족함 속에서 견디는 것일 수도 있고, 아니면 단순히 아무것도 없이 지내는 것일 수도 있다.

애벌레가 양상추 잎을 갉아먹듯이 물질적 욕망에 매달리는 현대 소비자들에게, 이것은 쓰지만 값진 약이 될 것이다. 특히나 언론매체들이 물질만능주의 라이프스타일을 미화하고, 당신의 이웃들은 당신보다 돈을 훨씬 많이 벌며 멋진 생활을 하고 있다고 감언이설을 퍼부어대면서 욕망을 부채질하고 있는 이 시대에 말이다.

그 광고들의 융단폭격으로부터 스스로를 지킬, 믿을 만한 방어 시스템

이 있다. 만약 당신이나 당신의 가족 중 누군가가 '과시 병'에 걸렸다면 여기 당신의 자유와 신용을 되찾을 수 있는 네 가지 단계가 있으니 참고하기 바란다.

1. 우리는 원래 자신이 처한 환경이 늘 부족하다고 느끼게끔 설계된 존재라는 사실을 깨닫는다. 유전자적으로 그럴 수밖에 없다.

인류 초기, 아프리카의 평원을 하루 종일 어슬렁거리며 구름을 바라보고 '아, 삶이란 얼마나 멋진가!'라고 생각하며 자신이 지금 가진 것에 만족하곤 했던 사람들은 우리들의 조상으로 선택되지 못했다. 그들은 밤이나 낮이나 이웃들보다 더 많은 것을 쟁취하려고 노력했던 사람들보다 생존하거나 자손을 퍼뜨릴 기회가 적었던 것이다.

2. 욕망의 심리학을 이해한다. 우리 모두는 '잘못 원하는' 경향이 있다. 그러니까, 우리가 정말 필요하지도 않고 일단 손에 넣으면 더 이상 원하지도 않을 것들을 갈망한다는 뜻이다. 당신이 최근에 산 물건들 중에 그런 것들은 없었는가? 그리고 다시는 그런 물건을 안 살 것 같은가?

3. 인생을 끊임없는 경쟁터라고 생각하는 것을 멈춰라. 일단 그 게임에서 빠져라(비록 다른 모든 이들이 모두 참여하고 있는 듯 보일지라도). 그렇게 하면 비로소 다른 사람들의 의견에 휘둘리는 것을 그만두게 될 것이다. 돈이 안 되더라도 당신이 즐길 수 있는 일을 하라. 당신을 고통스럽게 하는 일들은 집어치우고 당신에게 멋진 추억을 선사할 것들에 당신의 돈과 시간을 쏟아부어라.

4. 당신이 원하는 것보다는 이미 당신이 갖고 있는 것들에 포커스를 맞춰라. 지금 갖고 있어서 당연하다고 느끼고 있는 배우자, 아이들, 건강을

잃는다고 생각해보라. 당신이 지금 원하는 그것이 아무것도 아니라는 사실을 곧 깨닫게 될 것이다.

『욕망에 관하여: 우리는 왜 우리가 원하는 것을 원하는가』(2005)라는 책에서 윌리엄 B. 어빙은 대부분의 우리들에게 무언가가 결여되어 있다고 이야기한다.

우리가 어떤 삶을 받았든, 그 삶을 살게 된 것을 행운이라 느끼는 능력이 결여되어 있다. 어떠한 환경이라 할지라도, 우리 삶에는 처음부터 행복의 필수 요건들이 빠진 적이 없다는 사실을 기억하라. 그 능력을 되찾는다면 적절한 수준의 욕망을 갖게 될 것이다. 우리는 더 이상 물질—새 차, 더 큰 집, 더 단단한 복근—에 집착하지 않게 된다. 그리고 무엇보다, 일단 우리가 욕망을 정복하고 나면 더 이상 다른 사람을 동경하고 그들처럼 살아가는 몽상에 빠지지 않게 된다. 그 대신 우리의 삶을 있는 그대로 받아들이게 되고, 그것을 최대한 충만하게 살아가는 데 집중할 수 있게 된다.

간단하게 들린다. 하지만 이것은 결코 만만한 일이 아니다. 현대 문화와 우리의 전통은 우리가 끊임없이 갈구하고, 돈을 펑펑 쓰고, 동료보다 좋은 자리에 앉기 위해 경쟁하게끔 프로그래밍시켜왔다. 때문에 오늘날 수많은 사람들이 '자리 열병'에 시달리고 있다.

하지만 우리를 이 감옥에 가둔 것은 결국 우리 스스로이다. 감옥의 열쇠는 우리 머릿속에 있다. 우리는 소비적인 삶에 등을 돌리고 단순하고, 행복하고, 품위 있는 삶을 의식적으로 선택할 수가 있다.

나를 이상주의자라 할지 모르겠다. 하지만 자유란 것도 우리의 이상이 아니던가?

다르게 보면, 다르게 살 수 있다

나는 최근에 한 여성 독자로부터 편지를 받은 적이 있다. 그녀는 지난 시대를 동경하고 있었다.

"이 시대는 너무나 타락했어요. 탐욕이 넘쳐나고, 인간성이라고는 찾아볼 수조차 없고, 오염됐죠!" 그녀는 한탄했다. "1,000년 전 유럽으로 돌아갈 수 있다면 얼마나 좋을까요! 그럴 수만 있다면 그 근사한 중세 양식의 성당들과 갖가지 화려한 장식품들, 로맨스, 그리고 순수함과 고귀한 열정을 볼 수 있을 텐데요. 우리 시대만큼 삶이 비극적이고 우울한 적은 결코 없었어요."

설마! 그녀가 진심으로 한 말이 아니길 빈다.

지난 주, 놀라운 의학의 발전으로 전혀 아프지 않은 무통치과 수술을 받은 한 사람으로서, 나는 '아름다웠던 그 시절'로 돌아가는 것이 반드시 좋기만 할까 의문이 든다. 하지만 그녀처럼 생각하는 사람들이 꽤 있다. 특히나 전쟁과 천재지변과 대량학살 소식이 매일매일 당신의 안방 텔레비전으로—고화질의 생생한 화면 위로—배달되는 시대에는 말이다.

하지만 모든 것을 고려해봤을 때, 우리가 누리고 있는 오늘날의 삶은 결코 나쁘지 않다. 1,000년 전 우리의 선조들은 야만적이고, 무지하고, 혼돈스러운 세상을 살았다. 토마스 홉스의 유명한 구절이 말하듯, "그것은 배신과 부패, 그리고 야만의 시대였다. 당신이 그 시대에 태어났다면 뭘 어찌 해볼 도리가 없었을 것이다."

중세시대가 어떤 세상이었는지 예를 한번 들어보자.

- 사람들의 대다수는 근근이 먹고살기 위해 죽도록 노동해야 하는 농노계층이었다.
- 그 시절에는 사회 안전장치가 없었다. 그리고 흉작이 닥치면 사람들은 나무껍질을 벗겨 먹거나 식물의 뿌리, 풀, 심지어 진흙까지 게걸스럽게 삼켰다.
- 정치적 자유란 건 존재하지 않았다. 독재자들은 반대세력들이 나타나면 분노로 뒤엎어버렸다. 왕을 거스르는 이는 보통 교수형에 처해졌고, 아니면 끌려나가 네 토막이 나기도 했다.
- 협박과 공갈은, 재주는 있지만 토지를 갖지 못한 기사들이 생계를 유지하는 방식으로 공공연하게 인정되었다.
- 매일이 가혹한 폭력으로 점철된 시대였다. 사고사보다 살인으로 죽는 사람들의 수가 두 배나 많았다. (그리고 영국 발굴 조사단의 기록에 따르면 살인자들 100명 중 한 명만이 정의의 심판을 받았다.)
- 무법자들이 추격당하는 일도 거의 없었다. 누구든 도시를 옮겨 다니며 혼자 여행할 용기만 있으면 아무런 문제가 없었다. 도둑들, 납치범들, 그리고 살인자들은 그저 숲에 숨어서 기다리면 되었다. 역사학자 윌리엄 맨체스터는 그의 책 『세상은 불로써만 밝힐 수 있다*World lit only by Fire*』에 이렇게 썼다. "신중한 여행자들은 반드시 잘 벼린 단도를 지니고 떠났는데, 언제 누구를 죽여야 할지 모르기 때문이었다."
- 마을들은 고립되어 있었고, 사람들은 집에서 멀리 떠나지 않았으며, 이웃들

끼리 결혼했다. 지역 방언들은 지독해서, 종종 단 몇 마일 떨어진 마을과도 의사소통이 되지 않았다.

- 그 시대의 대부분의 사람들은 남녀를 불문하고 문맹이었으며 기적과 마술, 전설에서 말하는 것들을 믿었다. 그들과 다른 미신을 가진 이들은 죽이거나 모욕을 주어도 상관없었다.

- 마녀 사냥이 인기 스포츠였다. 일단 마녀가 발견되면—대부분 정신병을 앓고 있는 사람들이었는데—보통 기둥에 매달아 화형에 처했다.

- 위생 상태는 원시적이었다. 하수도 배관 같은 건 알지도 못했고 대변과 소변, 갖가지 쓰레기들을 그냥 창문 밖으로 버렸다. 때문에 쥐와 이 들이 들끓었고 그로 인해 전염병이 창궐했다.

- 1300년대 중반, 흑사병이 유럽인구의 60퍼센트를 휩쓸어 갔다. 밤이 되면 묘지 파는 인부들이 수레를 끌고 다니며 외치는 소리가 거리마다 울려 퍼졌다. "집에 죽은 사람 있으면 내놓으시오!"

- 그 당시 정부 역할을 했던 교회는 노동자들에게 어떠한 동의도 구하지 않은 채 무거운 세금을 부과했고, 분쟁과 다툼을 일으키고, 면죄부를 팔았다.

- 기독교로 개종하지 않으면 중형을 선고하겠다는 협박이 자행되었다. 그리고 중세의 협박이란 지금처럼 만만한 것이 아니었다.

- 수백 가지 범죄에 사형이 선고되었다. 특히 재산에 관계된 건이 그랬다.

- 법정은 증거물을 거의 요구하지 않았고 무자비하게 형을 집행했다. 중상모략을 한 사람은 혀를 뽑혔고, 도둑들은 손이 잘려나갔다. (당신이 만약 중세 시대로 돌아간다면 부디 간통죄만은 범하지 말길 바란다.)

- 그 시대 여성들은 보통 12세가 되기 전에 결혼했다. 그녀들은 배우자를 고를 수 없었고 딸이 7세 정도 되면 부모들이 약혼자를 정했다.

- 아이를 낳다 죽는 여성은 셀 수 없을 만큼 많았다. 당시 젊은 여성의 평균 수명은 24세였다.
- 남자들 또한 40대 후반까지 살아남는 경우가 드물었다. 혹 그때까지 산다 해도, 오늘날 80대 노인처럼 백발에 등이 굽어 있었다.
- 사람들은 시간을 태양과 별, 그리고 계절의 순환으로 가늠했다. 시계 혹은 달력과 같은 것들은 존재하지 않았다.
- 그 시대의 일반인들은 지구가 평평하고, 인류는 악마의 손아귀에 놓여 있다고 믿었다. 그리고 수평선 너머의 땅은 미지의 세계였다.

오늘날 우리는 인류가 꾸준히, 차곡차곡 한 계단씩 발전을 이루어왔다는 엄청난 오해에 빠져있다. 하지만 인류 역사상 대부분의 시간은 발전 없이 평면적으로 흘렀다. 예를 들어, 1810년과 2010년을 비교해볼 때 인류의 생활은 놀랄 만큼 변했지만, 810년과 1010년의 삶을 비교해보면 아무것도 변한 것이 없다. 우리가 괜히 이 시대를 '암흑기'라 부르는 게 아니다.

인류역사가 시작된 이래─시작되기 전에도 마찬가지지만─거의 대부분의 기간들은 그야말로 야만적인 시절이었다. 자연 다큐멘터리에서 육식동물들이 무리에서 가장 늙고, 병들고, 약한 한 마리를 골라내 어떻게 물어뜯는지 본 적 있는가? 우리의 조상들이 살았던 시대가 바로 그러했다. 그들 중 대부분은 짧은 인생을 살았고 고통스러운 죽음을 맞았다. 고생물학자들에 따르면, 그 시대의 것으로 보이는 호랑이 굴 속에서 수많은 사람 **뼈**가 발굴되었다고 한다. 그것은 700파운드나 나가는 거대 고양이에게 사람은 비교적 만만한 사냥감이었다는 뜻이다.

오늘날 우리 사회가 완벽하지 않다는 것은 모두가 알고 있다. 하지만 최소한 우리는 이곳을 조금이라도 낫게 만들려는 작은 노력으로 큰 만족을 얻을 수 있다. 그리고 99퍼센트의 우리 선조들이 살았던 세상에 비하면 지금 이곳이 확실히 낫다는 사실을 아는 것만으로도 조금 위안이 될 것이다.

당신의 삶을 더 만족스러운 것으로 만들고 싶다면, 당신의 관점을 바꾸는 것에서 시작하라.

그때, 마침내 당신의 세상이 온다

매해 봄, 수백만의 젊은이들이 고등학교와 대학교를 졸업한다. 그리고 그 젊은이들의 친구와 가족은 올해는 졸업선물로 무엇을 줄까 고심하게 된다. 다행히도, 나는 그들이 원하는 선물이 무엇인지 잘 알고 있다.

바로 돈이다. (그들이 작년에도 원했던 그것 말이다.)

일단 현찰을 준비해라. 그리고 그 속에 작은 덤을 끼워넣는 것은 어떨까? 작고 의미 있는 무언가를 말이다. 한 발은 과거에, 다른 한 발은 미래에 담고 있는 이들에게 주는 졸업선물이니만큼 꿈을 북돋워줄 수 있는 것이라면 더할 나위 없겠다. 그래서 나는 종종 그들이 원하는 현찰 봉투 속에 앨런James Allen의 영원한 고전 『깨달음의 지혜*As a Man Thinketh*』를 복사한 종이를 끼워넣는다.

앨런은 1864년 영국에서 태어났다. 그는 가냘프고 병약한 소년이었다. 1879년, 그의 아버지는 직장에서 쫓겨난 뒤 배를 타고 미국으로 건너

갔다. 그곳에서 터를 잡고 가족들을 부를 작정이었다. 하지만 미국에 도착하자마자 그는 강도들에게 살해당하고 말았다.

15세가 되면서부터 앨런은 가족들을 부양하기 위해 방직공장에서, 나중에는 개인 비서로 일해야만 했다. 그는 의미 없는 그의 일이 싫었지만 밤에 책을 읽는 것으로 낙을 삼았다. 그가 읽었던 것은 주로 성경, 셰익스피어, 톨스토이, 그리고 휘트먼Whitman이었다. 1903년, 결국 그는 모든 시간을 집필에 쏟아붓기로 결심한다. 그리고 바로 그해 그의 가장 유명한 작품『깨달음의 지혜』를 발표한다.

그것은 아주 얇은 책이다. 보통 졸업 연설 시간에 꾸벅꾸벅 조는 데 걸리는 시간이면 충분히 읽고도 남는 분량이다. 하지만 이것은 강력한 호소력을 가지고 있다. 그 핵심 내용은, 당신이 알고 있건 모르고 있건 당신 안에 숨겨진 '신념'이 당신의 성격과 건강 상태, 처한 환경, 그리고 궁극적으로 운명까지 결정한다는 것이다. 당신의 생각이 당신의 현실을 창조한다. 말 그대로, "당신의 생각이 곧 당신이다."

그렇기 때문에 당신이 무언가를 생각할 때, 최소한 당신이 음식을 먹으면서 당신의 몸에 대해 생각할 때만큼이라도 신중을 기해야 한다. 당신의 생각이 그린 그림대로 당신의 운명이 펼쳐지기 때문이다.

오로지 생각만으로 당신의 병을 고치고, 빚을 갚고, 세상을 바꿀 수 있다고 말하고 있는 게 아니다. 앨런은 요즘 뉴에이지에서 주문을 외우듯이 떠드는 식의 이야기를 하고 있지 않다. 다른 건 다 떠나서, 그는 실용주의자였으며 고된 노동과 노력의 신봉자였다. 하지만 그는 모든 성취는 마음의 상태로부터 시작된다는 사실을 이해하고 있었다.

- 사람들은 자신들이 처한 환경은 개선하고 싶어 하면서 스스로는 개선하려 들지 않는다. 그러면 그들은 그곳에서 헤어나올 수 없다.
- 한 인간이 스스로의 생각을 완전히 바꿀 수만 있다면, 그는 그를 둘러싼 물질적 환경이 얼마나 빨리 바뀌는지 놀라움을 금치 못할 것이다. 생각만 한 것은 들키지 않을 거라 사람들은 생각하지만 결코 그렇지 않다. 생각은 급속히 습관으로 굳어지고, 습관은 곧 환경으로 물질화된다.
- 한 인간이 성취한 모든 것, 그가 성취하지 못한 모든 것은 그가 한 생각들이 만들어낸 것이다. 인간은 오로지 그의 생각으로 인해 일어서고, 정복하고, 쟁취할 수가 있다. 생각하지 않는 인간은 언제까지나 약하고 수동적이고 비참한 채로 남겨질 것이다.
- 식물이 씨앗에서 싹트고 자라듯이, 인간의 행동은 생각 속에 숨은 씨앗에서 싹트며, 그것 없이는 자라지 않는다.
- 인간의 마음은 정원과 같다. 교양을 섭취하여 잘 가꿀 수도 있고 원시적인 상태로 내버려둘 수도 있다. 그러나 그것이 장미이든, 잡초이든 정원의 식물들은 줄기를 뻗어나갈 것이다.
- 당신이 지금 어떠한 상황에 처해 있건, 당신은 쓰러진 채 그대로 있을 수 있다. 하지만 당신의 생각과 비전과 아이디어로 일어설 수도 있다. 당신은 스스로를 비하하는 만큼 작아질 수도 있고, 스스로 열망하는 만큼 위대해질 수도 있다.

앨런은 환경이 당신을 만드는 것이 아니라고 믿는다. 그것들은 단지 당신을 표현할 뿐이다. 또한 상황을 우리 멋대로 바꿀 수는 없어도 최소한 우리 자신만은 마음대로 지배할 수 있다.

이 사실을 처음 깨달은 사람은 앨런이 아니다. 2,300여 년 전에 쓰인 『법구경』은 이렇게 시작된다.

> 우리가 행하는 모든 것들 앞에는 마음이 있다.
> 모든 행위들은 마음 가는 대로 이끌리고, 마음에 의해 창조된다.
> 타락한 마음으로 말하고 행동하는 이에겐 고통이 따른다.
> 황소가 끄는 수레에 바퀴가 따라 오듯이
>
> 우리가 행하는 모든 것들 앞에는 마음이 있다.
> 모든 행위들은 마음 가는 대로 이끌리고, 마음에 의해 창조된다.
> 평온한 마음으로 말하고 행동하는 이에겐 행복이 따른다.
> 그림자가 따라오듯, 반드시.

천성적으로 병약했던 앨런은 47세를 일기로 세상을 떠났다. 그의 19권의 책들—대부분 그가 죽은 뒤 출판된—은 수백만 부가 팔려나갔고 여전히 인쇄되고 있다. 앨런은 한 번도 부유했던 적이 없었다. 하지만 그는 스스로의 사명을 깊이 믿었다. 그의 글들은 전 세계의 남녀들을 일깨웠다. 그리고 데일 카네기, 나폴레옹 힐, 그리고 노먼 빈센트 필 Norman Vincent Peale 은 그의 열렬한 추종자들이었다.

무엇보다, 『깨달음의 지혜』는 하나의 명상이다.

하지만 그것은 일종의 천기누설이기도 하다. 앨런은 당신의 내면을 가꿈으로써 인생을 궁극적으로 완벽하게 바꿀 수 있는 방법을 보여준다. 이것은 막 세상과 맞서려는 졸업생들에게 좋은 메시지가 될 것이다. 일상에 물들어 나태해져 있는 우리에게도 멋진 자극제가 됨은 물론이다.

다른 많은 책들에서도 비슷한 내용을 다룬다는 것을 잘 알고 있다. 하지만 앨런만큼 시적인 문장으로 그 메시지를 전한 작가는 없다.

마음속에 아름다운 꿈과 고결한 이상을 소중히 간직한 이는 언젠가 그것을 이루게 된다. 콜럼버스는 또 다른 세상에 대한 꿈을 소중히 다뤘고, 그 꿈의 대륙을 발견했다. 코페르니쿠스는 더 넓은 우주와 입체적인 지구에 대한 상상을 놓치지 않았기에 그 신비를 밝혀냈다. 붓다는 티끌 하나 없는 아름다움과 평화가 있는 정신세계를 꿈꾸었기에 그 열반의 세계로 들어갔다.

당신의 꿈을 소중히 하라. 당신의 이상을 키워라. 당신의 순수한 생각을 사랑스럽게 수놓는 모든 아름다운 것들을, 당신의 가슴을 울리는 음악들을 기억하고 지켜라. 바로 그들로부터 모든 기쁨과 천국이 생겨날 것이다. 당신이 진실하게 그것들을 지킨다면, 마침내 당신의 세상이 올 것이다.

세상에서 가장 중요한 직업은 무엇일까?

내 친구 존과 낸시는 모든 것을 가진 듯 보인다. 건강, 사랑스러운 가족, 멋진 집, 게다가 충분한 돈.

그런데 뭐가 문제냐고? 하지만 그들의 10대 자녀들이 부모를 미치기 일보 직전까지 몰고 가고 있다. 나와 내 와이프 카렌은 최근에 뉴욕 북부에 있는 그들의 집에서 주말을 함께 보낸 적이 있다.

"속이 터져버릴 것 같아." 낸시는 투덜거렸다. "공부라고는 전혀 하지 않아. 맨날 밖으로만 나돌아. 그 아이들이 어디서 누구랑 뭘 하는지 도무지 알 수가 없다구. 물론, 밖에서 친구들이랑 있는데 부모에게서 걸려온 전화를 받는 건 좀 마마보이같이 보이겠지. 이해해. 하지만 최소한 문자는 보낼 수 있는 거 아냐? 정말 속상하다니까!"

"누가 대체 걔네들이 종일 나돌아다니도록 핸드폰이랑 차를 사주고 돈을 준 거야?" 내가 물었다.

"누구일 거라고 생각해?" 그녀는 눈을 치뜨고 짜증이 난다는 듯 대꾸했다.

난 그쯤해서 손을 들었다. 더 이상 그 문제에 관해서 말해봤자 아무런 진척도 없을 게 뻔했고 더군다나 그건 내 문제도 아니었으니까. 하지만 내가 나고 자랐던 집에선 상황이 어땠는지 기억을 더듬어보지 않을 수 없었다.

나는 터울 없이 다닥다닥 붙어서 태어난, 고만고만한 4형제 중 한 명이었다. 또래의 사내아이들이 흔히 그렇듯이 우리는 툭하면 싸웠다. 그런데 우리 중 누군가의 첫 번째 주먹이 날아가기 전에 아버지는 "낮게 깔아라, 목소리"라는 말로 우리를 윽박지르곤 하셨다. (우리들 중 누구도 그게 정확히 무슨 뜻인지 몰랐다. 하지만 아버지의 눈빛이나 목소리의 톤으로 보아 '목소리를 낮게 깔지 않으면' 호된 꼴을 당하리라는 사실만은 확실했다.)

물론 그것은 우리가 어렸을 때 이야기이다. 하지만 그 시절엔 사춘기에 도달한 자녀들과 부모들 간의 사이가 퍽 좋았었다. 나와 내 형제들이 그랬듯이, 지금처럼 엄마 아빠를 현관 발 깔개 취급한다는 것은 상상도 못하던 시절이었으니까.

낸시와 존뿐만 아니라 많은 내 친구들이 그와 비슷한 골칫거리를 갖고 있었다. 그들은 자녀들이 공부를 못하고, 버릇이 나쁘고, 타인을 존중할 줄을 모르며, 도대체 뭘 하려 들질 않는다고 한탄한다.

하지만 스스로 부모로서 그 상황에서 무엇을 해야 하는지 생각하는 목소리는 거의 듣지 못했다. 아이들의 행실을 고칠 생각은 조금 덜 해도 좋으니 부모노릇 하는 것에 관해 조금 더 생각해보아도 좋을 텐데 말이다.

이것은 민감한 주제라는 걸 잘 알고 있다. 누구나가—생명이 있는 모든 것들이—부모이거나 자식인 동시에, 부모가 있거나 자식이 있다. 그래서 모든 이들이 이 분야에선 전문가이다. 하지만 부모보다 더 중요한 직업이 있을까?

부모로서 우리는 우리 아이들에게 그들의 행동이 어떤 결과를 낳을지 교육시킬 책임을 갖는다. 이것은 무수한 대화가 필요한 일이며, 가끔씩은 벌을 줘야 할 때도 있다. 하지만 최근 조사에 따르면 보통의 부모들은 그들의 자녀들과 심도 있는 대화를 나누는 데 일주일에 3분 30초를 쓴다. 아이들이 엉망이 되지 않는 게 오히려 이상할 정도다.

그러면 자녀들과 무슨 대화를 해야 할까? 우선 그들을 이해하고 보호해주고 무엇이 옳고 무엇이 그른가를 알려주는 것으로 충분하다. 아이들은 교육과 성실한 노동의 필요성을 알아야 한다. 그리고 무엇보다, 부모들은 그들이 아이들을 무조건적으로 사랑하지만, 그렇다고 해서 뭐든지 허락해주겠다는 뜻은 아니란 걸 분명히 밝혀야 한다. 아이들에게 인생은 결국 뿌린 대로 거두는 게임이라는 사실을 알게 해주는 것은 매우 중요하다.

학교도 예전 같지가 않다. 예를 들어, 1940년대에 공립학교 선생님들을 속 썩이던 가장 큰 7대 말썽은 '무례한 말투, 껌 씹기, 떠들기, 복도에서 뛰기, 새치기, 복장불량, 쓰레기 버리기'였다. 그러던 것이 오늘날에는 '약물남용, 알코올중독, 임신, 자살, 강간, 강도, 그리고 폭력'이 선생님들을 괴롭히고 있다.

아이들이 왜 이렇게 되었을까? 폭력적이고 선정적인 내용들로 가득 찬 텔레비전 쇼, 영화, 비디오 게임, 수많은 결손가정 들이 일부 그 원인이 되겠지만 일반적인 이 시대의 문화 자체가 천박하고 거칠어진 점을 부정할 수 없다.

다른 어떤 시대보다 부모노릇이 힘들게 됐다. 하지만 그 말은 동시에 다른 어떤 때보다 올바른 부모의 역할이 절실하다는 의미이기도 하다. 학교에선 읽기와 과학, 수학, 역사를 가르칠지 모르겠지만 아이들에게 일과 건강, 돈, 인간관계, 그리고 성실의 가치를 가르치는 것은 우리 부모들의 책임이다.

이것 이외에도 우리는 아이들에게 모범을 보여주어야 한다. 당신의 자녀들은 아마도 골백번 말해도 당신이 하는 말은 잘 듣지 않을 것이다. 대신, 아이들은 당신이 하는 행동만은 매처럼 날카롭게 주시하고 있다. 올바른 부모노릇에 관해서는 여러 가지 논의가 있을 수 있지만, 모든 아이들이 공통적으로 부모로부터 배워야만 하는 것들을 적어보기로 한다.

- 연장자를 존중해라.
- 귀가 두 개이고 입은 하나인 이유를 알아라. 말하는 것의 두 배를 들어라.
- 무슨 일이 있어도 약속을 했으면 지켜라.

- 누군가와 이야기를 할 때는 그의 눈을 바라봐라.
- 자립해라.
- 한 번 할 때 제대로 해라. 지금 시간이 없다고 대충 하면, 그걸 고칠 시간은 더 없게 된다.
- 버는 것보다 덜 쓰도록 해라. 그리고 남는 돈은 저축하고 투자해라.
- 항상 "부탁합니다", "감사합니다"를 입에 달고 살아라. 그리고 "네, 선생님", "네, 사모님"이라고 깍듯이 말해라.
- 직장은 위계사회라는 점을 명심해라.
- 무언가를 빌리면 되돌려줄 때 반드시 처음보다 좋은 상태로 돌려주어라.
- 스스로를 돌보는 법을 배워라.
- 만약 모르는 것이 있으면, 찾아보아라.
- 담배 피우는 건 멋져 보이지 않는다. 멍청해보인다.
- 마약을 하는 것은 한순간의 쾌락을 위해 평생을 내동댕이치는 행위이다.
- 섹스는 멋진 것이다. 하지만 원치 않는 임신이나 성병은 결코 그렇지 않다.
- 도움이 필요하면, 도움을 청해라. 그리고 누군가 도움을 청하면, 도와줘라.
- 옳은 일은 언젠가 보상을 받는다.
- 일을 그르쳤으면, 사과해라.
- 소유할 가치가 있는 것은 그것을 위해 일할 가치가 있는 것이다.
- 네가 원하는 일을 해라. 그럼 돈은 자연히 따라올 것이다. (엄청난 부자가 될 만큼의 돈은 아닐 수도 있지만 충분히 삶을 영위할 만한 돈 말이다.)
- 네 삶을 완성해줄 누군가는 없다. 네 스스로 완성해라.
- 성공한 사람이란 성공하지 못한 이들이 하기 싫어하는 일들을 한 사람이다.
- 뒤에 오는 사람을 위해서 문을 잡아줘라. 그가 남자건 여자건.

- 스스로에게 책임을 져라.
- 어려운 결단을 내려야 하거든 스스로에게 물어라. "이 일을 함으로써 내가 나 스스로를 어떻게 느끼게 될까?"
- "Illegitime non carborundum"를 잊지 말아라. ('어떤 나쁜 자식도 널 좌절시키게 놔두지 말 것'이란 뜻의 라틴어)

물론 이것은 아주 일부분에 불과하다. 18세면 우리가 책임감 있는 어른이 되는 법을 배울 만한 나이다. 대부분의 사람들이 수많은 잘못된 선택들로 충분히 고통 받고 나서야 올바른 선택을 하기로 마음먹는다. 그러므로 이것은 빠를수록 좋다.

결국 아이들의 행동을 바로잡을 힘이 있는 것은 그들의 부모뿐이다. 과학자들은 아직 사람의 인성을 형성하는 데 타고난 기질이 더 크게 작용하는지 자라난 환경이 더 영향을 미치는지 규명하지 못했다. 아마 영원히 밝혀지지 않을 것이다. 하지만 우리 아이들이 어른으로 자라기 위한 준비를 시키는 것은 근사한 책무이며 이 지구상에서 가장 중요한 직업이다. 그래서 그 사명을 잘 해내야 하는 책임이 우리에게—사회 전반에—지워진 것이다.

가족은 우리 사회의 주춧돌이다. 모든 문화권을 구성하는 경제적, 정신적 기본단위이기도 하다. 2,500년 전 공자는 말했다. "아들을 가르치지 않는 아버지나, 아버지의 가르침을 무시하는 아들이나 똑같이 죄가 있다."(이것은 어머니에게도 적용된다. 특히나 요즘처럼 아버지 없는 가정이 많은 시대에는 말이다.)

부모가 된다는 것은 지금도, 또한 앞으로도 신성한 사명이다. 우리 아이들이 성장하면, 그들은 지금 했던 선택들에 따른 결과에 책임을 져야 한다. "그때 이 이야기를 해줬어야 했는데"라고 후회하지 않으려면 지금 그들을 가르쳐라.

우리에게 가정은 무엇보다 소중하다. 만약 내가 아버지 노릇에서 실패한다면, 다른 어떤 분야에서 성공한다 한들 그 실패를 메울 수 없다. 하지만 모든 가정에는 저마다의 독특한 사정이 있기 때문에 누구도 다른 이의 가정 문제를 판단하거나 완전하게 이해할 수 없다.

우리는 완벽하지 않다. 하지만 빈틈을 갖고 있는 채로 우리가 할 수 있는 최선을 다해, 우리의 아이들이 거친 사회로 나가기 전에 줄 수 있는 모든 것을 쏟아 가르칠 뿐이다.

'어머니'라는 기적

오늘은 아주 특별하고 중요한 사람들에 대해 몇 마디 하려고 한다. 존 S. C. 애보트John S.C. Abbott 목사는 그들을 일컬어 "지구상의 다른 모든 것을 다 합친 것보다 우리의 미래에 더 큰 영향력을 미치는 사람들" 이라고 했고, 역사학자 윌 듀랜트는 그들은 "문명의 핵"이라고 불렀다. 유대인 속담에서는 신이 모든 곳에 임할 수 없기 때문에 그 대신 이들을 창조했다고 말한다.

물론 '그들'은 우리의 어머니들이다.

당신의 어머니를 생각해보자. 그녀가 없었다면 오늘 당신이 여기 앉아 있을 수 없다. 하지만 이런 생물학적 사실은 그녀를 말할 때 정말 하잘것

없는 작은 부분에 불과하다. 세상에 갓 태어난 순간으로부터 기고, 걸음마를 배우는 수년간 어머니들로부터 깊은 사랑과 돌봄을 받지 못했다면 우리 중 누구도 생존할 수 없었다.

거의 대부분 우리 기억의 첫 페이지는 어머니가 장식한다. 심지어 기억이 존재하기 전부터 그녀의 목소리는 우리에게 안정감을 주었고, 그녀의 손길은 애정을 가르쳐주었다. 그녀의 보살핌과 배려는 우리가 안락하고 한없이 따뜻한 세상에서 살아가고 있다는 느낌을 주었다.

물론 세상이 꼭 그렇지만은 않다. 하지만 인생의 시작을 이런 식으로 경험한다는 것은 멋지지 않은가? 어머니는 우리의 첫 번째 스승이자, 가장 강력한 수호자이며, 첫사랑이다. 우리가 자라면, 그녀는 점점 더 많은 것을 희생한다. 아플 때 돌보아주고, 곤경에 처했을 때 구해준다. 우리가 어딘가에 가고 싶어 하면, 기꺼이 데리고 가준다.

4형제들의 틈바구니에서 자라면서 나는 우리 어머니가 타고난 요리사, 가정부, 간호사, 상담사, 중개인, 그리고 운전기사라고 확신했다. (피터 드브라이스는 어머니의 역할에 대해 "열 달 동안은 뱃속에 태우고 다니고, 남은 평생 동안은 차에 태우고 다니는 것"이라고 말한 적이 있다.)

어머니들의 일이란 건 정말 끝이 없다. 언젠가 내 친구들이, 집 안에 일을 도와줄 건장한 남자들이 다섯이나 있으니 우리 어머니가 얼마나 든든하실까 하는 말을 한 적이 있었다. 하지만 프로야구 결승전이 진행되고 있던 어느 날, 우리 집에 들렀던 한 이웃이 던진 말을 잊을 수가 없다.

"이것 봐!" 그는 텔레비전을 둘러싸고 소파에 늘어져 있던 우리 다섯에게 말했다. "어떻게 남자들은 죄다 여기서 스포츠 경기나 보고 앉아 있고, 어머니 혼자 앞마당 잡초를 뽑고 계신 거야?"

"에이, 몰라요." 나는 이렇게 건성으로 대답했던 걸로 기억한다. "뭐, 그게 재밌으신가 보죠." 그 대답 속에 감사함은 손톱만큼도 없었다.

돌이켜보건대, 우리 집에서는 어머니가 모든 일을 처리하셨다. 모든 것을 계획하셨으며, 모든 것을 기억해야 하는 사람도 어머니였고, 정말 떠올리기도 창피하지만 해야만 했던 '모든' 일들이 어머니 차지였다. 하지만 어머니가 해주셨던 그 모든 일 중에서 단연 최고의 것은 그녀가 만든—지금도 만들고 계신—야채 수프였다. 그냥 맛있는 정도가 아니었다. 그것은 감미로운 영혼의 성찬이었다.

만약 누군가가 야채 수프처럼 평범한 음식이 뭘 그리 대단했겠는가 하고 말한다면, 그건 그가 우리 어머니의 수프를 못 먹어봤기 때문이라고 밖에 말할 수 없다. 누구도 그녀의 맛을 따라오지 못했다.

어머니의 영향력은 이루 말할 수 없다. 모든 방면에서 헤아릴 수 없이 많은 영향을 끼친다. 그녀의 사랑—가장 강하고, 가장 눈 멀고, 가장 절묘한—은 우리가 굳이 요구하지 않아도, 우리가 그것을 받을 자격을 갖추지 않아도 아낌없이 쏟아진다.

당신의 모든 존재를 빚지고 있고, 다른 누구도 그 자리를 대신할 수 없는 한 여인에게 경의를 표할 수 있는 기회를 부디 놓치지 말기 바란다. 카드 한 장, 전화 한 통, 또는 초콜릿 한 상자가 그녀에게 너무 과분하다고 생각되거든, 마음으로부터의 감사만이라도 보내드리자.

만일 어머니가 곁에 계시거든, 소중히 대해드려라. 만일 함께 계시지 않는다면, 그녀와의 기억을 소중히 해라.

당신이 태어나고 싶다고 생각하기도 전에 그녀는 당신을 원했다. 당신이 태어나기도 전에 그녀는 당신과 사랑에 빠졌다. 당신이 태어났을 때,

그녀는 기꺼이 모든 것을 희생할 준비가 되어 있었다. 인생에서 가장 위대한 기적이란 이런 것이 아닐까?

그것이 없다고 생각해보라

60년 전, 노먼 빈센트 필이 『긍정적인 생각의 힘』을 썼을 때, 그의 원고는 출판사들로부터 번번이 퇴짜를 맞았다. 그는 낙담한 나머지 그 원고를 휴지통에 던져버리고는 와이프에게 휴지통 속에서 원고를 꺼내지 말라고 으름장을 놓았다. 그녀는 순순히 그의 말을 따랐다. 대신 휴지통 째로 들고나가 그 원고를 출간해줄 출판사를 찾아냈다. 그 책은 2,000만 부 이상이 47개 국어로 번역되어 팔렸으며 인간 잠재력 개발 운동의 초석이 되었다.

그의 소박한 조언들은 현대의 독자들에겐 조금 우습고 재미있게까지 느껴진다. 하지만 그의 책들은 기본적인 진리를 이야기한다. "당신의 생각으로 당신만의 세계를 무한히 펼쳐라." 대부분의 개인적 성취들은 스스로 할 수 있다고 생각하고, 그것을 이루어 낼 수 있다고 확신함으로써 이루어졌다.

그리고 당신의 목표를 이루었다 할지라도, 기쁨은 오래가지 않는다. 인간의 욕망은 끝을 모르기 때문이다. 우리들 대부분은 심리학자들이 말하는 '쾌락의 러닝머신'에 올라타고 있다. 무언가를 얻기 위해 일하고, 잠시 만족을 맛보고, 곧 싫증이 나서 불만족이 다시 찾아오고, 다음번엔 속도를 조금 더 올리고……

우리의 인생은 채워지지 못한 욕망들의 집합체다. 더 연봉이 높은 직장, 더 나은 평판, 더 높은 지위, 더 새로운 모델의 차, 더 큰 집, 더 단단한 복근, 아니면 더 매력적인 배우자…….

물론 뭔가 부족하다고 느끼는 것이 항상 나쁘지만은 않다. 욕망이 우리 삶에 많은 좋은 것들을 끌어온다는 사실을 모르는 바 아니다. 하지만 끊임없는 결핍감은 집착을 낳는다. 그것은 우리의 만족감을 뿌리부터 갉아먹는다. 그리고 마음의 평화는 우리를 교묘하게 비켜가버린다.

다행히도 고대 스토아학파 철학자들은 우리가 이런 욕망의 함정을 뛰어넘어 다시 마음의 평화를 되찾을 수 있는 방법을 알고 있었다. 그들은 그것을 '부정적인 시각화'라고 불렀다.

부정적인 시각화란, 매일 조금씩 시간을 내어 당신이 갖고 있는 가장 소중한 것들을 잃어버리는 것을 상상하는 것을 말한다. 그 상황을 생생하게 눈앞에 그려야 한다. 예를 들어 직업을 잃거나, 집과 그 안의 모든 가제도구들이 불타 없어지거나, 배우자가 당신을 떠나버리거나, 갑자기 눈이 멀거나, 귀가 들리지 않게 되거나, 신체 어느 부분에 불구가 되거나…….

너무 극단적이라고 생각되는가? 스토아학파의 핵심은 이것이다.

우리가 삶 속에서 즐기는 모든 것들은 실은 거대한 운명으로부터 '빌려온' 것이다. 무엇이든, 어떤 것이라도 아무런 예고 없이 운명이 다시 가져가버릴 수 있다. 우리의 아이들이라 하더라도 "지금 잠시 주어진 것일 뿐, 영원히 함께할 수는 없는 것"이라고 충고한다. 당신의 아이들에게 입맞추는 매 순간 기억하라. 그것이 마지막이 될 수도 있는 가능성이 조용히 도사리고 있다는 것을.

로마의 철학자 세네카는 매일 마치 그것이 마지막 날인 것처럼 살라고 했다. 그리고 실제로 우리를 스치고 지나가는 모든 순간들은 처음이자 마지막 순간들이다. 그렇다고 해서 우리가 모든 책임을 내동댕이치고, 어리석게 흥청망청 그날을 허비하라는 뜻이 아니다. 오늘 하루를 대하는 당신의 마음 자세를 바꾸라는 뜻이다.

한때 인류가 꿈꾸던 바로 그 삶을 지금 대부분의 우리들은 누리고 있다. 단지 우리는 그것에 익숙해지고, 싫증을 내고, 둔감해져 있을 뿐이다. 스토아학파가 우리에게 '부정적인 시각화'를 권하는 이유가 바로 그것이다. 우리를 흔들어 깨워서 이미 갖고 있는 것들이 얼마나 훌륭한 것인지 음미하게끔 하는 것이다.

이렇게 물을지도 모르겠다. 돈도 많고, 행복하고, 건강한 사람이라면 '부정적인 시각화'가 효과적이겠지만 만약 불행하고 가진 것 없는 사람이라면? '부정적인 시각화'는 그들에게도 효과가 있다. 직업을 잃었다면, 소유물들을 잃었다고 상상하라. 소유물들도 없다면, 당신이 사랑하는 사람들을 잃었다고 상상하라. 주위에 사랑하는 이가 아무도 없다면, 당신의 건강을 잃었다고 상상하라. 건강마저 형편없다면, 목숨을 잃었다고 상상하라.

이 세상에 '더 나빠질 게 없는' 사람은 드물다. 이 방법으로 도움을 받을 수 없는 사람은 찾아보기 힘든 것이다. 익숙해짐은 삶의 즐거움을 무디게 만든다. '부정적인 시각화'가 그 맛을 다시 찾아줄 것이다. 이 테크닉은 또한 삶에서 피해갈 수 없는 시련에 대비할 수 있도록 도와주기도 한다. 태풍, 지진, 허리케인, 그 밖에 많은 자연재해 현장에서 목숨을 건진 생존자들은 그 후유증으로 굉장한 고통을 겪는다. 하지만 그럼에도 불구하고 그들이 종종 이렇게 말하는 것을 듣는다. 지금껏 그들은 몽유병 환자처럼 살아왔었노라고. 비로소 이제야 살아 있음에 감사하며 온전히 살아 있는 것 같다고.

물론 이 느낌을 맛보기 위해 재난을 일부러 경험할 필요는 없다. '부정적인 시각화'를 통해 그와 같은 수준의 깨달음을 얻을 수 있기 때문이다. 이 테크닉을 정기적으로 연습할 것을 권한다. 차가 막혀서 꼼짝없이 서 있을 때나, 그냥 흘려보낼 수밖에 없는 시간이 생기면 연습의 기회로 삼아라.

우리가 살고 있는 이 세상의 유한성을 명상함으로써 우리는 모든 행위를 좀 더 집중해서, 의미를 담아, 깨어 있는 마음으로 해나갈 수 있을 것이다.

긍정적인 시각화는 당신이 원하는 것을 갖게 해준다. 그리고 부정적인 시각화는 당신이 현재 갖고 있는 것을 원하게 해준다.

인생을 리셋하는 법

나와 내 아내 카렌은 플로리다에서 버지니아로 가족들과 함께 이사 가는 것에 대해 몇 년 동안이나 망설여 왔다. 그러다가 3년 전, 드디어 일을 감행하기로 결정하고, 카리브해 남쪽의 샬롯스빌 가까이에 집을 빌렸다.

우리의 작전은 그야말로 단순 무식했다. 일단 가봐서 마음에 들면 눌러 살고, 마음에 안 들면 다시 플로리다로 돌아오는 것이었다. 어쨌든 한 번 해봤다는 사실에 만족하면서 말이다.

이사는 아주 간단하고 쉽게 이루어졌다. 새 집이 이미 가구며 목욕 타월, 와인 글라스까지 구비된 빌트인이었으므로 우리는 옷가지들이 든 가방만 몇 개 들고 가서 옷장에 걸면 되었다. 정말 그걸로 끝이었다.

우리는 곧 샬롯스빌과 새 이웃들에게 홀딱 반했다. 그리고 의외의 배움까지 얻었다. 우리가 플로리다에 두고온 그 수많은 것들—서랍장, 장롱, 캐비닛, 그리고 창고에 흘러 넘치도록 우리가 사서 쌓아놓았던 것들—이 손톱만큼도 생각나지 않는다는 사실이었다. 오히려 그것들을 다 두고 왔다는 생각에 홀가분하기까지 했다.

사실 그다지 놀랄 만한 일이 아닐 지도 모른다. 대청소 전문가 피터 월쉬에 따르면 우리는 '물건'들에 파묻혀 있으며 온갖 잡동사니들로 떠내려갈 지경에 이르렀다고 한다. 많은 사람들이 그들의 소유물을 합리적이고 이성적으로 다룰 수 있는 능력을 상실했다.

이것은 물론 바람직한 현상이 아니다. 당신의 집은 당신 삶을 보여주는 거울이다. 집을 보면 당신이 누구인지, 무엇을 소중히 여기는지 알 수가 있다. 18세기 건축가 윌리엄 모리스는 집 안에 아름답거나 꼭 필요한 것 아니면 어떤 것도 들여서는 안 된다고 역설했다.

하지만 우리들 대부분은 이 기초 테스트에서 벌써 탈락이다. 이것은 우리가 쓰지도 않을 물건들로 집 안을 채우는 것만을 의미하지는 않는다.

어떤 사람들은 단지 그들이 갖고 있는 물건들을 놓아두기 위해서 더 넓은 집을 사거나 아예 집을 한 채 더 살까도 생각한다. 정말 두 손을 들 지경이다.

집은 우리가 살아가고, 숨 쉬고, 사랑하고, 생각하고, 창조하는 장소여야 한다. 만약 당신이 그 속에 갇혀 있는 느낌이 든다면 과연 이런 일들이 가능할까? 사람들이 흔히 잡동사니들 때문에 질식할 것 같다고 말하는 것도 무리는 아니다. "차고에만 들어가면 숨을 쉴 수가 없어." 혹은 "사무실에만 들어가면 너무 엉망진창이라 내가 그 속에 파묻혀버릴 것 같아"라고 말이다.

이런 상태는 건강에도 아주 안 좋다. 연구결과, 심각하게 어질러진 환경에서 지내는 사람들은 다음과 같은 증상을 보인다고 한다.

- 우울증과 신경성 질병
- 천식, 알레르기, 기타 호흡기 질환(곰팡이, 먼지, 그리고 병균들로 인한)
- 두통
- 불면증
- 정서불안
- 낮은 자존감
- 불안한 인간관계
- 피로와 의욕감퇴

건강상의 문제 이외에도 정돈되지 못한 환경으로 인한 문제점들은 많다.

1. 어질러진 환경은 당신에게 무엇이 더 중요한지를 잊게 만든다. 우리에겐 소중하게 간직해야 할 사진과 기념품, 그리고 기억 들이 있다. 진정 가치 있는 것들이라면 마땅히 우리의 집 안에서 한 자리를 차지하고 존중 받아야 마땅하다. 그러나 스스로에게 한번 물어보자. 당신이 박스에 담아 창고나 차고에 쌓아놓고 있는 그 많은 철지난 잡지들과 예전에 쓰던 잡동

사니들이 과연 당신의 시간과 관심을 쏟을 만한 가치가 있는 것들인가?

2. 그것은 당신의 인간관계에도 혼란을 초래한다. 가족들 간에 신경을 날카롭게 만든다. 개인적인 사소한 습관이나 어지르는 버릇은 다툼의 소지를 제공한다. 게다가 집이 너무 어질러져 있기 때문에 누군가를 초대하는 것도 어렵게 된다.

3. 그것은 또한 쓸데없이 돈을 쓰게 만든다. 우리가 불필요한 물건들에 집착하게 만드는 이유 중 하나는 '이게 얼마짜린데……'하는 마음이다. 만약 쓰지 않는 물건이 있다면 그게 얼마이든 그걸 필요로 하는 사람에게 주거나 자선단체에 기부해라. 사용하지도 않는 물건을 보관하고, 보호하고, 옮기고, 수리하는 데 드는 비용을 생각해보기 바란다. (최악의 경우, 그 물건들은 화재의 원인이 될 수도 있다.)

4. 그것은 당신의 공간을 빼앗는다. 손님방이나 서재를 꽉 채우고 있는 물건들 때문에 그곳을 쓰기는커녕 몸이 빠져나가기도 힘들다면? 잡동사니들이 없는 말끔한 공간을 만들어라. 훨씬 좋은 분위기와 긍정적인 에너지를 얻게 될 것이다.

5. 그것은 당신의 시간을 잡아먹는다. 아마도 당신은 산더미처럼 쌓인 잡동사니들을 처치할 시간이 없다고 말할지 모른다. 하지만 그것들에 묻혀서 도저히 눈에 보이지 않는 물건—지불해야 하는 청구서를 포함해서—을 찾는 데 드는 시간과, 스트레스와, 당황스러움과, 짜증을 내느라고 사라지는 시간들은 어쩔 셈인가?

6. 그것은 당신이 지금을 살지 못하게 한다. 만약 당신이 과거의 물건에 집착하거나 '언젠가는 필요할지도 모르는' 물건들에서 헤어나오지 못한다면 당신이 누려야 할 유일한 순간, 바로 이 순간을 놓치게 된다.

7. 그것은 당신의 영적 성장을 방해한다. 당신이 갖고 있는 물건들은 당신의 꿈을 이루는 도구가 되어야지 당신의 발전을 가로막아서는 안 된다. 월쉬는 『모든 것이 너무 많다』(2006)에서 이렇게 썼다. "내가 쓸데없는 물건들을 없애야 한다고 이토록 강조하는 이유는, 사람들의 삶의 공간을 잠식하고 있는 물건들이 얼마나 그들의 성장과 발전을 방해하는지 수없이 보아왔기 때문이다. 어질러진 잡동사니들은 인간의 영혼을 파괴한다."

자, 이제 어떻게 하면 좋을까? 몇 가지 중대한 결단을 내려서 삶을 깔끔하게 정리해보자.

월쉬는 정리정돈은 다음 문제라고 말한다. 우선 당신이 꿈꾸는 이상적인 삶을 상상하는 것으로 시작하자. 당신의 가정에 넘쳐흘렀으면 하는 분위기는 무엇인가? 그리고 당신과 함께 살고 있는 이들과 어떤 관계를 갖고 싶은가?

어떤 이들은 잡동사니들의 틈바구니에 너무 오래 둘러싸여 살아왔기 때문에 그것이 눈에 들어오지 않을 수도 있다. 또 어떤 이들은 그런 상태로도 멀쩡히 잘 살아가기도 한다. 예를 들면 아인슈타인 같은 경우가 그렇다.

하지만 우리는 아인슈타인이 아니다. 그리고 우리 모두는 그 엉망진창에서 스스로 헤어나와야 한다는 걸 잘 알고 있다. 아니면 우리 대신 누군가가 그 일을 해야 하는데, 그게 누구겠는가? (설마 당신이 사랑하는 사람이 당신 대신 그 골칫거리를 떠맡길 바라진 않겠지?)

잡동사니들은 공간만 답답하게 만드는 것이 아니라 당신의 꿈도 일그러뜨린다. 마구 어질러진 공간 속에서는 당신이 그리는 그런 생활을 할 수가 없다. 당신은 배우자로부터, 가족들로부터, 그리고 당신의 꿈으로부터 배척당할 것이다.

자, 잡동사니의 늪에서 스스로를 빼내자. 만약 그것이 너무 많아서 힘에 부친다면, 그 혼란스러운 물건들이 당신을 덮치려 든다면……. 흠……. 나처럼 샬롯스빌에 새로 지어진 말끔한 집으로 옮겨버리는 방법도 있다.

내 조상님이 하신 말씀

나는 유서 깊은 브렉스톤Braxtons 가문 출신이다.

우리 아버지 이름이 브렉스톤이다. 할머니 이름은 아그네스 브렉스톤이다. 우리 막내동생 이름은 카터 브렉스톤, 형 이름은 휴 브렉스톤, 그형의 큰아들 이름은 휴 브렉스톤 3세이다.

한 집안에서 같은 이름을 널리 쓰는 것이 그리 드문 일은 아니다. 하지만 우리 집안 대대로 자랑스럽게 여기는 것은, 우리가 독립 선언서에 사인한 위인들 중 한 명인 카터 브렉스톤의 직계 후손이라는 점이다.

이 딱 한 가지 사실을 제외하면, 내가 우리 화려한 조상들에 관해 아는 것은 거의 없었다. 그런데 2주 전, 친구들과 함께 몬티첼로(토머스 제퍼슨이 설계하고 수십 년에 걸쳐 살았던 장소로 미국에서 가장 중요한 사저私邸 중 하나)를 방문했을 때 데니즈 키에르넌Denise Kiernan과 조셉 D' 아그네스Joseph D' Agnese가 쓴 책을 한 권 읽게 되었다. 그 책의 제목은 『목숨을 건 서명Signing their lives away』이었고 독립선언문에 사인한 사람들에 관한 에세이들을 묶어놓은 책이었다.

그 책이 내 눈을 뜨게 해주었다.

미국 독립선언문은 물론 이 나라의 출생 증명서이며, 가장 널리 알려진 문서이자, 역사를 통틀어 지역을 막론하고 자유를 위해 투쟁하는 이들을 위한 정석이다.

존 트럼불John Trumbull이 그린 유명한 그림에서처럼, 나는 항상 나의 자랑스런 선조를 생각할 때면 떠올리곤 하는 이미지가 있었다. 그 역사적인 순간에, 그 유명한 문서 위에 이름을 새겨넣기 위해 미국 혁명의 리더들에게 둘러싸여 멋들어진 태도로 펜을 들고 성큼 앞으로 나서는 모습 말이다.

하지만 사실은 그와 전혀 달랐다. 그들은 한곳에 모여서 사인을 한 것이 아니었다. 독립선언문은 각각의 사람들로부터 사인을 받기 위해 여러 지역으로 돌려졌다. 키에르넌과 아그네스에 따르면, "카터 브렉스톤은 버지니아주에서 가장 마지못해 독립선언문에 사인한 인물이었다. 누군가는 그가 미국 내에서 가장 못마땅한 태도를 보인 서명자였다고 말했다."

이제야 왜 그의 이름이 그 선언문의 맨 마지막 줄, 마지막 끄트머리를 장식하고 있는지 알게 되었다.

어찌 되었든, 모든 학생들이 배워서 알고 있듯이 이 서명자들은 모든 인간은 날 때부터 평등하다는 사실에 찬성하기 위하여 자신들이 갖고 있는 모든 것과 목숨까지도 걸었던 사람들이다. 카터 브렉스톤도 예외는 아니다. 그는 부유한 대지주였고, 수백 명의 노예들로 운영되는 농장도 갖고 있었기 때문에 특히 잃을 것이 많았다.

하지만 이것은 그다지 특별한 일도 아니었다. 서명자들의 대부분이 귀족들이었고, 그들 중 많은 수가 독립선언의 창시자들이었으며—그 선언문을 직접 작성한 사람도 포함해서—그들은 모두 노예들을 갖고 있었다. 그들에게 그 선언문에 서명을 한다는 것은 많은 것을 잃는다는 것을 의미했다.

토머스 제퍼슨은 이렇게 말했다. "나는 이 비도덕적인 정치적인 악행을 뿌리 뽑기 위해 어떤 것이라도 희생할 준비가 되어있다."

벤저민 프랭클린은 노예 제도를 "인간 본성의 흉악한 바닥"이라고 불렀다.

조지 워싱턴은 "노예 제도의 폐지를 나만큼 열렬히 원하는 사람은 아마 없을 것이다"라고 말한 바 있다.

우리의 카터 브렉스톤은 이렇게 썼다. "로드 아일랜드Rhode Island에서 기니Guinea에 걸쳐 깜둥이들을 사고파는 거대한 시장이 있다고 들었다. 나는 기꺼이 그 시장을 운영하는 신사분들과 동업을 할 의향이 있다. 그 '노예들'은 이곳에서 분명히 그 어느 곳에서보다 잘 팔릴 것이다."

그전에는 이런 말도 쓴 적이 있다. "골드코스트의 노예들이 가장 값어치가 있고 잘 팔린다. 그런데 그 깜둥이들의 가격은 놀라 까무러칠 정도이다. 세금은 별도로, 두당 30에서 35스털링(영국 화폐 단위)씩이나 한다."

의심의 여지가 없다. 카터 브렉스톤은 어쨌든 모든 인간들이 평등하게 태어났다고 믿었던 사람이다. 하지만 판매할 때 조금 더 비싸게 팔리는 '깜둥이들'은 있다고 보았다.

"브렉스톤이 남긴 편지들은 어쨌든 역사학자들에게 노예 매매의 비열한 단면을 볼 수 있도록 도움을 주긴 한다"고 키에르넌과 아그네스는 말한다.

1776년 7월 1일에서야 역사학자들은 브렉스톤이 미국 독립혁명을 반대했었다는 사실을 밝혀낸다. 그는 단순히 영국으로부터 독립하는 것을 못마땅해 하기만 했던 것이 아니었다. 그는 민주주의라는 제도 자체를 마음에 들어 하지 않았던 것으로 판명되었다. 하지만 그가 더 싫어했던 것은 그의 주머니를 털어가는 영국 정부였다.

이러한 사실들을 알고 나자 '독립선언문 서명인들의 후예'라는 이유만으로 내가 받았던 편지에 쓰인 내용이 공허하게 느껴졌다.

> 독립선언문에 서명한 56인은 끓어오르는 인류애와 조국애로 자신들의 이름을 그곳에 올렸다. (…) 미합중국 역사의 첫 페이지를 연 이들의 직계 후손인 우리들은 마땅히 클럽을 만들어 이를 기려야 할 것이다.

흠, 글쎄……. 어쨌거나 자긍심을 갖는 것이 죽을죄에 해당되진 않으니까. 그리고 한 가문이 자신들의 족보를 조금 더 그럴듯하게 다듬는다고 해서 크게 잘못될 것도 없고.

개인적으로 나는 에이브러햄 링컨의 말에 기대고 싶다. "나는 내 할아버지가 어떤 사람인지 알지 못한다. 나는 다만 그의 손자가 어떤 사람이 될지에 더 큰 관심이 있다."

말이 나왔으니 말인데, 카터 브렉스톤은 많은 자녀들을 뒀다는 점을 빼면 시체다. 그는 18명의 자녀들이 있었고, 만약 그들이 한 명당 2명씩의 자녀—성인이 될 때까지 살아남은—를 두었다면, 그리고 또 그 자녀들이 2명씩의 자녀를 두었다면……. 이런 식으로 주욱 따라 내려가다보면 오늘날 이 지구상에 카터 브렉스톤의 직계 후손은 146,000명이 넘는다는 결론이 나온다. 그들이 클럽을 만든다면, 흠……. 그 회원 특전이 뭔지는 몰라도 그다지 소수정예의 특별 클럽이 될 것 같지는 않다.

물론, 다른 이들과 구별되는 특이한 친구들이나 친척, 혹은 조상을 갖는 게 재미는 있다. 하지만 영광은 그들의 것이지 나의 것은 아니다. 우리가 할 일은 그들이 이뤄놓은 후광을 빌어오는 데 급급할 것이 아니라, 우리 스스로가 자랑스러운 조상이 되도록 노력하는 일일 것이다.

단편 작가 다나 버닛Dana Burnet은 이렇게 말한 바 있다. "나는 개밥 몇 톤을 갖느니, 꼬리 끝이라도 좋으니 개를 갖고 싶다."

명예롭게 살기 위하여

미국인들은 '명예'에 관하여 이야기하는 데 그다지 관심이 없다.

번쩍이는 훈장이나 표창 같은 게 아니라, 순수한 명예 그 자체에 관해서 말이다. 가장 단순한 의미로, '명예'란 다른 사람들로부터 좋은 평판을 듣는 것을 뜻한다. 또한 개성에 대한 자연스런 존중, 성실함, 공정한 분배를 뜻하기도 한다. 하지만 그 말은 어떤 이들에게는 안개 낀 듯 모호하게 들린다. 심지어는 비판적으로 들리기까지 한다. 작가 제임스 바우먼은 오늘날 우리가 '명예가 떠나가버린 시대'에 살고 있다고 말했다.

부디 그가 틀렸기를 바란다.

부, 명성, 그리고 좋은 평판은 우리가 얻어야 하는 것들이다. 그리고 명예는 우리가 잃어서는 안 되는 것이다.

2,000년 전, 로마의 시인 유베날리스Juvenalis는 목숨을 건지기 위해 명예를—삶을 살아가는 모든 의미를—저버리는 것보다 큰 죄악은 없다고 부르짖었다. 퍼블릴리어스 사이러스Publiius Syrus는 이에 동의하며 물었다. "명예를 잃고 나면, 도대체 삶에서 무엇이 남는단 말인가?"

하지만 지난 50여 년의 세월 동안, 우리의 문화는 바뀌었다. 사람들은 비록 그것이 불쾌하고 무례한 일이라 할지라도 자신이 하고 싶은 대로 하면서 떳떳하다고 느낀다. 그들은 그렇게 함으로써 다른 이들이 자신들을 깔보지 못하도록 할 수 있다고 생각한다. 하지만 그것은 그저 야비한 행동일 뿐이다. 무례함은 나약한 인간이 강함을 가장해서 부리는 허세다.

예를 들어, 한 NBA 스타가 어떤 사람을 통유리창에 밀어붙이고는 으스대는 태도로 "나는 롤 모델이 아니야!"라고 선언했던 것(이에 관한 논쟁은 사양하겠다), 혹은 부정을 저지르고 명예가 실추된 정치인들이 눈물의 사죄나 공식 사과 등으로 그들의 명예를 회복할 수 있다고 믿는 것, 그리고 최고의 악당 버나드 메이도프Bernard Madoff가 그의 고객들이 평생 모은 돈을 떼어먹고, 심지어 대학살 생존자 엘리 웨이젤Elie Weisel의 자선기금에서 1,520만 달러를 횡령해서 오랫동안 사치스런 생활을 했던 것 등 그들의 명예롭지 못한 행동들을 보자면 그 비열함에 치를 떨 정도이다.

칼럼니스트 조지 윌George Will은 "부모들은 보통 그들의 아이들이 시대의 가치관을 배우도록 가르쳐 왔다. 하지만 오늘날의 부모들은 아이들이 이 시대의 가치관에 물들지 않도록 가르쳐야만 한다"고 말한 적이 있다. 이 나라가 돈과 과시욕의 토대 위에 세워진 것이 아니었다는 사실을 떠올려보건대, 실로 유감이 아닐 수 없다. 건국의 아버지들이 믿었던 최고의 가치는 그와는 아주 다른, '명예'라는 것이었다.

이 나라를 세운 이들은 이렇게 말하곤 했다. "네 직무에 충실하라." 이것은 알렉산더 포프Alexander Pope의 유명한 글을 짧게 줄인 것이다. "명예로움도 수치스러움도 특정한 조건에서 나오는 것이 아니다. 다만 네 직무에 충실하라. 그곳에 명예가 있다."

이것은 하나의 사상이 되었다. 1804년 아론 버Aaron Burr와 사활을 건 결투를 벌인 알렉산더 해밀턴Alexander Hamilton은 명예를 "가장 고결한 마음을 지배하는 열정"이라고 불렀다. 존 애덤스John Adams도 명예를 "영혼을 이끄는 위대한 열정"이라고 정의했다. 그들이 독립선언문에 목숨과 재산만을 걸고 서명했던 것이 아니다. 그들은 신성한 명예를 걸고 이름을 새겼다. 개인적 성실함은 갖춰야 할 미덕을 넘어 신성함으로 여겨졌다.

이것은 물론 미국에서만 숭상해온 가치는 아니다. 역사적으로 '명예'는 어느 곳에서나 높은 가치로 군림해왔다. 19세기 독일의 정치인 오토 폰 비스마르크는 말했다. "제군들, 여러분의 명예는 다른 어느 누구도 아닌, 여러분의 손안에 있다. 그리고 스스로가 아닌 누구도 제군들을 명예롭게 해줄 수 없다. 내 가슴속에 담겨 있는 나의 명예는 완전한 충족감을 준다. 누구도 이것을 옳다 그르다 심판할 수 없으며, 내가 그것을 갖고 있는지 타인이 판단 내리는 것도 불가능하다."

명예란 개인적으로든, 국가적으로든 올바른 원칙 위에 서 있다는 것을 의미한다. 그래서 군인들은 때로 '근본적인 희생'을 감수할 것을 요구받는다. 그런데 평화주의와 이상주의가 명예의 가치를 갉아먹을 때가 있다. 그들이 내건 슬로건에서 많이 들어봤을 것이다. "전쟁은 결코, 어떠한 해답도 될 수 없다."

하지만 불행히도, 현실은 그렇지가 않다. 물론 모한다스 간디Mohandas

간디Gandhi나 마틴 루터 킹Martin Luther King은 정의를 위한 비폭력 운동을 성공시켰다. 그렇지만 그것은 그들이 인도주의적이고 민주적인 정부를 상대로 싸웠기 때문에 가능한 일이었음을 기억해야 한다. 무자비한 적들에 대항하여 싸워야 할 때, 악의 면전에서 아무 행동도 취하지 않고 평화를 부르짖는다면 겁쟁이일 뿐이다. 혹은 자살 행위와도 같다. 맹세컨대 히틀러, 스탈린, 마오쩌둥 같은 독재자들은 마음껏 휘두를 수 있는 무저항주의자들을 사랑할 것이다. 빈 라덴이 9·11테러를 감행할 수 있었던 것도 바로 미국에 가한 선행 공격에 대한 반응이 미지근했기 때문이다.

우리가 무엇을 위해 일어설 준비를 해야 하는지 가르쳐준, 그리고 실제로 일어설 수 있는 용기를 준 사람들이 있다. 우리는 그 사람들의 희생을 명예롭게 여겨야 한다.

국가를 위한 명예 이외에도, 일상생활에서 매일 지켜야 하는 개인적 명예도 있다. 다른 이들을 공정하게 대하는가? 스스로의 품위를 지키는가? 존경을 받을 만한 사람들이나 기관들에게 예우를 갖추는가? 용기와 성실함을 가지고 행동하는가?

2년 전, 로스앤젤레스에 있는 자유축제Freedom Fest에서 심리학자 너대니엘 브랜든Nathaniel Branden이 자존심에 관한 강연을 한 적이 있다. 그에 따르면, 자존심이란 거울 앞에 서서 "난 정말 특별해, 멋져!"라고 말하는 것이 아니다. 자존심은 자연의 선물 같은 것이다. 그것은 나무처럼 가꿔야 하고, 열매처럼 거둬야 한다.

그 뜻을 효과적으로 전달하기 위해 그는 그의 친구이자 동료 작가인 찰스 뮤레이Charles Murray의 이야기를 예로 들었다. 어느 날 뮤레이가 브랜든의 집을 방문하기 위해 캘리포니아로 여행하던 중, 선물로 줄 와인을 고르기 위해 들른 한 와인 가게에서—뮤레이는 열성적인 와인 수집가였다—희귀하고 엄청나게 비싼 카베르네 와인을 보게 되었다. 그는 선망의 눈길로 그 와인을 보았지만 주인이 부른 가격은 너무나 터무니없었다.

뮤레이는 그 가게에서 가장 저렴한 와인을 사서 나왔다. 그런데 브랜든의 집에 도착해서 와인을 꺼냈을 때, 그 와인 가게 주인이 큰 실수를 저질렀다는 걸 알게 되었다. 뮤레이가 고른 가장 저렴한 가격의 와인 대신 바로 그 비싼 카베르네를 넣어주었던 것이다. 뮤레이는 뜻밖의 행운에 기뻐하는 대신 그 와인을 돌려주기 위해서 다시 차를 타고 가게로 갔다. 한편 와인 가게 주인은 그가 떠나고 나서 곧 그가 저지른 엄청난 실수를 깨달았지만, 그 손님은 외지 사람이었고 현찰로 계산을 했기 때문에 아마도 두 번 다시는 그를 볼 수 없으리라 체념하고 있던 차였다. 다시 나타난 그를 보자, 주인은 안도하는 한편 너무나 놀라서 경악을 금치 못했다.

브랜든의 집으로 돌아온 뮤레이는 믿지 못하겠다는 얼굴로 말했다. "그 가게 주인이 왜 그렇게 놀라는 거지? 만약 내가 그 비싼 와인을 마셔버렸다면, 스스로를 혐오하게 될 것이 뻔하기 때문에 돌려준 것뿐인데."

그 이야기를 마치고 나서 브랜든은 잠시 말을 멈추고 관객을 둘러보았다. "그것이 바로." 그는 힘주어 말했다. "자존심이라는 겁니다."

그럴지도 모르겠다. 하지만 나는 그것을 "명예"라고 부르고 싶다.

2부

측정할 수 없는 부유함

음악, 예술, 문학 그리고 인생의 즐거움

설문조사에 따르면 대부분의 미국인들은 부유함을 높은 수입과 동일시한다. (오늘날에는 연 25만 달러 정도의 수입이면 그럭저럭 '부자'의 축에 드는 듯 보인다.) 이런 견해에도 일리는 있다. 더 많은 수입은 더 많은 것들을 경험할 수 있는 기회를 제공하니까. 하지만 벌어들이는 수입으로 부의 경중을 따지기에는 무리가 있어 보인다. 애플의 CEO 스티브 잡스, 시티그룹의 CEO 비크람 판디트Vikram Pandit, 구글의 CEO 에릭 슈미트Eric Schmidt, 야후의 CEO 제리 양Jerry Yang, 그리고 오라클의 CEO 래리 엘리슨Larry Ellison은 세상에서 가장 부유한 사람들이다. 그러나 그들이 매년 봉급으로, 회사로부터 받는 돈은 단 1달러라는 사실을 아는가?

이 책의 앞에서 말했던 내용을 잠깐 돌이켜보면 수입 명세서가 아니라 수입과 지출의 대차대조표가 부를 결정짓는다는 사실이 기억날 것이다. 경제적인 자립을 가능하게 하는 것은 높은 월급이 아니라 이것저것 빼고 남은 순자산이다.

많은 돈이 없어도, 안정적인 자산이 없어도 부자로 사는 것은 분명 가능하다. 내가 안다. 대학을 졸업하고 나서 오랫동안 나는 그렇게 살았다. 그때 나는 최소생계비만을 벌었고, 저축은 거의 하지 못했고, 다 쓰러져가는 폭스바겐을 몰았고(그 차 값보다 카스테레오 값이 더 나갔다), 혼자 집을 빌릴 돈이 없어서 친구와 집을 함께 썼지만 말도 못하게 행복했었다. 물론, 젊을 땐 가난을 견디기가 훨씬 쉽다. 더군다나 아직 부유함을 맛보기 전이라면 그것은 더욱 쉬워진다.

가난이 오래 지속되면 누구라도 행복을 느끼기 힘들다. 하지만 부유한 삶에는 돈보다 많은 것들이 필요하다. 앞 장에서 이야기했듯이, 건강, 최소한 몇 명의 친한 친구들, 그리고 사랑하는 사람들은—정말 최소한의 목록을 정한다면—우리가 '멋진 인생'을 살고 있다고 느끼기 위해서 꼭 필요한 조건들이다.

하지만 여기에 부유한 인생에 첨가되어야 할 또 다른 양념이 있다. 바로 풍부한 호기심이다. 당신이 스스로의 좁은 장벽 밖으로 눈을 돌리고, 바로 눈앞의 이해 관계로부터 좀 더 멀리 본다면, 이 세상에 사랑할 만한 것들이 훨씬 많이 있다는 걸 발견할 것이다. 자연히 당신의 삶도 그만큼 더 재미있어질 것이다. 언젠가 칼럼니스트 조지 윌웍스George Willwax가 야구 내셔널 시즌에 대하여 하루 종일 열변을 토하는 것을 듣고 나도 한때 야구에 흥미를 가진 적이 있었다. 그의 열정이 전염되었던 것이다.

나는 예술을 너무나 사랑하지만 그 방면에 전문가는 아니다. 그렇지만 바로 그렇기 때문에 영국의 수녀이며 예술 전문가인 웬디 베케트Wendy Beckett 수녀님의 책과 다큐멘터리를 이토록 심취하여 즐길 수 있는 것이다. 나는 매일 저녁 그녀의 책에 나온 그림들을 몇 분간 들여다보면서 시간을 보낸다. 그녀가 써놓은 해석을 읽기 전에 내가 그 그림으로부터 뽑아낼 수 있는 모든 것을 들이마시고, 흡수하기 위해서다. 하지만, 내가 아무리 애를 써서 느낄 수 있는 모든 것을 뽑아내보아도, 몇 분 뒤에 그녀의 주석을 읽고 나면 어김없이 내가 미처 보지 못했던 부분이 보이고야 마는데, 그 느낌이 비할 데 없이 즐겁다!

2부에서 소개하는 글들은 내가 흥미를 느끼는 것들에 대한 에세이들이다. 몇몇 주제들, 예를 들어 독서나 음악에 관해서라면 나는 꽤 괜찮은 레벨이라고 말하고 싶다. 그러나 다른 분야, 시나 와인에 관해서라면 그저 애들 장난 수준이다. 그리고 나의 관심 밖 분야인 바보상자(텔레비전을 지칭 – 역자주)에 관해선 아예 포기하고 산다.

당신이 나와 취향이 비슷한지는 잘 모르겠다. 하지만 아무래도 좋다. 나는 단지 내가 개인적으로 열정을 쏟는 몇 가지에 대하여 이야기를 나누고 싶을 뿐이다. 그리고 그것이 당신 스스로의 취향을 개발하는 데 작게나마 도움이 되었으면 하고 바랄 뿐이다.

혹시 당신, 매력 없는 인간인가?

우리는 수백 명의 사람들을 알고 있다. 하지만 그들 중 "매혹적이다"라고 할 만한 사람은 몇 명이나 될까?

나는 항상 그런 사람들에 대해 궁금했었다. 우리가 자석처럼 끌리고, 함께 있으면 너무나 즐거운 그런 사람들이 갖고 있는, 뭐라 정의할 수 없는 매력은 과연 어디서 오는 것일까? 혹자는 그들이 교육을 잘 받아서, 재능이 있어서, 돈이 많으니까, 아니면 유머 감각이 있거나 유명한 사람이라서 그럴 거라 말한다. 하지만 나는 그 매력이 우리 모두 안에 잠재되어 있는 어떤 것에서 나온다고 본다. 바로 호기심 말이다.

호기심 많은 사람들은 세상의 모든 것에 관심이 있고 그것들을 재미있어 한다. 그들은 어디를 가건 새로운 친구들을 찾아내고 그들과 함께 멋진 경험을 한다. 그리고 스스로를 둘러싸고 있는 것들을 주의 깊게 관찰하고 즐긴다.

세계적인 재즈 피아니스트인 데니 제이틀린Denny Zeitlin의 예를 들어보자. 그는 샌프란시스코에 있는 캘리포니아대학교 심리학과 교수로서 아동심리학자로 활동하고 있으며 내가 알고 있는 '매혹적인' 사람들 중 하나이기도 하다.

나는 그를 한 번도 개인적으로 만나본 적 없지만, 확신을 갖고 그가 얼마나 매혹적인지 말할 수 있다. 최근에 어쩌다 실수로 그의 블로그에 접속하게 된 것이 시작이었다. 나는 그의 글들과 짧은 비디오 영상들에 완전히 사로잡혀버렸다. 와인 수집에서부터 산악자전거, 여행에 이르기까지 그의 관심 범위는 광대했다. 그는 이 모든 것들에 완전히 푹 빠져 있었고—재즈는 말할 것도 없이—열렬한 도취 상태에 있었다.

(관심 있다면 www.dennyzeitlin.com에 들러보기 바란다. 그리고 그의 와인창고 투어와 '바다의 모험' 부분을 놓치지 말길.)

제이틀린은 삶과 사랑에 빠진 남자다. 그의 그런 태도는 전염성이 강해서 곁에 있는 사람들로 하여금 삶을 사랑하게 만든다. (그의 음악도 포함해서) 그는 호기심으로 가득 차 있고 배우려는 열망으로 불타고 있다.

기억하는가? 당신도 나도 처음엔 그랬다. 하지만 어린 시절에 우리가 귀에 못이 박히도록 들어야 했던 규칙과 속박들이 성인이 된 뒤에도 뿌리 깊게 남아 메아리치며 우리의 타고난 탐구심을 종종 짓뭉개버린다. "분수를 알아라", "반대 의견은 입 밖에 내지 말아라", "낯선 사람 곁엔 얼씬 말아라", "부모님이나 선생님, 목사님 말씀을 거스르지 말아라"…….

"호기심이 고양이를 죽인다"고 사람들은 말한다. 과연 그럴까?

천문학자 칼 세이건Carl Sagan은 어른들이 아이들의 질문에 대답하는 방식에 한탄을 금치 못한다. 예를 들어, 아이들은 "태양은 왜 둥글어요?"라고 완벽하게 멋진 질문을 던진다. 그때 어른들의 상당수가 비뚜름하게 웃으면서 이렇게 대답해버린다. "그럼, 네모였으면 좋겠니?"

(물론 어른들이라고 해서 밀도 높은 중력이 물질을 태양의 중심으로 끌어당기고 있고, 그 힘에 의해 구형이 생성된다는 사실을 알고 있어야 한다는 법은 없다. 하지만 그들은 최소한 이렇게 답할 수는 있다. "나도 잘 모르겠는 걸? 한번 함께 알아보자.")

어른이 되어갈 즈음이면, 많은 사람들이 벌써 삶에 지치고 닫힌 마음을 갖게 된다. 그들은 자신과 같은 견해를 가진 사람들과만 이야기를 나누려 하고, 갈등할 필요가 없는 주제의 글들만 찾아 읽으려 한다.

그리고 자신의 관점이 공격을 받으면, 설령 스스로의 생각이 틀렸다

하더라도 본능적으로 방어한다. 이런 과정에서 우리는 배움을 얻을 기회들을 스스로 박탈해버린다.

우리의 타고난 호기심을 짓뭉개는 또 다른 요소는 '이미 알고 있다'라는 생각이다. 뻔히 알고 있는 사실을 무엇 때문에 귀찮게 더 깊이 들여다본단 말인가?

심리학자이자 조지맨슨대학교 심리학과 교수인 토드 카쉬단Todd Kashdan 박사는 호기심의 부재야말로 진부함과 차별, 무지, 무조건적인 복종, 허황된 확신, 그리고 독단을 키우는 텃밭이라고 보았다.

호기심 없는 인간들이 보는 세상은 흑과 백뿐이다. 그들은 세상 모든 이들을 좋은 사람 아니면 악당으로 분류한다. 그들에겐 오로지 옳은 선택 아니면 그른 선택이 있을 뿐이다. 하지만 삶은 그렇게 확실한 양자택일이 아니다. 인생은 수없이 다채로운 밝기의 회색 그림자들로 이루어져 있다. 그리고 그 애매함을 가장 참을 수 없어 하는 이들이 바로 호기심 없는 사람들이다.

호기심은 우리 앞에 다양한 풍경이 펼쳐지도록 만든다. 그리고 분석적으로 사고할 수 있는 능력, 문제를 해결할 수 있는 재능, 전반적인 지식을 키워주는 역할을 하기도 한다.

역사상 가장 위대한 과학자와 탐험가 들을 이끌어주었던 것도 바로 호기심이다. 그들이 권위와 위계질서에 도전했을 때, 그리고 스스로의 신념에 과감하게 의문을 제기했을 때 역사에 길이 남을 발견들이 이루어졌다.

호기심은 또한 우리들이—대부분 인생의 황혼기에—기타를 손에 쥐게 만들거나, 플라잉 낚시를 시작하게 하거나, 혹은 볼륨댄스를 추게 만들거나 아니면 미국 50개 주를 여행하게 만들기도 한다.

이런 것들은 은퇴하기 전에도 미리 연습을 해볼 수 있다. 생활 속에서 조금만 세심하게 주의를 기울여서 호기심의 몫을 챙겨보면 된다. 예를 들어 업무 스케줄을 짤 때라면, 그중에서 당신이 "여태껏 한 번도 시도해본 적 없는 일은 무엇인가?" 대화를 나누는 중이라면, 대화 속에 등장한 화제들 중 당신이 "처음 들어보는 이야기는 무엇인가?" 여행을 할 때라면, "지금까지 한 번도 본 적 없는 것은 무엇인가?"라고 스스로에게 물어보는 것이다.

삶을 대하는 태도로서 호기심은 비타민과 같은 존재이다. 그것은 우리가 지식, 기술, 능력의 범위를 넓힐 의사가 있다는 표시이기 때문이다. 우리는 본능적으로 틀에 박힌 범주를 깨고 싶어 하며 우리의 삶을 가지고 다양한 실험을 하길 원한다.

호기심에 사로잡혀 있을 때, 우리는 에너지가 넘치고 무언가를 배울 수 있다. 그때 우리의 관점은 편협한 '나'로부터 벗어나고 개인의 좁은 시각을 넘어선다. 넓은 시야를 가진 자만이 새로운 것을 발견하고, 기회들을 찾아내고, 삶의 질을 높일 수 있다.

호기심의 가장 큰 효능은 삶을 재미있게 만드는 게 아니다. 바로 당신을 매력적인 인간으로 만들기 때문에 꼭 챙기라는 것이다.

걷는 것 이상의 가치

미국 역사의 전반부에 해당되는 기간 동안, 대부분의 미국인들은 먹고 살기 위해서 고된 육체노동을 해야 했다. 농사를 짓고, 광산에서 일하고,

가축들을 키우고, 숲을 가꾸고, 건설 현장에서 일했다. 하지만 오늘날, 우리들은 화이트칼라 세상에서 살게 되었다. 우리들 대부분은 육체노동을 거의 하지 않는다. 우리가 의도적으로 노력하지 않으면, 몸을 움직일 기회가 별로 없다.

미시간의 로열 오크에 위치한 윌리엄 버몬트 병원의 심장재활 프로그램의 팀장을 맡고 있는 배리 프랭클린 박사에 따르면 "20세가 넘어가면서 우리의 유산소 운동능력은 매년 1퍼센트씩 감소한다. 걷기 운동을 하면 3개월 안에 그 능력을 10퍼센트에서 20퍼센트까지 끌어올릴 수 있다. 그것은 신체 나이가 10살에서 20살 젊어진다는 것을 의미한다"고 한다.

규칙적인 운동을 하면 감기나 독감에 걸릴 확률이 줄어들고, 만성 질병에 걸릴 위험도 감소하며, 노화의 속도도 늦춰진다. 미국운동학회의 발표에 의하면, 일주일에 5일, 활발하게 30분에서 45분 동안 걸으면 심장 발작 위험을 27퍼센트 줄일 수 있고, 고혈압 사고를 40퍼센트 줄일 수 있으며, 유방암에 걸리거나 그로 인해 사망할 수 있는 가능성은 약 50퍼센트가량이나 줄어들고, 척추암에 걸릴 가능성은 60퍼센트나 낮아지고, 당뇨의 위험은 50퍼센트, 알츠하이머에 걸릴 확률은 40퍼센트나 줄어들 수 있다고 한다. 특히 우울증에는 프로작(항우울 치료제-역자주)이나 행동 요법만큼이나 효과를 발휘한다.

몸을 움직이지 않는 것은 흡연만큼이나 건강을 해친다. 심장병, 신경과민, 관절염, 그리고 골다공증을 일으키는 데 크게 한몫을 하는 것이다.

날씬한 남녀라 하더라도 그들이 몸을 잘 움직이지 않는다면 오히려 질병과 죽음에 노출될 위험률이 더 높다. 질병예방센터의 조사결과에 따르면 36퍼센트의 미국 성인들은 여가 시간에 어떠한 신체 활동도 하지 않는다. 당신이 어디에 살고 있건, 깨끗한 하늘과 한 켤레의 편안한 신발만 있으면 해결될 일인데도 말이다!

운동을 하면 몸만 건강해지는 게 아니다. 시인이나 철학자, 영적 지도자들과 걷는 습관과는 떼려야 뗄 수 없는 관계가 있다.

- 고대 일본과 중국의 철학자들은 호수나 산 둘레를 하염없이 걸으며 시상을 떠올리곤 했다.
- 나사렛 예수는 유대의 광야를 40일 밤낮으로 걸었던 순회 연설자였다.
- 영국 낭만시의 서정적 발라드들은 시골길을 오랫동안 산책하던 중 쓰인 것들이다.
- 토머스 제퍼슨은 그가 사랑했던 조카 피터 카르에게 이런 편지를 보냈다. "하루에 적어도 두 시간씩은 운동을 해야만 한다. 공부하느라고 건강을 해쳐서는 안 돼. 걷는 습관은 매우 중요하단다. 그리고 산책 나갈 땐 절대로 책을 갖고 나가지 말거라. 산책을 하는 이유는 마음을 쉬기 위해서야. 걷는 동안에는 생각조차도 해서는 안 된다. 그 대신 그 순간에 너를 에워싸고 있는 세상을 둘러보아라."
- 윌리엄 워즈워스는 그의 평생에 걸쳐 약 17만 마일을 걸었고, 영국과 유럽의 도보여행 사업을—조촐하게나마—하기도 했다.
- 미국 르네상스(문화혁명)의 리더들—월트 휘트먼, 헨리 데이비드 소로, 그리고 랠프 월도 에머슨—은 매일 긴 도보여행을 떠날 것을 권했다. 소로는 이렇게 썼다. "나는 천재다, 산책만큼은."
- 실존주의자 키르케고르는 그의 조카 제트에게 보낸 편지에 이렇게 썼다. "삶에서 산책을 거르지 말아라. 나는 매일 행복 속으로 '걸어서' 들어가고, 온갖

아픔으로부터도 '걸어서' 나온단다. 나의 최고의 사상들 또한 걷는 중에 떠올랐고, 아무리 귀찮은 생각이라도 걸어서 떨쳐버릴 수 없는 건 없다."

- 월러스 스티븐스Wallace Stevens는 매일 그의 집에서 하트퍼드Hartford 시내에 있는 사무실까지 걸어서 왕복하는 동안 시들을 지었다. 그의 시 〈표면에 관하여Of the Surface of Things〉에 이런 대목이 있다. "내 방에 있을 때는, 세상은 이해할 수 없는 것투성이다. 하지만 걷다보면, 세상이 서너 개의 언덕들과 하나의 구름으로 이루어져 있다는 걸 알 수 있다."

걷는 것은 먹고, 숨 쉬고, 잠자는 것과 똑같이 인간의 삶을 구성하는 필수요소이다. 이것은 우리를 다른 영장류들로부터, 그리고 지구상의 모든 다른 종들로부터 분류시키는 특징적 행위이다. 8만 년 전, 우리의 위대한 조상들은 아프리카로부터 '걸어나와서' 세상을 지배하기 시작했다.

인류 역사를 이루는 대부분의 시간 동안, 걷는 것은 선택이 아니라 생존의 문제였다. 인간이 이동할 수 있는 가장 주된 방법이기도 했다. 하지만, 오늘날 우리는 걷기를 선택해야만 한다. 우리는 차를 몰고 회사에 간다. 회사 건물과 아파트들에는 엘리베이터가 있다. 백화점에 가면 에스컬레이터가 있다. 공항에서는 무빙워크가 설치되어 있다. 골프를 치며 오후를 보낸다 해도 대부분 카트에 타고 있다. 동네를 산책하는 것도 세그웨이(서서 타는 이륜 오토바이-역자주)를 타고 한다.

그냥 한쪽 발을 다른 쪽 발 앞에 디뎌보면 어떨까? 걷기 위해서 꼭 시골에 살 필요는 없다. 숲길을 산책하는 것도 물론 멋지겠지만 나는 뉴욕이나 파리, 런던 같은 대도시를 걷는 것도 무척 좋아한다. 그 길을 걷고 있으면 블록마다 새롭고 신기한 무언가를 보여주기 때문이다.

오랫동안 걷고 있노라면 마음이 차분히 가라앉고, 사물을 관조할 수 있게 되고, 지금 이 순간으로 되돌아올 수 있다. 『방랑벽: 산책의 역사』(2000)의 저자 레베카 솔닛은 이렇게 쓰고 있다.

> 산책이란 몸과 마음과, 세상이 하나 되는 경지이다. 그 세 가지 다른 인격들이 마침내 모여 앉아 대화를 시작하는 것이고, 그 세 개의 다른 음계가 갑자기 하나의 가락에 맞춰 노래하기 시작하는 것이다.

하지만 우리들의 바쁘고 목표 지향적인 문화 속에서 느긋하게 걷는 것이 항상 쉽지만은 않다. 그래서 걷는 데도 계획이 필요하다. 걷는 것은 훌륭한 운동이며, 탐험이며, 연구이며, 의식이며, 명상이다. 그것은 건강과 '삶의 기쁨'을 키우는 자양분이다.

심장 전문의 폴 두들리 화이트는 이렇게 말한다. "5마일을 활기차게 걷는 것은, '불행한 것'만 빼면 인생에 별 문제 없는 성인들에게 어떤 약이나 심리학보다 유익한 처방이다."

산책은 걷는 것 이상을 의미한다. 그것은 당신의 수명을 늘려준다. 그리고 당신의 마음을 총체적으로 돌봐준다. 씻어주고, 회복시켜주고, 북돋아주고, 치유해주는 것이다. 자, 신발 끈을 꽉 묶어 신고 밖으로 나가자. 가장 오래된 운동법이지만 아직 이만한 것이 없다.

예술, 당신을 위한 마법의 순간들

지난 주, 나는 몇 명의 친구들과 함께 비엔나를 여행했다. 그곳에서 우리는 멋들어진 바로크 궁전—지금은 예술 박물관으로 쓰이고 있는—벨베데레 Belvedere를 방문했다.

내 책의 출판인인 줄리아 구스는 오스트리아 화가 구스타프 클림트의 팬이다. 클림트는 20세기에 와서야 발굴이 된, 한때 무명 화가였으나 지금은 현대미술의 거장이 된 예술가이다. 마침 그곳에 클림트의 대표작들이 전시되고 있었으므로 우리는 그것을 보러 가기로 했다.

전시의 하이라이트는 단연 클림트의 가장 사랑받는 작품, 〈키스〉였다. 가로, 세로 72인치의 이 기념비적인 작품은 금빛 그림자와 상징들에 둘러싸여, 서로의 포옹 안에서 단단히 결속한 채, 청동 빛을 배경으로 키스를 나누는 연인의 모습을 그리고 있다. 오늘날 커피 컵에서부터 달력까지 온갖 것들을 수놓고 있는 이 그림은 가장 널리 알려진 현대미술의 아이콘이 되었다.

나는 그 그림을 보는 것이 즐거웠다. 하지만 정작 나를 감동시킨 작품은 따로 있었다. 우리가 그 그림을 감상하며 서 있는데 한 젊은 여자가 그 방에 들어왔다. 그림을 본 순간, 그녀의 턱에 나사가 풀린 듯 입이 벌어졌다. 그녀는 자석에 이끌려가듯 그림 쪽으로 다가서며 오른손을 심장에 갖다 댔다. 그녀는 동공을 활짝 열어 둔 채, 아무 말 없이 한동안 그림 앞에 서 있었다. 그림이 그녀의 눈동자와 심장을 몽땅 빨아들여버린 것 같았다. 우리가 다른 작품들을 다 감상하고 30분 후쯤 박물관을 나갈 때에도 그녀는 그 자리에 닻을 내린 채 꼼짝 않고 서 있었다.

도대체 무엇이 우리를 이토록 뒤흔들고, 감동하게 하고, 자극하고, 매혹시키는 것일까? 언어가 그렇듯이 예술은 저절로 생겨나는 것이다. 그리고 라스코Lascaux의 구석기 동굴 벽화에서부터 현대의 실험적 미술에 이르기까지 예술의 힘은 세계 문화를 관통한다.

예술은 인간 행동의 한 특질이다. 이것은 우리를 다른 동물들의 세계로부터 분리시켜준다. 물론 우리에겐 지능이 있지만 그건 다른 동물들도 갖고 있는 것이다. 심지어 까마귀들도 꽤 똑똑하다. 우리만이 복잡한 언어체계를 갖고 있다고 생각하겠지만 돌고래나 고래들의 언어도 우리가 쓰는 것 못지않게 다양하고 함축적이다. 우리가 도구를 사용하는 능력도 그다지 특출난 게 아니다. 40년 전, 제인 구달은 동아프리카의 침팬지들이 풀잎을 이용해서 흰개미굴에서 개미들을 파내어 먹는 것을 발견했다. 그들은 똑똑하게 도구를 써서 저녁감을 '낚아올리고' 있었던 것이다.

하지만 오로지 호모 사피엔스만이 미적인 감각을 가지고 있다. 그들만이 문장과 음악과 그림과 조각으로 무언가를 표현하고 싶은 욕구를 느낀다. 왜인지는 아무도 설명할 수 없는 어떤 이유 때문에 말이다.

예술작품은 인간의 마음이 창조해낸 가장 사치스럽고, 웅장하고, 빛나는 결과물이다. 예술은 우리가 세상을 더 넓게 이해하게 해준다. 또한 우리의 경험을 한층 생생하게 만들며 그 속에서 숭고함을 느끼게 해준다.

예술은 경우에 따라 위험할 수도 있다. 플라톤은 비도덕적인 예술작품들이 사람들을 도덕과 선으로부터 멀어지게 할까 두려워했다. 『국가론』에서 그는 국가가 국민들을 보호하기 위하여 예술을 검열할 것을 권장하고 있다. (그다지 좋은 생각은 아니었지만 말이다.)

박물관은 명상을 위한 성소이며 상상력과 통찰을 깊이 있게 하는 장소이다. "예술은 아무것도 아니다, 그것이 삶의 의미란 것만 빼면"이라고 헨리 밀러는 말했다. 마르셀 프루스트(프랑스의 문인-역자주)는 말했다. "예술이 있음으로 해서 우리는 세상을 한 가지 방식이 아닌 여러 가지 방식으로 경험할 수 있게 되었다. 진정한 예술가가 몇 명 있는가에 따라 우리가 누릴 수 있는 세상의 수가 결정된다."

예술은 우리를 놀라게 하고 사물을 다른 방식으로 보게 해준다. 특별한 작품들은 당신의 지각력을 늘려주고 정신적 용량을 넓혀준다. 또한 감정을 정화시켜주고, 마음을 씻어주고, 영혼의 품격을 높여준다.

예술은 물론 사람에 따라 다른 것을 의미하기도 한다. 당신이 어떤 예술작품을 좋아하는 데 꼭 이유가 있을 필요는 없다. 어떤 작품을 싫어하는 데는 나름의 이유가 있을 수 있겠지만 말이다. 당신은 어떤 풍경화를 좋아하게 될 수도 있다. 그것이 특정한 학교나 길들을 표현하고 있어서가 아니라 단지 그 그림이 그냥 정답게 느껴져서 좋아할 수도 있는 것이다. 그 그림이 고향을 생각나게 했을 수도 있다. 예술의 해석은 항상 자유롭게 열려 있다.

우리는 종종 그림 속에서 우리가 삶에서 보기 원하는 것들을 보는 경향이 있다. 우리는 모두 자연의 아름다움 속에서 주위 사람들과 조화로운 관계를 맺으며 살기를 원한다. 하지만 또 한편으로는 전쟁이나 비극, 악마의 그림을 즐겨 감상하기도 한다. 그들도 역시 삶의 단면들이기 때문이다.

우리가 말로는 충분히 표현하지 못하는 것들이 있다. 대신 예술은 사랑, 연민, 유머, 삶의 기쁨, 배려, 자기만족, 죽음의 암시, 또 한편으로는 혼돈, 고립, 테러, 슬픔 등을 완벽하게 표현해준다.

탁월한 재능을 가진 예술가는 삶의 메뉴들을 음미하고 그 맛과 향을 강렬한 방식으로 엮어낸다. 그들은 깨달음의 순간들을 창조하며 우리가 영혼 안에서 서로 연결되어 있게 한다. 그들의 작품을 보는 것은 단지 새롭고 아름다운 것을 감상하는 데 그치지 않는다. 위대한 예술가들은 우리의 상상력을 자극한다. 우리가 마음속에 지니고 있는 극장의 무대 위에서 화려한 공연을 펼치는 것이다.

예술은 감정을 소통하기 위해서라기보다는 이해를 소통하기 위해서 존재한다. 사실, 예술은 많은 부분에서 과학과 비슷하다. 두 분야 모두 진리를 탐구하는 활동이라는 점이 그렇다. 예술과 과학은 '현실'의 본질을 해석하여 우리에게 '인간이란 무엇이고, 이 세상이란 무엇인지' 이야기해준다. 이 두 분야에서 성공을 거두려면, 누군가가—자신만의 고유한 창조성을 지닌 몇 안 되는 천재들 중 누군가—미지의 세상을 향해 용기를 갖고 성큼 크게 한 발 뛰어올라야만 한다. 과학과 예술의 힘을 빌리지 않고 인생을 완벽하게 이해한다는 것이 과연 가능할까?

예술은 또한 개인의 취향을 나타내는 이정표이다. 좋아하는 아티스트가 누구냐의 문제만이 아니다. 당신의 집 벽과 사무실 벽에 무엇을 걸어두었는가를 보면 당신이 무엇에 관심이 있는지, 무엇에 열정을 쏟고 있는지 알 수가 있다. 더 작게 보면 당신이 입는 옷, 장신구, 메이크업까지 당신을 나타낸다. 파티에서 두 여자가 똑같은 드레스를 입고 나타나면 왜 그토록 우스꽝스러울까? 왜냐하면 파티란 우리의 개성을 드러내는 장소이기 때문이다. 옷은 우리의 취향과 개인성향을 잘 드러내주는 도구이다. 하지만 만약 다른 사람이 나와 똑같은 도구를 사용하고 있다면 나만의 것을 표현하기가 쉽지 않을 것이다.

이와는 달리 실용성 없는 예술도 있다. 그것은 단지 미학적으로 즐기기 위한 것으로, 종종 '예술을 위한 예술'이라 불린다. 그리고 소수의 축복받은 영혼들만이 이 아름다운 작품들을 창조할 능력을 갖는다. 나머지 대다수인 우리들은 그저 영혼의 한 구석에 예술을 열망하는 마음을 갖고 있는 것으로 만족해야 할지도 모른다.

진정 위대한 예술작품을 창조하는 이들은 어떤 축복을 받은 것일까? 사실 대부분의 예술가들은 그들의 작품이 시장에서 반응이 좋기를 바라지만 돈 때문에 작품을 하는 예술가들은 소수에 불과하다. 찰스 뮤레이는 그의 저서 『인간의 성취 Human Accomplishment』(2003)에서 이런 의견을 피력했다.

역사적으로 가장 위대한 예술작품들은 '초월적인 선함'을 배경으로 창조되었다. 초월적인 선함이란 '진정한 아름다움이 존재한다는 믿음, 객관적인 진리가 존재한다는 믿음, 그리고 선함은 인류의 문화와는 관계없이 어디에나 존재한다는 믿음'을 말한다.

그는 유럽의 위대한 고딕 성당을 지을 때, 많은 괴물 조각상들과 화려한 조각장식들이 성당 지붕 가장자리, 처마를 두른 테두리 안쪽에 조각되었다고 말한다. 왜 그 석공들은 사람들의 눈에 띄지도 않는 곳에 애써 만든 작품을 숨겼을까? 그들은 신의 눈높이에 맞춰 조각을 했기 때문이다. (하늘 위에서 내려다볼 때 가장 눈에 잘 띄는 위치에 조각했다는 뜻 – 역자주)

이는 역사상 가장 위대한 작품들이 어떤 사상 속에서 탄생했는지를 극명하게 보여준다. 레오나르도 다빈치는 신의 더 큰 영광을 위해 그림을 그렸다. 미켈란젤로의 헌신은 시스티나 대성당 벽화에 잘 새겨져 있다. 프랑스의 작가 앙드레 지드는 말했다. "예술이란 신과 예술가의 합작품이다. 예술가가 손댄 부분이 적을수록, 그 작품은 더 아름답다."

진정한 걸작은 그 시대뿐만 아니라 전 시대 사람들에게 감동을 준다. 그 감동에 우리는 숨을 멈추고 탄식처럼 내뱉을 수밖에 없는 것이다. "이것이 진정 인간의 작품이란 말인가!"

우리는 모두 무언가 아름다운 것에 압도되는 순간을 즐긴다. 데니스 듀턴이 쓴 『예술 본능Art Instinct』(2008)에 이런 글이 나온다.

"걸작 앞에 서 있어 보면, 당신이 상상할 수조차 없는 거대한 힘의 파장 속에 서 있는 걸 느낄 수 있을 것이다. 당신이 도달할 수 없는, 도달하려 시도조차 하지 않을 위대한 어떤 존재의 힘 말이다. 황홀한 걸작이 우리에게 주는 느낌은, 말 그대로 무아지경이다. 우리를 스스로의 존재로부터 쑥 뽑아올리는 듯한 경지 말이다!"

내가 얼마 전 클림트의 〈키스〉 앞에서 보았던 젊은 여인이 바로 그 경지를 경험하고 있었다. 그 순간은 그녀의 삶을, 혹은 영혼을 한 단계 위로 끌어올렸을지도 모른다.

예술가들이란 얼마나 행운아들인가! 우리에게 이토록 강렬한 경험을 선사하는, 아름답고 의미 있는 작품을 창조하는 재능을 가졌으니 말이다. 그들은 말 그대로 우리의 삶을 더욱 풍요롭게 하는 마술사들이다.

새로운 시각을 얻는 여행

지난 11월, 내 아내 카렌과 나는 친구들과 함께 지중해 연안을 여행했었다. 그러던 중 거대한 피라미드를 보기 위해 기자Giza에 들렀다.

그런데 그 여행에서 우리 기억에 가장 남았던 것은 고대의 경이로운 유적들이 아니었다. 스핑크스 대왕도, 넋이 나갈 듯한 사막의 풍광도 아니었다. 그건 바로 '낙타 납치'였다.

피라미드를 향해 가는 길에 우리의 가이드는 행상꾼들을 조심하라고 주의를 주었다. "피라미드 앞에서 사진 셔터 한 번 눌러달라고만 해도 1달러를 주셔야 할 겁니다." 그는 말했다. "낙타 등에 잠깐 올라타시면 3달러고요."

얼마 후, 내 시야에 쿠푸왕의 웅장한 피라미드가 들어왔다. 그리고 기다렸다는 듯 한 늙수그레한 사내가 내게 낙타를 타고 산책하지 않겠냐고 물어왔다. 그의 낙타는 주인처럼 늙고 추레한데다가 운 나쁘게도 역풍을 받으며 서 있어서 남루한 털이 더욱 듬성듬성해 보였다. 내가 희미한 관심을 보이자, 그 사내는 재빨리 휘파람을 불어 낙타가 무릎을 꿇게 했다.

그다음으로 내가 기억하는 건 사내가 나를 안장 위에 단단히 앉힌 뒤 다시 휘파람을 불어 낙타를 일어서게 했고, 내 친구들이 웃으며 그 낙타몰이꾼에게 "그 녀석을 멀리 어딘가 납치해버려요!"라고 부추겼다는 사실이다.

내 친구들이 시야에서 사라지자마자 그 낙타몰이꾼은 낙타를 세웠고, 순식간에 8명에서 10명가량의 아랍 사내들이 어디선가 튀어나와서 나를 둘러쌌다. 그들은 성이 난 듯 고함을 질러대며 내게 엉터리 영어로 지금 당장 그들 모두에게 20달러씩을 내 놓으라고 소리쳤다. 낙타를 탄 요금으로!

사람을 만만히 보아도 분수가 있지, 나는 그럴 수 없다고 딱 잘라 말하고는 낙타몰이꾼에게 나를 다시 친구들 곁으로 데려다 달라고 요구했다. 그는 짐짓 내 말을 못 듣는 척 외면하고 있었다.

사내들은 점점 나를 둘러싼 망을 좁혀 오며 더욱더 성난 시늉을 해댔다. 마치 내가 그들 모두에게서 돈을 떼어먹은 날강도라는 투였다. 겨우 45초 낙타를 탔을 뿐인데! "당장 돈을 내놔!" 그들은 다시 고함을 쳤고, 돈을 달라고 손바닥을 나를 향해 뻗었다.

정말 막다른 골목이었다. 하지만 나는 이 하이에나떼 앞에서 내 지갑을 꺼낼 마음이 없었다. 그러나 뛰어내려 달아나기엔 너무 높은 곳에 앉아 있었다. 사내들은 계속 고함을 치며 팔을 휘둘러 댔다. 나는 고개를 저으며 내 지갑을 깔고 앉아, 앞으로 이 상황이 어떻게 전개될지 흥미진진하게 바라보고 있었다.

바로 그때, 내 친구 한 명이 산책삼아 주위를 어슬렁거리다가 그 장면을 보았다. 상황 파악이 된 그는 사내들에게 고함을 쳤다. "그의 지갑은 저쪽에 있어요. 돌아가서 당신들에게 돈을 줄 겁니다." 그는 사내들을 끈질기게 설득했다. "내가 보장할 테니 그를 보내줘요!"

그의 말에 아랍 사내들은 속아 넘어갔고 낙타몰이꾼은 나를 제자리로 데려다주었다.

물론 이 사건으로 노발대발할 수도 있었겠지만 나는 놀랐다기보다는 재미있었다. 사실 실질적인 위협은 느끼지 못했으니까. 사내들은 폭력을 행사하지도 않았고 흉기를 휘두른 것도 아니었다. 그저 어설프게 꾸민 좀도둑들의 활극으로, 이집트가 더 이상 디모인시 Des Moines, (아이오와주의 주도)가 아니라는 사실을 우리에게 다시 한 번 확인시켜준 것 뿐이었다.

여행에서 돌아온 뒤, 나는 친구들과 동료들이 온통 실망스러웠던 기억에 관해서만 신이 나서 떠들고 있다는 사실을 알게 되었다. 고대 그리스의 몰락과, 예루살렘 역사의 황폐함과, '평화로운 아말피 연안'의 번잡스러움에 관해서만. 그리고 나를 보기만 하면 "낙타 납치 사건을 한 번만 더 얘기 해줘!"라고 조르곤 했다.

그 사건이 여행의 하이라이트였던 건 확실하다.

모든 여행이 즐거운 것은 아니니까. 특히 기대했던 여행일수록 일은 점점 더 꼬여가기 마련이다. 하지만 가끔씩 일어나는 고약한 사건들이 멋진 이야깃거리를 만들기도 한다. (짓궂게 말하자면, 최악의 여행담일수록 최고로 재미있긴 하다.)

내가 경험한 해외여행들은 대부분 무척 즐겁고도 배울 점이 많았다. 한때 이런 여행의 유익함이 교육의 일부로 널리 받아들여졌던 시절이 있었다.

존 로크 John Locke 는 그의 저서 『인간의 이해에 관한 수필』에서 우리는 우리를 둘러싼 환경으로부터 지식을 흡수한다고 주장했다. 만일 우리가 한 장소에서 지나치게 오랜 시간을 보낸다면 그 장소가 제공하는 교육적 가치를 '다 써버리게 된다'. 성장을 위해서 우리는 사는 곳을 바꿔야 할 필요가 있다.

한 예로 빅토리아 시대 영국에서는 해외여행이 특권층의 표식 이상의 의미를 가졌다. '주변 풍경을 바꾸는 것'은 상류층 자녀교육의 의무조항이나 마찬가지였다. '그랜드 투어'는 귀족들이 학위를 따는 데 화룡점정과 같은 과정이었다.

그것은 세상을 우월하게 이해하고 있다는 증거를 남기기 위한 의식과 같았다. 젊은 귀족 신사들은—시간이 좀 더 흐른 뒤에는 숙녀들도—그들의 개인 가정교사와 함께 도버 해협의 하얀 절벽을 기점으로 유럽 대륙을 향해 떠났다. 고색창연한 역사와 르네상스 정신을 경험하며 그 지식을 습득하고, 서구 문명의 초석이 된 문화와 사상들을 이해하기 위해서였다.

물론 여행의 욕구—마음을 열고 익숙한 환경에서 벗어나고자 하는—는 인류의 역사만큼이나 그 유래가 깊다. 여행하려는 욕구가 우리 조상들을 아프리카 대륙에서 세계로 뻗어나가게 했다. 또한 고대 로마인들이 베로나의 원형극장과 아테네의 아크로폴리스를 찾아간 계기가 된 것도 여행의 욕구였다. 비잔티움의 필로는 기원전 3세기에 이미 '고대의 7대 불가사의' 목록을 작성했다. 모험 정신, 이해하고자 하는 갈망, 그리고 풍요로움을 향한 꿈이 마르코 폴로나 콜럼버스 같은 이들을 동양으로 이끌었고, 일본의 불교를 서양으로 이끌었다.

여행은 마음의 용적을 넓힌다. 더 너그러운 마음을 갖게 하며 우리를 다른 인류와 결속시킨다. 그리고 타인을 더 많이 이해할수록, 우리 스스로를 그만큼 더 이해하게 된다.

어디를 가든 우리는 갖가지 사람들과 뜻하지 않은 상황들을 맞닥뜨리게 된다. 더군다나 세상을 넓게 여행하다보면 이국적인 음식들을 즐길 수도 있고, 독특한 건축물들과 입이 떡 벌어지는 풍경 앞에 넋을 잃을 수도 있다.

세상을 탐험하는 것은 벽 없는 교실에 들어서는 것과 같다. 그 수업을 듣고 나서 당신의 삶은 풍요로워지고 내면으로부터 변화한다. 수업의 준비물은 참을성과, 호기심과, 그리고 얼마간의 돈이다. (여행수칙: 옷은 생각하는 것의 절반만, 돈은 예상보다 두 배로 챙길 것.)

해외여행은 우리 지식의 틈새를 메워주고 선입견을 없애주고 끝없는 놀라움을 선사한다. 이 경험을 해보지 못한 이들은 그들이 삶에서 얼마나 근사한 것을 놓치고 있는지 결코 알지 못할 것이다.

외국인들이란 괴상하게 옷을 입고, 수상한 음식을 먹고, 이해할 수 없는 언어로 말을 하며, 도로의 반대 방향으로 차를 모는 낯선 이들일 뿐이라고 생각하며 인생을 허비한다면 정말 아까운 노릇이다. 마크 트웨인이 말했듯이 '여행은 선입견과 편협함, 옹졸함을 사라지게' 한다. 외국을 여행하다보면 받아들이는 법과 겸손함을 배우게 된다. 여행 중에는 당신이 이방인, 즉 외국인이니까.

우리의 아이들이나 손자들에게도 여행하는 법을 가르쳐주어야만 한다. 처음에는 집에서 가까운 곳을 여행하는 데서 출발해도 좋다. 내 아이들이 아직 어렸을 때, 그들이 생일이나 크리스마스면 받는 수많은 장난감들과 게임기구들을 바라보면서 마음이 무거워졌던 것을 기억한다. 그런 것들보다는 작은 여행—그저 지역 축제나 이웃 마을에 데리고 가는 것이라 해도—이 훨씬 더 좋은 선물이었을 텐데. 아이들에게는 모든 외출이 모험이다. 우리의 시간과 돈을 물건을 사들이는 데 쓰는 것보다는 추억을 만드는 데 쓰는 게 어떨까?

반드시 어딘가 이국적인 곳에 가야 할 필요는 없다. 특히 아이들이 아직 어릴 때라면 말이다. 단지 지평선 너머에 무엇이 있는지 보러 떠나는 것만으로도 좋다. 어디로 가고 있는지 모른 채, 아무런 마음의 준비 없이 훌쩍 떠나는 여행은 인생의 커다란 즐거움이다.

물론 생각지도 못했던 곳으로 여행해보는 것도 좋다. 그런 곳들로 우리를 이끌어줄 가이드북들도 넘쳐난다. 그중에서 내가 개인적으로 좋아하는 책은 〈내셔널 지오그래픽〉지에서 두툼하고 화려하게 펴낸 『인생의

여행: 세상에서 가장 멋진 500개의 여행』이다. 또 하나의 편리한 가이드로 페트리샤 슐츠의 베스트셀러『죽기 전에 꼭 가봐야 할 1,000곳』도 있다. 많은 여행자들이 거쳐간, 혹은 아직 관광객의 발길이 닿지 않은 여행지들을 발굴하는 데 이 책이 유용하게 쓰일 것이다. 나는 사업상 여행을 할 때라도 그 지역의 작은 관광지와 행사들을 놓치지 않기 위해 이 책을 갖고 가는 것이 습관이 되었다.

한마디로, 여행은 우리의 식견을 넓혀주고 세상을 바라보는 시각을 예리하게 해준다. 이런저런 세상사들을 상상만 하는 것보다 직접 뛰어들어 실제로 어떻게 돌아가고 있는지 눈으로 보는 것이 어떨까? 우리의 마음은 너그러움으로 가득 차게 되고, 좀 더 많은 정보를 바탕으로 의견을 제시할 수 있게 될 것이다. 그리고 무엇보다, 일단 한 번 넓어진 세계관은 다시 원래의 크기로 줄어들지 않는다, 절대로.

어떤 이는 50개 국을 모조리 탐험하겠노라 맹세를 한다. 또 어떤 이는 7개 대륙을 정복하겠노라고 말한다. 누구나 각자 자신만의 리스트를 가지고 여행 계획을 세운다. 하지만 여행 계획이야 어쨌든 좋다. 우리의 궁극적인 목적은 어딘가를 방문하는 데 있는 것이 아니라 새로운 시각을 얻는 데 있는 것이니까.

음악을 통한 인생의 하이라이트

지난 일요일, 나는 뉴욕의 프릭컬렉션 Frick Collection에서 열린 음악회에 갔었다.

나의 좋은 친구이자 클래식 피아니스트 러스템 헤이루디노프Rustem Hayroudinoff의 연주회였다. 그는 쇼팽과 쇼스타코비치, 프랑크, 라흐마니노프의 서곡과 푸가들을 연주해 관객들을 황홀경으로 몰고 갔다. 객석을 메우고 있던 사람들은 그의 연주에 완전히 도취되어, 연주회의 마지막엔 벌떡 일어서서 열광적인 호응을 보냈다. 많은 이들이 믿을 수 없다는 듯 고개를 흔들기도 했다. 연주회의 만찬이 끝난 뒤, 나는 러스템에게 그보다 멋진 공연은 보지 못했노라고 말해주었다.

그런데 그다음 날, 함께 음악회를 보았던 친구 하나가 내게 이메일을 보내 아직도 머릿속이 어지럽다고 했다. "원래부터 고전 음악에 별 흥미도 없었지만." 그는 이렇게 투덜거렸다. "어제의 그 음악들은 특히 엉망이었어. 일관된 주제도 없이, 예측할 수 없는 길로 이리저리 헤매고 다니는 것 같았거든."

수없이 많은 사람들이 그 친구처럼 위대한 음악에 대한 몰상식함을 드러낸다. 음악 사업만 봐도 그렇다. 음반 판매량을 보면 그중에서 클래식 음악이 차지하는 비중은 3퍼센트에도 미치지 못한다. 클래식을 다루는 라디오와 텔레비전 프로그램은 최근 들어 자취를 감추다시피 했다. 음악회 티켓도 잘 팔리지 않는다. 지난 20년간 열일곱 개도 넘는 오케스트라들이 해체되었다.

하지만 클래식의 장송곡을 부르기엔 아직 너무 이르다. 미국 심포니 오케스트라 협회에서 발표한 바에 따르면 미국 내에서만 1천 8백 개의 오케스트라들이 1년에 3만 6천 회가량의 콘서트를 열고 있다고 한다. 이것은 1994년도에 열린 콘서트 횟수보다 30퍼센트가량 더 많은 수치다. 그리고 많은 도시들이 공연 예술을 위한 센터들을 건립했거나 건립 중에 있다. (개인적으로는 달라스에 있는 메이어슨Meyerson에서 공연 보는 것을 좋아한다.) 아카이브뮤직닷컴arkivmusic.com 같은 사이트에서는 어떤 CD라도 인쇄물 형태로 제공한다. 그리고 클래식 음악 판매량의 12퍼센트는 아이튠즈를 통해 이루어지는데, 이것은 CD로 판매되는 양의 네 배에 달한다.

오늘날 우리들은 우리 부모세대—그 이전 세대는 말할 것도 없고—에 비해 훨씬 쉽게 폭넓은 클래식 음악을 즐길 수 있게 되었다. (음악이 녹음되기 시작한 것은 불과 100년 전의 일이고, 몇백 년 전까지는 음악들이 정확히 악보에 기록조차 되지 않았다.)

하지만 대다수의 사람들이 클래식 음악에 무관심하다. 왜일까? 어떤 이들은 공립학교의 교육과정에 클래식 음악이 사라진 것에 책임을 돌린다. 또 어떤 이들은 대중의 입맛이 점점 더 저속해지는 것을 탓한다. 하지만 아직도 클래식에 도취된 수백만의 인구가 있다는 점을 잊어선 안 된다. 역사상 가장 위대한 작곡가들이 남긴 불멸의 작품들은 지리적 경계, 언어의 장벽, 정치, 종교적 차이를 뛰어넘어 인류의 가장 빛나는 성취가 무엇인지를 보여준다.

음악은 느낄 수 있으되 무어라 설명할 수 없는 예술이다. 그것은 가장 추상적이면서도 빼어난 장르이기 때문이다. 쇼펜하우어는 음악이 정열, 사랑, 그리고 열망과 같은 '삶의 정수'를 표현한다고 말했다. 영국 수필가 월터 페터Walter Pater는 모든 예술 장르들이 결국은 음악의 형태를 갈구한다고 피력했다. 니체가 결론 내린 바로는 '음악 없는 인생은 실수에 불과하다'는 것이다.

음악은 감성을 이야기하는 만국공통어이며, 지성을 뛰어넘어 우리 마음에 직격탄을 날린다. 음악을 만들어내는 행위는 언어를 만들어내거나 그림을 그리는 것과 마찬가지로 인류의 근본적인 행동양태이다. (구석기 시대 동굴벽화에도 노래하고 음악을 연주하는 사람들의 그림이 그려져 있다.)

 음악은 그림보다 멀리, 말보다 깊게 표현할 수 있다. 음악은 우리를 움직이게 하고, 영혼을 고양시키고, 기분을 바꿔주며, 춤추게 한다. 우리의 청각과 신경조직들은 음악을 즐기도록 섬세하게 조율되어 있다. 악보를 읽을 줄 모르는 사람이라도, 태어나서 한 번도 음악 교육을 받지 못한 사람이라 할지라도 음악에 깊이 공감할 수 있는 이유가 거기에 있다. 하지만 많은 이들이 클래식 음악을 들으며 갈팡질팡한다. 단순한 팝 음악에 길들여져 자란 세대들은 클래식에서 무엇을 생각하고 느껴야 하는지 갈피를 잡지 못하는 것이다.

 다행인 것은 클래식 음악 감상을 위해 굳이 재능을 타고나지 않아도 된다는 점이다. 조금만 관심을 가지면 감상을 위한 소양을 갈고 닦을 수 있다. 예를 들어 작곡에 대해 기본적인 공부를 조금만 해보면 명곡을 온전히 감상하는 데 큰 도움이 된다. 단지 조금만 집중하고, 상상하고, 형이상학적으로 생각하는 노력만 기울이면 된다.

 물론 음악 감상이나 하고 있을 시간이 없다고 말하는 이들이 있을 것이다. 그들은 너무나 바빠서—소위 말하는 성공을 추구하느라고—삶 속에 예술과 음악을 완전히 배제시키고 산다. 물질적으로 더 풍요롭다고 해서 그의 삶이 더욱 가치 있어지진 않는다는 사실을 놓고 볼 때 불행한 일이다. 그리고 클래식 음악은 스트레스와 일상적인 욕구불만으로부터의 훌륭한 도피처를 제공해준다.

 오늘날의 최신 녹음 기술과 공짜 다운로드 사이트들은 우리가 역사상 최고 품질의 음악들을 최소의 비용으로 즐기게끔 해준다. 그리고 우리는 그 혜택을 누려야 마땅하다. 과학자들은 음악이 우리 뇌에 화학적인 영향을 미친다고 말한다. 좋은 음악을 듣고 있노라면 자기중심적인 사고가 부끄럽게 느껴지고 편협한 선입견을 가진 이들에게 동정심을 갖게 된다. 하이든, 모차르트, 비발디와 같은 거장들의 음악은 짜증을 사라지게 하고 우울한 기분을 날려주며 삶을 더욱 깊게 음미할 수 있게 해준다.

하지만 그렇다고 해서 음악적 편식가가 될 필요는 없다. 나 또한 록과 팝 음악을 들으며 자랐고 아직도 그 음악들을 좋아한다.

하지만 팝과 록이 개인적 취향의 차이일 뿐 클래식과 동등한 음악이라는 견해에는 찬성할 수 없다. 나의 이런 생각이 다른 이들의 반감을 불러일으킬지 모르겠다. 하지만 예술의 세계에서는 차별적인 판단이 가능하고, 그 가치에 따른 서열 또한 엄연히 존재한다. 그것은 객관적인 사실이다.

내가 언젠가 한 음악교수에게 로버트 슈만의 음악이 그다지 훌륭한 것 같지 않다고 말했을 때 그가 보인 반응을 잊을 수가 없다. 그는 안경 너머로 날 몇 초간 바라보더니 대답했다. "그린 씨, 그다지 훌륭하지 않은 것은 슈만의 음악이 아니라 바로 당신이오."

그 순간 나는 하나의 깨달음을 얻었다. 대중 음악은 햄버거와 감자튀김 같은 것이다(가끔 우리가 원하는 것이 햄버거와 감자튀김뿐일 때도 있는 것처럼). 위대한 클래식 음악은, 말하자면, 파슬리과 검은 후추, 으깬 오레가노, 얇게 저민 마늘로 맛을 낸 뒤 파머산 치즈를 뿌린 링귀니와 같다.

당신이 그 맛을 식별할 정도로 미식가가 아닐 수도 있다. 하지만 그렇다고 해서 그 두 가지 음식이 동등해지는 것은 아니다.

근사한 음악을 마주하면 모든 것을 뛰어넘는 아름다움을 경험하게 된다. 우리가 갖고 있는 경계에 휘둘리지 않고, 사소한 것들에 집착하지 않으며 좀 더 의미 있는 존재로서 살아 있게 되는 것이다.

시인 조셉 에디슨Joseph Addison은 이렇게 말했다. "훌륭한 음악은 지고의 선이며, 지상에 내려와 있는 천국이다."

여자들이 진짜 원하는 게 뭘까?

지그문트 프로이드는 20세기가 낳은 가장 위대한 사상가 중 한 사람으로 일컬어진다. 그는 무의식을 발견해냈고, 정서 불안을 치료했으며, 꿈을 해석했고, 정신분석 분야를 개척했고, 뇌졸중의 신경학적 연구에 지대한 공헌을 했다.

하지만 그는 말년에 이렇게 고백했다. "내가 30년 동안 여성 심리를 연구했어도 아직 모르겠는 것이 한 가지 있다. 도대체 여자들이 원하는 게 뭘까?"

가엾은 남자들은 이 질문에 답하기 위해 수백만 년 동안 분투해왔다. 그리고 가까스로 몇 가지 답들을 추측해보기는 했다. 사랑, 애정, 진실함, 아름다움, 인정, 친절함, 보호, 동감, 그리고 감사 등을 여자들은 원하는 것 같다. 실제로 대부분의 여자들이 그렇기는 하다. 하지만 아직도 그것은 100퍼센트 확실한 답이 아니다. 여자들이 진짜로 원하는 것은—저기 여자들이 고개를 끄덕이는 게 보이는가?—초콜릿이다!

설문조사에서 99퍼센트의 여성이 초콜릿을 좋아한다고 응답했다. (그렇지 않다고 답한 1퍼센트조차 거짓말을 한 것이 분명하다.) 초콜릿 앞에서 남자들이라고 크게 다를 것은 없다.

오늘날 초콜릿 시장의 규모는 세계적으로 6천만 달러에 달한다. 미국인 한 사람당 평균 1년에 12파운드의 초콜릿을 먹어 치운다. (5천8백만 파운드의 초콜릿이 밸런타인데이 단 하루 동안 팔려 나간다.) 그리고 스위스, 오스트리아, 독일, 아일랜드, 영국, 노르웨이, 덴마크, 벨기에, 스웨덴, 호주 사람들은 우리보다 더 많이 먹는다.

그 달콤한 음식은 길고도 화려한 역사를 갖고 있다. 3,000년 전 메소아메리칸들이 최초로 카카오를 재배하기 시작했다. 마야시대 사람들은 그것을 신성한 음료로 여겼고 왕에게 바치거나 귀족의 무덤에 함께 묻어 사후 세계에서도 맛볼 수 있게 했다. 일반인들도 이를 즐겼다. 500년 전 스페인의 역사학자 오비도이 발데스Oviedoy Valdes는 이렇게 말했다. "중앙아메리카의 인디언 부족들 사이에서는 으깬 코코아 가루를 서로의 몸에 비벼 바르고 유혹의 몸짓을 나누는 것이 관례였다." (그에 따른 인구 폭발에 대한 언급은 따로 없었다.) 콜럼버스가 상륙할 때쯤 그 땅에서는 카카오가 통용 화폐로 쓰이고 있었다.

오늘날, 1년에 3백만 톤이 넘는 카카오가 생산되고 있다. 하지만 그 작물—스웨덴 식물학자 카롤루스 리노스와 내 아내에 따르면 '신의 음식'—은 재배하기가 몹시 까다롭다. 적도 20도를 넘지 않는 위치에, 깊고 풍부한 토양이 있어야 하고, 기나긴 우기가 있어야 한다. 그리고 초콜릿 애호가들의 성격이 흔히 그렇듯이 카카오는 변덕스러운 작물이다. 높은 습도를 유지시켜주어야 하고, 끊임없이 가지치기를 해주어야 하며, 해충으로부터 보호해주어야 한다.

하지만 그만한 가치가 충분히 있다. 맛있기만 한 것이 아니라 화학적으로도 초콜릿은 완벽에 가까운 식품이다.

2006년 존 홉킨스의 연구에서 매일 조금씩 초콜릿을 섭취하는 것은 건강에 좋다고 밝혀져 있다. 카카오는 몸이 산화질소를 배출하도록 도와주고 혈행을 원활하게 하며 혈압을 정상으로 낮춰준다. 또한 박테리아에 대항하는 성분이 있어서 충치를 막아주기도 한다. 초콜릿 속의 코코아버터에는 유산과 불포화지방이 함유되어 있어 좋은 콜레스테롤을 생성시킨다. 초콜릿에는 또한 페닐에틸아민(평온한 마음을 갖게 해주는 성분)이 듬뿍 들어 있고 혈관 벽을 탄력 있게 유지시켜주는 플라보노이드 성분도 풍부하다. 연구결과에 따르면 일주일에 한 번, 적정량의 초콜릿을 섭취하면 심장마비를 20~45퍼센트가량 줄일 수 있다고 한다.

  하지만 밀크 초콜릿은 칼로리가 높고 포화지방, 설탕의 함유율도 높다. 만약 당신이 건강상의 이유로 밀크 초콜릿을 먹고 있다면 당장 다크 초콜릿으로 바꿀 것을 권한다. 다크 초콜릿에는 설탕은 덜 들어 있고 카카오가 더 들어 있다.

  카카오는 천연 미네랄의 보고이기도 하다. 다이어트에 도움을 줄 뿐만 아니라 녹차와 맞먹는 항산화작용을 하며 심장질환으로부터 보호해주고 스트레스 수치를 낮춰준다. 다크 초콜릿에 들어 있는 폴리페놀의 양은 레드와인에 들어 있는 양만큼이나 풍부하다. 초콜릿은 힘을 내는 데도 좋다. 격렬한 활동을 하기 전이나 하는 도중 초콜릿을 먹으면 쉽게 에너지를 충전할 수 있다.

  거기에 더해서, 심리적인 효과도 무시할 수 없다. 초콜릿은 세로토닌 분비를 늘리고 엔도르핀을 생성시킨다. 우리가 사랑에 빠질 때 뇌에서 분비되는 화학 성분인 페닐에틸아민도 함유하고 있다. 초콜릿을 먹은 여자들은 자연스럽게 '절정'상태에 도달하게 된다.

심지어는 초콜릿이 노화를 늦춰준다고 믿는 이들도 적지 않다. (난 그다지 신빙성이 없다고는 생각하지만, 그걸 믿는다고 해서 손해볼 건 없지 않나?)

물론, 우리가 초콜릿의 건강상 효험을 너무 믿는 것은 좋지 않다. 의사들은 결코 "오늘밤에 초콜릿 캔디바 하나 드시고, 다음 날 아침에 결과를 보고해주세요"라고 말하지 않는다. 아직 초콜릿 처방이란 건 나오지 않았으니까.

하지만 처방들은 변한다. 내가 어렸을 땐, 초콜릿이 살을 찌게 하고 여드름을 나게 하며 이를 썩게 하는 음식이라는 생각이 상식처럼 통했다. 현대 의학은 이 생각에 이의를 제기한다.

초콜릿은 건강에만 좋은 것이 아니다. 미학적으로도 훌륭하다. 근사한 한끼 식사의 마무리로 초콜릿만큼 우아한 건 없다.

아무리 형편이 어려울 때라도, 우리는 초콜릿을 즐기는 사치만은 누릴 수 있다. 제과제빵사 노먼 러브는 말했다. "5달러만 있으면 세상에서 가장 좋은 초콜릿바 2개를 살 수 있다. 설령 영국 여왕이라 하더라도 그보다 더 고급 초콜릿을 살 순 없다."

프리미엄 초콜릿은 특제 와인과 비교해봐도 그 풍미에서 아주 간소한 차이를 보일 뿐이다. 좋은 초콜릿은 그 향과 단단함, 맛의 균형, 질감 등으로 감별된다. 그 달콤한 검은 덩어리는 우리에게 속도를 늦추라고, 바라보라고, 냄새를 맡으라고, 맛을 보라고, 무엇보다 천천히 즐기라고 말하고 있는 것이다. 한 프랑스 미식가는 초콜릿을 이렇게 불렀다. "신의 축복으로 우리의 혀 위에 내려앉은, 2천 년 인간 문명의 정수!"

우리 대부분은 어린 시절 최고의 순간에 초콜릿이 있었다는 걸 기억할 것이다. 그것은 행복감을 선사한다. 명확한 건강상의 이점도 있다. 맛있기만 한 게 아니다. 오래 사는 데도 도움을 준다. 여자들이 산소 다음으로 초콜릿을 생존에 꼭 필요한 요소로 꼽는 게 그리 놀랄 일도 아니다.

자, 다음번에는 꽃이나 샴페인 대신 기라델리 인텐스 다크 트와일라이트 딜라이트Ghirardelli Intense Dark Twilight Delight 3.5온스를 사서 집으로 가보라. 아내에게 그걸 안겨준 뒤 잽싸게 한 발 물러서라. 여자랑 초콜릿 사이에 끼어드는 어리석음을 범하지 않길 바란다. 그래봤자 좋을 일 하나도 없다는 걸 알지 않나?

황홀한 작은 불꽃

앞서 말했다시피, 우리 가족은 몇 달 전 샬롯스빌 근처의 새 집으로 이사를 왔다. 우리 친구 중 한 명이 최고의 집들이 선물을 주었는데, 그것은 벌새 먹이통이었다.

그 먹이통 사용법은 아주 간단했다. 그저 창밖에 걸어두고 설탕 한 컵에 물 네 컵 정도를 섞은 먹이를 놓아두는 것뿐이었다. 하지만 들인 노력에 비해서 돌아오는 보람은 엄청났다. 벌새는 그저 바라보기만 해도 즐거웠다. 그리고 벌새들은 일단 이곳에 먹이가 있다는 것을 알고 나자 항상 날아와주는 충실함을 보였다. 그리고 끊임없는 즐거움을 주었다.

만약 평범한 다른 새를 위한 먹이통이었다면 매일, 같은 새들을 보는 데 진력이 났을 수도 있고, 뒷마당의 터줏대감 다람쥐들과의 텃세 싸움에 골머리를 썩었을 수도 있다. 하지만 벌새는 아무리 보아도 싫증이 나지 않았다.

그것들은 세상에서 제일 작은 새인 동시에 이 지구상에 존재하는 가장 작은 온혈동물이다. 가장 큰 종인 자이언트 벌새라 해도 그 무게는 0.7온스밖에 나가지 않는다. 가장 작은 종은 쿠바 벌새로, 그 체중은 겨우 0.07온스에 불과하다.

그것들이 창조해내는 조그만 세상은 경이롭다. 벌새의 둥지 크기는 호두껍질의 반만 하다. 그 안의 지름은 1페니짜리 동전으로 덮고도 남는다. 보통 한 둥지에 2개씩 알을 낳는데, 그 크기가 틱택 캔디만 하다.

그 귀여운 새들이 나의 먹이통 위에서 그토록 많은 시간을 보내는 데는 이유가 있다. 그들은 지구상에서 가장 신진대사율이 높은 생물이다. 벌새들은 살아 있는 대부분의 시간 동안 굶주림을 느낀다. 그들이 몸 안에 저장해놓을 수 있는 최대 에너지라 해도 고작 하룻밤을 버틸 정도이다.

그들이 1초에 200번 날개를 퍼덕이고 1분에 300번 숨을 쉰다는 사실을 생각해보면 놀랄 일도 아니다. 벌새들은 쉬고 있는 동안에도 1분에 심장이 600번 뛴다. 그들이 날기 시작하면, 그보다도 2배로 빨리 뛴다.

칼로리를 그토록 열정적으로 소비하는 까닭에, 벌새들은 끊임없이 무언가를 먹어서 에너지를 보충해야만 한다. 매일 보통 자기 몸무게의 2배에 해당하는 작은 벌레나 설탕물을 먹는다. 배고픈 벌새는 동틀 무렵부터 석양 무렵까지 2천 송이가 넘는 꽃들을 찾아다닌다. (이렇게 끊임없이 찾아다니니 그들이 새로운 먹이통을 금방 발견할 수 있는 것이다.)

조사연구원 크로포드 그린월트Crawford Greenewalt는 만약 인간이 벌새와 같은 기세로 칼로리를 소모한다면 얼마나 먹어야 할까를 계산해보았다. 10파운드짜리 감자 포장으로 하루에 40포, 4분의 1파운드짜리 감자 포장으로는 하루에 1000포 정도를 먹어야 한다는 결론이 나왔다. 다음에 누군가가 "당신은 새 모이 먹듯 밥을 먹는 군요"라고 말한다면 좋아하기 전에 한 번 다시 생각해보기 바란다.

벌새는 훌륭한 비행사이기도 하다. 시속 35마일로 움직이며 시속 60마일로 낙하한다. 그들은 또한 긴 시간 동안 완벽한 균형을 유지하며 마치 물 위에 떠가는 듯 정확하게 비행할 수 있다. 유일하게 날면서 후진할 수 있는 새이기도 하다.

1온스도 나갈까 말까한 몸에, 조그만 부리, 설탕물로 배를 채우는 새라고 해서 만만하게 봤다간 큰코다친다. 벌새는 자기 영역에 매우 집착하며 자신들의 먹이를 지키는 데 굉장히 공격적이다. 여름 동안 나는 매일 우리 뒷마당에서 벌어지는 공중전을 목격했다. 벌새들은 다른 새들이나 나비를 발견하면 주저하지 않고 공격을 퍼붓는다. 설혹 인간이라 할지라도 그들의 둥지에 지나치게 가까이 다가오면 공격을 피할 수 없다.

게다가 그 조그만 녀석들은 겁이 없다. 내가 먹이통에서 불과 6피트 떨어진 곳에서 점심을 먹고 있을 때도 그들은 설탕물을 먹기 위해 활강한다. 설혹 그들이 날아오는 것을 보지 못했거나 그들의 높은 톤의 지저귐을 듣지 못했다 해도 그 날개 치는 소리로 그들이 가까이 있다는 것을 쉽게 알 수 있었다. 등 뒤에서 마치 '지옥의 땡벌Bumblebee from Hell'이 내는 것 같은 소리가 나기 때문이다.

낮의 길이가 짧아지기 시작하면, 벌새들은 빠르게 자취를 감춘다. 10월 말경이면 그들은 중앙아메리카를 향해 2천 마일에 달하는 이동을 시작한다. 그 경로에는 멕시코 만을 건너는 500마일의 마라톤 비행과 내려서 쉴 곳도, 먹이를 먹을 곳도 없는 망망대해를 18시간 동안 날아야 하는 시련도 포함되어 있다.

알래스카에서 안데스에 걸쳐서만 서식하는 이 새는, 틀림없는 미국 조류이다. 만약 당신이 미시시피 동쪽에 살고 있다면 당신이 창밖으로 보는 벌새는 모두 루비목Ruby-throats과이다. (숫놈들만이 목에 특징적인 붉은 점이 있다.) 하지만 미국 서부에서는—밝혀진 350여 종의 벌새들 중—좀 더 다양한 종을 볼 수 있다.

몇 년 전 여름, 텔루라이Telluride로 여행하던 길에 한 친구가 자신의 집으로 나를 초대한 적이 있다. 그의 뒤뜰에는 벌새 먹이통들이 아파트처럼 여러 개 줄을 지어 매달려 있었다. 색색의 벌새들이 구름처럼 몰려들어 우리를 감싸고는 태양 아래 반짝반짝 빛이 났다. 마치 신비의 정원에 들어온 것만 같았다. 그 저녁 무렵 내내 나는 벌새에게 도취되어 도저히 대화에 집중할 수가 없었다.

물론 벌새에 사로잡힌 사람들은 수백 년 전부터 존재해왔다. 마야의 전설은 벌새가 변장한 태양으로, 달을 유혹하기 위해 이곳에 날아왔다고 말한다. 아즈텍 문명에서는 죽은 전사들의 영혼이 벌새로 환생한다고 믿었다. 그리고 초기 스페인 탐험가들이 처음 벌새를 보았을 때, 호야스 볼라도라스joyas voladoras, 즉 '날아다니는' 보석이라고 불렀다.

벌새는 종종 시인들의 상상력을 자극하기도 한다. 파블로 네루다Pablo Neruda는 그의 서정시 〈벌새를 노래함Ode to the Mummingbird〉에서 이렇게 읊었다.

> 날아다니는 물방울, 반짝이는 미국의 불똥, 불타오르는 작은 정글, 천국의 섬세함으로 빚은 무지개, 금빛 실, 녹색 화롯불, 조그맣고, 완벽한 존재, 너는 기적, 너는 광휘이다.

벌새가 대체 뭐가 그리 대단하단 말인가? 내 생각에는 누가 보느냐의 문제인 듯하다. 내 눈에 비친 벌새는, 날아다니는 기적이다. 나는 그들의 에너지와 응집된 힘, 생명력을 사랑한다. 에메랄드처럼 빛을 뿜으며 앞으로, 뒤로, 또 갑자기 위로 솟구쳐 오르는 이 조그만 존재에겐 저항할 수 없는 매력이 있다.

벌새는 자연이 창조한, 가장 눈에 띄는 생물임에 틀림없다. 이들을 보고 있노라면 이 세계가 필수품으로써가 아니라 사치품으로써 만들어졌다는 생각이 든다. 필요 이상의 신비와 심오한 의미를 품고 있기 때문이다. 벌새들은 우리에게 삶이 얼마나 풍요로운지를, 그리고 가장 아름답고 이국적인 것들은 개인이 소유할 수 없다는 것을 일깨워준다.

와인과 인생의 즐거움

며칠 전 내 동생 카터가 나를 버지니아의 스턴톤에 있는 R. R. 스미스 센터의 리셉션에 초청한 적이 있다. 그 리셉션의 연사는 작가인 제임스 갈버James Galber였는데, 그는 그 날 내가 좋아하는 미국인인 토머스 제퍼슨에 관해, 그리고 그의 와인에 대한 열정에 관해 이야기하기로 되어 있었다.

제퍼슨은 미국의 제3대 대통령으로 가장 잘 알려져 있지만 독립선언문의 작성자이기도 하고 버지니아대학교의 설립자이기도 하다. 하지만 그의 참된 가치는 그가 진정한 르네상스인이었다는 데 있다. 그는 인간이 경험하는 모든 것들에 매혹당했던 남자였다.

일단 와인이 그의 호기심의 궤도에 진입하는 순간—그것은 1784년 그가 프랑스를 여행할 때였는데—그는 동시대의 그 누구도 대적할 수 없을 만한 열정으로 와인에 관한 지식과 정보들을 집어삼켰다.

그는 와인을 "삶의 필수품"이라고 불렀다. 그의 와인에 관한 애정은 그것을 마시는 데서 그치지 않았다. 포도의 품종, 토양, 기후, 발효, 저장, 적재, 그리고 포도재배에 관한 모든 것에 관심을 기울였다. 그는 원예기술자들과 과학자들, 그리고 와인 상인들과 수백 통의 서신을 교환했다. 몬티첼로에 직접 포도농장을 재배하기도 했으며 샹젤리제에 있는 그의 파리 정원에서 직접 포도를 가꾸며 실험하기도 했다.

제퍼슨은 그가 "불같은 성질"이라 부르는 과격한 성격을 가진 사람들을 몹시 싫어했다. 그리고 위스키가 미국 가정을 좀먹는 역병이라고 믿었다. 그는 와인이 건강을 증진시킨다고 주장했으며 미국이 언젠가는 프랑스 와인만큼이나 좋은 와인을 생산하게 될 것이라고 예언했다. 그의 두 가지 예언은 모두 적중했다. 200년 뒤, 수많은 실험과 연구들이 현대의 와인 소비가 '좋은' 콜레스테롤 수치를 높였고 심장질환 예방, 몇 가지 암 예방에 도움을 주었다는 결과를 발표했던 것이다.

그리고 1976년 4월 24일 열린 파리 와인 시음회의 결과는 세상을 들썩이게 했다. 프랑스 감별사들이 눈을 가리고 프랑스와 캘리포니아에서 각각 만들어진 최상품 샤르도네와 카베르네 소비뇽을 시음했다. 그들이 더 맛있다고 판별한 와인은 두 종류 모두 미국산이었다.

이제 미국은 세계 최고의 와인 생산국이자, 소비국, 수출국의 반열이 올라서게 되었다. 50개 주 어느 곳에나 상업적 와인 저장고가 있다. 버지니아에만 80개가 넘는 제퍼슨의 와인 저장고가 있다. (만약 시간이 허락한다면 어느 가을날 오후를 샬롯스빌 근처에 있는 왕가의 포도원King Family Vineyard에서 보내보길 진심으로 권한다. 그곳에서 음미할 수 있는 것은 장엄한 경관과 미국 최고의 포도주뿐이 아니다. 피크닉 공원부터 폴로 경기까지, 우아한 모든 것을 즐길 수가 있다.)

와인 애호가로 유명한 이들은 제퍼슨 이외에도 많이 있다.

- 벤저민 프랭클린—여성편력과 쾌락주의로 유명한—은 1,100병이 넘는 와인 저장고를 갖고 있었다.
- 마데이라 와인을 좋아했던 조지 워싱턴은 이렇게 말했다. "질 좋은 붉은 포도주 한 잔을 마시고 기분이 좋아지지 않기는 힘들지."
- 존 애덤스는 또 한 명의 와인 열혈 애호가였다. 그가 미국인 최초로 영국 장관에 임명되기 직전 그가 보낸 편지에서 프랑스 와인 500병을 주문한 것으로 알려져 있다.
- 제임스 먼로가 1817년 대통령에 당선되자, 제퍼슨이 그에게 보낸 축하편지에는 달랑 5줄의 메시지만 쓰여 있었는데, 그 내용은 새 대통령에게 와인 저장고를 채울 와인 품목을 추천하는 것이 전부였다.

제퍼슨은 와인과 즐거움이 인생에서 얼마나 중요한지를 이해했던 사람이었다. 그의 계좌를 보면 8년간의 임기 동안 2만 병이 넘는 와인을 유럽에서 사들였다는 것을 알 수 있다. 그의 첫 번째 임기 동안만 7천 597달러를 와인을 사는 데 썼는데, 참고로 실무비를 포함해서 그가 받는 대통령 1년 실질 연봉은 2만 5천 달러였다.

제퍼슨의 와인사랑은 은퇴 후에도 사그라지지 않았다. 몬티첼로의 기록에 따르면 1822년 1월부터 2년간, 제퍼슨과 그의 손님들이 소비한 와인의 양은 1,200병이 넘는다. 제퍼슨은 매일 와인을 마셨지만, 그가 평생 알코올 중독 증세를 보였다는 기록은 없다.(수많은 여성 편력 기록은 갖고 있지만.) 어쨌든, 그는 절제할 줄 아는 와인 애호가였던 셈이다.

제퍼슨은 또한 포도 품종에 관한한 챔피언이었다. 그의 집 둘레의 숲에는 200종이 넘는 포도나무들이 야생으로 자라고 있었다. 제퍼슨이 오랫동안 집을 비우는 일이 잦았기 때문에 자연적으로 숲이 황폐해져서 그 몬티첼로의 뒤뜰 포도농사의 수확은 늘 변변치 않았다. 그래도 제퍼슨은 결코 그의 포도 실험을 멈추지 않았다. 그의 친구에게 보낸 편지에서 그는 이렇게 쓰고 있다. "나는 몸은 늙었지만, 아직 풋풋한 정원사라네."

제퍼슨만큼 미국의 포도재배에 원대한 포부를 갖고 있던 사람은 없었다. 하지만 그는 결코 와인 중독자가 아니었다. 그리고 투기 목적으로 와인을 사재기한 적도 없었다. 그는 그저 즐기기 위해 와인을 마셨다. 그리고 그 즐거움을 주위 사람들과 나누길 좋아했다.

미국 혁명의 선구자 중 한 사람으로서, 제퍼슨은 국민들에게 자유를 가져다주었다. 그리고 또 한편으로 그의 지칠 줄 모르는 와인 숭배는 와인 문화를 좀 더 세련되고, 정제된 형태로 다듬어지게 했다.

와인은 수천 년에 걸친 농업과 문화의 실험으로 얻어진 결과물이다. 인류의 역사가 기록되기도 전, 문명의 여명기에서부터 와인의 역사는 시작된다. 고대 그리스의 시인들은 그들의 고향에서 생산되는 와인에 아낌없는 찬사를 바쳤다. 이집트 파라오의 무덤 안에는 와인을 운반하고 마시는 남녀의 조각들로 넘쳐난다. 고고학자들은 지중해연안에서 기원전 6천 년 훨씬 이전부터 와인을 마신 것으로 보이는 유적을 발굴해냈다. 그리고 중국에서는 그보다도 천 년 전에 이미 와인을 즐기고 있었던 것으로 보인다.

와인의 역사가 그토록 오래된 것은 그 제조법이 간단하기 때문이기도 하다. 익은 포도를 따서 으깨고 그 즙을 밀봉된 용기에 저장하기만 하면 되니까. 포도 안에 자연적으로 함유되어 있는 효소균(이스트)이 포도즙 속의 당분을 알코올로 변화시키는 과정을 발효라고 부른다. 아무리 훌륭한 와인 제조인이라 할지라도 이 단순한 과정을 전수받아 재연할 뿐이다. 하지만 모든 조건이 절묘하게 맞아떨어지기만 한다면 그 결과는 훌륭하다. 가히 액체의 예술이라 불릴 만하다.

갈릴레오는 와인을 이렇게 정의했다. "액체 속에 녹아든 태양". 로버트 루이스 스티븐슨Robert Louis Stevenson은 "한 병의 시"라고 불렀다. 오마르 카얌Omar Khayyam은 "가엾은 포도주 상인들! 그들이 파는 것만큼 가치 있는 물건이 없으니 그들은 도대체 뭘 산단 말인가"라고 탄식했다. 그리고 돔 페리뇽이 샴페인을 처음 한 모금 마시고 나서 터뜨린 감탄사는 이제 전설이 되었다. "맙소사, 난 지금 별을 마시고 있어!"

좋은 와인은 특별한 미각을 위해 만들어진다. 그리고 오래 묵을수록 그 맛이 더 좋아진다. (당신도 아마 더 오래된 와인을 좋아할 것이다.)

포도주 한 병은 누군가와 함께 마시기 위해 존재한다. 하지만 맥주 한 병은 좀 다르다. (그리고 만약 당신이 롤링스톤스의 키스 리처드Keith Richards가 아니라면, 하룻밤에 와인 한 병을 다 비울 이유도 없다.)

당신이 베토벤의 〈9번 교향곡〉을 즐기기 위해 음악이론을 통달하지 않아도 되는 것처럼 와인을 즐기기 위해서 와인 전문가가 될 필요는 없다. 그저 즐거운 삶의 일부분으로 받아들이면 충분하다. 품격과 장소에 적절히 어울리는 한 병의 와인은 함께하는 모든 시간들을 특별하게 해준다. 그리고 훌륭한 식사를 더욱 조화롭게 만든다. 일단 와인이 식탁 위에 한 병 놓이게 되면 식사는 좀 더 우아해지고, 와인과 함께하는 나날들은 좀 더 세련되어진다. 와인은 몸과 마음을 쉬게 해주고, 만족감을 주며, 아이디어들이 자유롭게 날아오르도록 풀어준다.

제퍼슨은 문학이나 그림, 음악과 같이 와인 또한 강력한 문화적 표현 도구가 될 수 있다는 것을 알고 있었다. 그리고 좋은 벗들과 어울려 맛있는 음식과 함께 마시는 질 좋은 와인은 인생에서 가장 큰 즐거움 중 하나라고 믿었다.

굳이 엄청나게 좋은 브랜드의 와인이나 비싼 와인을 찾을 필요는 없다. 영국 와인 비평가 오즈 클락Oz Clarke은 이렇게 썼다.

> 따뜻한 여름밤, 달은 솟아오르고 촛불은 타올라 촛농이 방울방울 떨어지는데, 그 테이블 위에 놓인 한 병의 와인. 그것이 아무리 소박하고 이름 없는 와인이라 해도 그 순간은 완벽하다. 이때 부질없는 와인에 대한 품평들로 당신의 미각을 마비시키고 그 순간을 즐기지 못하게 한다면, 와인의 영혼을 송두리째 잃어버리는 행위가 될 것이다. 물론 당신 삶의 영혼도 함께.

명상하듯 밥 먹는 법

2주 전, 우리 집에 무단 침입자가 들어왔다. 그리고 그것은 늘 있는 일이었다.

나는 그때 〈듀크 플레이 버지니아Duke play Virginia〉를 보려고 소파에 털썩 주저앉은 참이었다. 갓 구워낸 햄과 치즈를 호밀빵 사이에 끼워 넣고서 말이다. 그리고 불과 몇 분 뒤, 내가 잠깐 눈을 돌렸다 다시 보니 내 접시 위엔 빵부스러기 몇 개와 피클 국물만 남기고 아무것도 남아 있지 않았다! 정말 놀라서 기절할 일이었다.

세상에, 그 샌드위치 도둑이 또다시 침입한 것이다!

그 놈은 얼마나 교활한지 벌건 대낮에 우리 집에 들어와서는 내 바로 코 밑에 놓여 있던 샌드위치를 집어들고 감쪽같이 사라져버린다. 내 입술에 묻어 있는 겨자 소스와 호밀빵 부스러기를 문질러 닦으면서 나는 과연 어느 놈 소행일까 생각해봤다.

자, 당신은 얼마나 많은 식사를 이런 식으로 해치우고 있는가? 그날의 계획을 생각하면서, 혹은 식탁에서 오가는 대화에 정신을 뺏겨서, 혹은 ─최악의 경우─그저 뱃속을 채우기 위해 기계적으로 먹느라고 우리가 먹고 있는 음식의 맛을 놓친 적이 얼마나 많은가?

틱낫한이라면 당신의 그런 식습관에 반대할 것이다.

틱낫한을 아는가? 그는 국외추방당한 베트남의 승려이자 불교의 선승이다. 그는 비폭력 운동에 앞장서고 있으며 난민들을 위한 쉼터를 건립하고, 도움이 필요한 이들을 위해 봉사하며, 수도원을 세우고, 스물네 권이 넘는 책─그가 '마음을 다 하는 삶'이라 불리는 것에 대한─을 쓰기도 한 사람이다. 1967년에 마틴 루터 킹은 그를 노벨 평화상 후보에 추천하면서 심사위원단에게 이렇게 썼다. "저는 개인적으로 이 베트남에서 온 상냥한 승려보다 더 노벨 평화상에 적합한 인물을 알지 못합니다."

틱낫한은 서양의 거의 모든 사람들이 인생을 '마음을 빼앗긴 채' 살아가고 있다고 말한다. 사실 우리의 하루하루는 자동 조종장치에 앉아 있는 것처럼 흘러간다. 우리는 쉴 새 없이 후회하기 위해 과거로 가고, 그보다 더 자주 계획을 세우기 위해 미래로 날아간다. 바로 10분 후의 일이라 할지라도 계획을 세우느라 분주하다. 그러느라고 바빠서 우리는 우리 삶과 했던 시간약속을 잊어버린다. 왜냐하면 우리가 진정으로 살아 있을 수 있는 유일한 시간은 지금 이 순간뿐이기 때문이다.

우리는 단지 '지금'을 의식하기만 하면 된다. 그리고 지금 이 순간 내 주위에서 무엇이 일어나고 있는지 알아차리며 깨어 있는 시간들을 늘려나가는 것이다. 듣기엔 간단해 보인다. 하지만 이를 실천하는 이들은 정말 몇 안 된다. 그 대신 우리들 대부분은 끝없이 산만하게 흐트러진 정신세계 속에서 살아간다. 심지어 뭘 먹기 위해 앉아 있는 동안에도 그 산만함은 멈추지 않는다. (심지어 어떤 이들은—당신도 본 적 있겠지만—앉아서 먹을 겨를조차 없어 보인다.)

틱낫한은 우리의 식사시간을 예술로, 영혼의 단련시간으로 바꿀 수 있다고 말한다. 다음에 나오는, 그가 제시하는 '마음을 다하는 식사' 7계명을 지켜보자.

1. 음식을 존중하라. 매일 사용하는 산만한 기기들의 플러그를 뽑는 것부터 시작하라.

텔레비전, 핸드폰, 컴퓨터를 꺼라. 그리고 당신 앞에 놓인 음식들에 관해—샐러드 볼에 들어 있는 야채 잎사귀 하나하나까지도—잠시 숙고하는 시간을 가져라. 그 음식들은 바로 전까지 생명을 갖고 있던 것이었다. 그리고 지금 당신의 생명을 유지시키기 위해 그곳에 놓여 있다. 또한 감사해야 한다. 이 식사가 당신 앞에 놓이도록 애쓴 사람들의 노고에 관하여 말이다. 농부는 작물을 키워서 수확했고, 트럭운전사는 그것을 실어 날랐고, 야채가게 점원이 그것을 팔았고. 당신의 배우자 혹은 누군가가 열심히 요리를 해준 것에 감사하라.

2. 모든 감각을 동원해 맛보라

음식을 입에 넣기 전에 잠시 멈추는 습관을 들여 보자. 음식의 색깔, 냄새, 그리고 질감을 꼼꼼히 살펴보자. 그리고 첫 한입을 베어 물면서 그 미묘한 감촉을 시간을 들여 감상하자.

3. 소박한 양의 식사를 하라

틱낫한은 저녁 식사 때 쓰는 접시 크기가 직경 9인치를 넘지지 않아야 한다고 말한다. 소박하고 적당한 양의 식사는 건강에 좋을 뿐만 아니라 버려지는 음식 쓰레기 문제 해결에도 한몫을 하고, 무엇보다 지구 자원을 소비하는 데 좀 더 책임감을 갖게 해준다. 믿기 힘들겠지만 아직도 저개발국가에서는 하루에 1만 6천 명이 넘는 어린이들이 굶주림과 영양실조, 그로 인한 질병으로 죽어가고 있다.

4. 한입에 조금씩만 넣고 씹으라

조금씩 입에 넣고 먹으면 그 맛을 훨씬 더 즐길 수 있다. 또한 입안에서 잘게 씹은 동안 엔자임에 의해 소화가 시작되므로 음식물 소화에도 좋다.

5. 천천히 먹으라

천천히 먹게 되면 금방 기분 좋을 만큼 포만감을 느끼게 되고 과식을 막을 수 있다. 충분히 먹었다는 느낌이 들 때까지 먹는 것과, 더 이상은 한입도 못 먹겠다고 헐떡거릴 때까지 먹는 것과는 큰 차이가 있다. 한입 떠넣고 나면 일단 포크를 내려놓아라. (내가 목격한 바로는 이걸 실천하는 사람은 극히 소수이다. 만약 미국 레스토랑에서 이렇게 했다가는 당장 웨이터가 접시를 치우러 달려올 테니까.)

6. 규칙적으로 식사를 하라

한끼를 굶고 나면 패스트푸드나 자판기를 향해 달려갈 확률이 높아진다. 당신의 스케줄이 허락하는 한 규칙적인 식사를 계획하고 그 계획을 지켜라. 그러면 더욱 영양가 있는 음식을, 더 좋은 사람들과 함께 먹을 수 있고 신체리듬도 안정될 것이다.

7. 채식 위주의 식사를 하라

틱낫한과 같은 불교도들은 채식이 단지 건강에만 좋은 것이 아니라 친환경적이고 동물보호에도 일조한다고 말한다. 하지만 당신이 정 고기를 먹어야겠다면 생선이나 닭고기 등이 낫다고 연구결과는 밝히고 있다. 내 친구인 닥터 존 리드는—그는 샌포드 번햄Sanford Burnham 의학연구소의 소장이다—고급 스테이크를 아주 좋아하는 사람이었다. 하지만 최근 그는 내게 붉은 고기 섭취를 일체 끊었노라고 말했다. 붉은 고기와 대장암 사이의 관계가 속속 밝혀지고 있기 때문에 스테이크를 먹을 때마다 두려워 견딜 수가 없다면서 말이다.

선승처럼 먹기 위해서 몇 년 동안의 수련을 거치거나 혹은 하루 몇 시간씩 결가부좌를 하고 명상을 할 필요는 없다. 단지 우리가 무의식중에 저지르는 산만한 버릇들을 알아채고 그것들을 고쳐나가려고 노력하는 것으로 충분하다.

위에 나열된 규칙들에 따라 식사를 하다 보면 식사가 훨씬 즐거워질 뿐만 아니라 음식도 덜 먹게 되는 것을 알게 될 것이다. 그리고 칼로리 섭취 제한은 장수를 위해서도 꼭 필요한 일이다.

마음을 다해서 한끼 식사를 하는 것은 음식에 대한 감사의 마음을 키워줄뿐더러 우리가 이 세상과 연결되어 있다는 느낌을 갖게 해준다. 바른 식습관은 당신이 더 잘 보고 더 깊이 느낄 수 있게 해준다. 그리고 더 오래 살게 해주기도 한다.

선승이 제시한 일곱 가지 식사규칙을 준수해보라. 그리고 그것이 당신의 제2의 천성이 되도록 해보라. 그러면 다시는 샌드위치 도둑이 당신 집을 노리지 않게 될지도 모르지 않는가.

시를 읽고 세상을 보기

모든 투자 분석가들이 그렇듯이, 나는 매일 몇 시간씩 뉴스와 블로그, 시황리포트, 경제 칼럼, 관련 웹사이트들을 둘러보는 데 쓴다. 새로운 이슈가 올라왔거나 투자 아이디어를 뒷받침해줄, 혹은 그에 반하는 정보들이 있는지 나는 여기저기 되도록 빨리 훑어내린다.

이땐 재미로 읽는 게 아니다. 나의 목표는 내가 필요로 하는 정보를 되도록 빨리, 정확하게 얻는 것이다.

이런 식으로 읽어내리는 것은 시를 읽는 법과는 정반대이다. 훌륭한 시는 당신에게 천천히 읽을 것을 요구한다. 그것은 누가 빨리 읽어내느냐의 경주가 아니기 때문이다. 시를 읽는 순간은 느긋하게 미소 짓고, 생각에 잠기고, 추억을 곱씹는 시간이다. 시는 가장 순수하게 정제되고 강력한 언어로, 조그마한 사물에서 세상을 끄집어내는 기술이기도 하다. 사무엘 존슨Samuel Johnson은 시를 이렇게 정의했다. "쾌락과 진리를 하나로 묶는 예술". 윌리엄 헤즐릿William Hazlitt은 시를 '삶에서 기억할 가치가 있는 모든 것'이라 불렀고 칼 샌드버그Carl Sandburg는 "그림자가 춤추게 만드는 메아리"라는 말로 시를 찬양했다.

하지만 오늘날 같이 숨 가쁜 삶의 패턴 속에서 진정으로 시를 즐길만한 시간을 가진 이가 몇이나 될까? 분명 많지 않을 것이다. 국립예술기금이 2008년에 조사 발표한 바에 의하면 1년 동안 한 편이라도 시를 읽은 미국 성인은—어떠한 형태의 어떤 시라도—8.3퍼센트에 불과했다. 16년간의 통계 중에서 가장 낮은 수치이다.

누군가는 이것이 현대시의 문제라고 할지 모른다. 현대시들이 난해하고, 산만하고, 그저 형편없기 때문이라고. 그 말도 아주 틀리다고는 할 수 없다. 하지만 꼭 새로 쓰인 시들을 고집할 필요가 있을까? 우리들 중 대부분은 학창시절에 교과서에서나 명시들을 읽었다. 그것은 시들의 부스러기만을 맛봤다고 생각하면 맞을 것이다. 하지만 오늘날 이토록 바쁜 우리가 따로 시간을 내서 감상할 만큼 이 시들이 가치가 있을까? 솔직히 결론부터 말하자면 제아무리 훌륭한 시라 해도 우리를 강하게 만들어주진 않는다. 더 날씬하게도, 더 돈이 많게도, 더 매력적으로 보이게 해주지도 않는다. 시를 읽는다고 당신의 사업이 번창하지도 않으며, 세금을 덜 내지도 않고, 주가지수 상한가도 치지도 못한다.

하지만, 시는 뭔가 다른 것을 준다. 미국의 계관시인 케이 리안Kay Ryan은 말했다. "나는 내 시들을 귀여운 쥐덫이라고 생각한다. 순진해 보이지만, 당신이 너무 가까이 다가가는 순간 당신의 머리를 잡아채어버린다."

그의 표현은 내가 제임스 라이트James Wright의 시 〈미네소타의 소나무 섬에 있는 윌리엄 더피의 농장에 매인 해먹에 누워〉를 처음 읽던 순간을 기억나게 한다.

내 머리 위로, 볕에 그을린 나비 한 마리,
검은 나무 줄기 위에서 잠들어 있네.
연두빛 그늘 속에 나뭇잎처럼 흔들리며.
빈집 뒤의 계곡 속으로
줄지어 들리는 소 방울 소리
오후의 먼 곳으로 흘러가고 있네.
내 오른쪽으로는,
태양 가득한 초원에 선 두 그루의 소나무,
지난해 말들이 남긴 무수한 말굽들이
금빛 바위 안에서 불꽃처럼 타오르네.
나는 저녁이 물들어가듯 내 몸을 뒤로 누이고,
매가 닭을 채어가려고 빙빙 돌며 집을 찾고 있네.
지금까지의 내 인생은 헛된 것이어라.

독자들은 셸리Shelley의 명작 『왕중왕Ozymandias』의 마지막 부분을 읽으면서도 이와 같은 종류의 놀라움을 느끼게 된다.

> 나는 오래된 땅에서 온 여행자를 만났네.
> 그는 말했지.
> "사막에 거대하고 몸통이 없는 두 개의 다리가 서 있소.
> 그 곁엔 모래에 반쯤 파묻힌, 부서진 얼굴이 있소.
> 그 찡그리고 주름진 입술은 차갑게 명령하듯
> 경멸에 찬 웃음을 짓고 있소.
> 그것을 조각한 이는 그 고통을 알리라.
> 그는 아직 살아 있을 때, 이 생명 없는 것들을 밟고서,
> 손으로 그것들을 조롱하고, 심장으로 그것들을 먹였소.
> 그리고 그 돌 반석 위에는 이런 글이 새겨져 있었지.
> '내 이름은 오지만디아스Ozymandias, 왕중왕이다.
> 내가 이룬 것을 보라,
> 그 위대함을, 그리고 그 멸망을!'
> 그 외엔 아무것도 남아 있지 않소.
> 그 엄청난 몰락의 주위엔, 끝없는 헐벗음과 외로움,
> 모래의 지평선만이 끝없이 펼쳐져 있소."

진심으로, 모든 것은 덧없다.
그리고 축하한다, 어쨌거나 당신은 이제 1년 동안 시를 읽은 적 있는 8.3퍼센트의 성인에 속하게 되었다. (만약 당신이 아직 명작 〈일 포스티노〉—시

인 파블로 네루다에 관한 영화―를 보지 않았다면 부디 찾아서 보기 바란다. 그리고 당신의 머리를 쥐덫에 두 번 잡아채일 준비가 되어 있다면 감독의 영화해설도 빼놓지 말고 읽어보길 권한다.)

세상에서 가장 빼어난 문학 작품들 중 놀랄 만큼 많은 것들이 운문으로 지어졌다. 성서의 많은 부분 또한―시편에서 예언서까지, 욥기에서 전도서까지―시로 쓰여 있다.

호머의 서사시 일리아드와 오디세이, 셰익스피어의 14행시들, 버질의 〈아이네이드 Aeneid〉, 단테의 〈신곡〉, 밀턴의 〈실낙원〉, 그리고 휘트먼의 〈풀잎〉 등도 시의 형식을 띠고 있다.

W. 서머싯 몸은 말했다. "문학의 최고봉은 시이다. 시는 그 자체로서 문학의 끝이며 목적이다. 그것은 인간 마음의 가장 고귀한 행위이다. 그것은 아름다움과 섬세함의 성취이다. 산문작가는 시인이 지나갈 때 고개를 숙이고 얌전히 길을 비켜설 수 있을 뿐이다."

만일 당신이 시에 대해 초보자라면 오비디우스의 메타모르포세스 Metamorphoses 나 난해한 존 던의 시들을 붙잡고 끙끙댈 필요가 없다. 가장 단순한 시의 형태, '하이쿠'로 시작해보는 건 어떨까? 하이쿠는 일상생활 속에서 시상을 뽑아내어, 우리의 의식을 높여주는 영롱한 이미지를 창조해낸다. 하이쿠를 읽으면 현재를 누리면서도 휴식을 취할 수가 있다. 내가 좋아하는 몇 편의 하이쿠를 소개해보겠다.

밝은 달 ―

연못 속을 거닐고 있네.

밤이 새도록.

— 마쓰오 바쇼松尾芭蕉

지저귀는 새 한 마리,
백 명의 사람……
누구 하나 그 새소리 듣지 못하네.
— 료칸良寬

해가 돋는다,
산 위로
살구 냄새가 난다.
— 마쓰오 바쇼

살을 에는 아침,
참새들이 앉았는데
하나 같이 목이 없다.
— 제임스 W. 헤케트 James W.Hackett

건초더미, 타서 무너졌다.
그러고 나니
달이 보인다.
— 마사히데

수많은 사람들이 시 읽을 시간이 없다고 말한다. 하지만 난 찬성할 수 없다. 월리스 스티븐스가 말했다. "시인은, 남자들이 여자들을 훔쳐보듯이 세상을 바라본다."

어디, 여자 쳐다볼 시간도 없는 사람이 있는가?

당신 접시 위의 아이스크림이 다 녹아버리기 전에

지난 주, 나는 뉴올리언스의 투자 간담회에서 강연을 했다. 그리고 강연회가 열리는 때는 마침 뉴올리언스에서 개최되는 재즈 앤 헤리티지Jazz & Heritage 페스티벌이 한창일 때였다. 그것이 꼭 우연의 일치만은 아니었다. 다른 수백만 명의 음악 중독자들과 마찬가지로, 나와 내 동료는 벌써 나흘 전부터 태양과 음악에 흠뻑 젖기 위해 뉴올리언스 근처를 서성거리고 있던 참이었다.

그 페스티벌은—뉴올리언스 자체도 물론이지만—재즈로 가장 유명하다. 하지만, 장담컨대 재즈는 그 페스티벌의 빙산의 일각일 뿐이다.

우리는 팝을 들었고, 가스펠 성가를, 블루스를, 레게를, 자이데코zydeco를, 록을, 블루그래스를, 펑크를, R&B를, 얼트컨트리alt-country를, 스웸swamp을, 소울을, 포크를, 케이준Cajun을, 그 외에 장르를 구분할 수 없는 음악들, 이를테면 크레이로 와일드 웨스트 마르디 그라스 인디언스Crele Wild West Mardi Gras Indians나 에보니 힐빌리스Ebony Hillbillies, 그리고 빅 치프 몽크 보르도Big Chief Monk Boudreaux같은 것들을 들었다.

그리고 상상할 수 있는 모든 종류의 재즈를 들었다. 스윙, 비밥, 퓨전에서부터 브라스 밴드, 래그타임, 그리고 딕시까지. 그 한 주 동안 우리가 들을 수 없었던 음악의 장르는 딱 한 가지, '형편없는 음악'이었다. 그 모든 음악들이, 정말로 끝내줬다. 엉덩이를 가진 사람이라면 누구나, 그걸 흔들지 않고는 못 배겼을 것이다.

하지만 그 음악 콘서트들은 사실상 미끼에 불과했다. 내가 페스티벌에 참가할 때면 부르짖는 표어가 있다. "음악을 핑계로 와서, 음식을 즐겨라."

보통 5만 명이 넘는 관객들이 모이는 야외 페스티벌에는 커다란 먹거리 장이 열리게 마련이다. 핫도그, 햄버거, 프렌치프라이스, 후추와 양파를 곁들인 소시지…….

하지만 재즈 페스티벌에서는 그런 싸구려 음식 외에도 블루 크랩을 잔뜩 바른 송어 찜, 악어 파이, 메추라기 꿩 앙듀점보, 케이준 오리 포-보이, 후추젤리를 곁들인 닭 간 구이 등도 맛볼 수 있다. 그 근사한 요리를 파는 천막들 주위를 폴카 점박이 셔츠 위에 멜빵을 메고 어슬렁거리는 건 용서해도, 거기서 콘도그(소시지를 꼬챙이로 꿰어 옥수수빵으로 감싼 핫도그)를 주문하는 건 용서 못한다.

매일 저녁 우리들은 시내로 돌아왔지만, 그곳에도 음악이 주체 못할 지경으로 흘러넘쳤다. 길 한 모퉁이에서 한 이름 모를 연주자가 그 첫 물꼬를 트면, 프렌치 쿼터광장에서 밴드들이 그다음 소절을 받아 연주한다. 그 뒤로는 시내의 모든 클럽과 살롱, 레스토랑들에서 앞서거니 뒤서거니 블루스와 재즈가 넘쳐흐른다.

마치 그 도시 전체가 마이너스 키(단음계)로 숨을 쉬고 있는 것 같았다. 카트리나 태풍이 휩쓸고 지나간 뒤라서 더욱 그렇게 느꼈는지도 모르겠다. 어쨌든 뉴올리언스는 태풍을 이겨내고 복구되었다. 그 지역에 사는 사람들의 말을 빌리면 산업도 정상으로 돌아왔다고 한다. 그리고 방문객들에겐 천국과 같은 곳이 되었다. 한 페스티벌 참가자의 티셔츠에 새겨진 문구가 이 모든 것을 훌륭하게 요약해주었다.

나는 어떤 멀쩡한 도시보다도 망가진 뉴올리언스를 더 사랑한다.

당신이 음악에 관심이 없다 해도 뉴올리언스는 당신이 좋아할 만한 것들이 얼마든지 많이 있다. 예술 구역에서 갤러리들을 둘러볼 수도 있고, 수로를 통과하는 배를 타고 여행할 수도 있고, 정원 구역을 운행하는 시가전차를 탈 수도 있고, 시티파크City Park의 조각공원에서 휴식을 취할 수도 있고, 부르봉 거리Bourbon Street에서 사람 구경을 할 수도 있고, 잭슨스퀘어Jackson Square에 있는 성 루이스 대성당을 방문할 수도 있고, 그것도 아니면 그저 강가에 앉아 미시시피강이 흘러가는 것을 바라볼 수도 있다. (총 비용 : 약 0달러.)

정말 멋진 레스토랑들도 많다. 아주 조금만 예를 들어 보자면 커맨더스 팰리스Commander's Palace, 베요나Bayona, 브레난스Brennan's, 허브세인드Herbsaint, 스텔라Stella, 엔오엘에이NOLA 같은 곳들 말이다.

만약 당신이 엔오엘에이에 간다면 뭘 주문해야 좋을까? 말린 마히마히mahi mahi(생선 종류)를 곁들인 조개 스튜와 심해 새우 점보, 홈메이드 초리조 소시지, 그리고 마늘로 간을 한 홍합은 어떨까? 아니면 히코리(호두과 식물)를 넣고 익힌 오리고기를 위스키 캐러멜 소스에 곁들여 먹는 건 어떨까? 하지만 그것들로 배를 다 채워버려서는 곤란하다. 아직 화이트 초콜릿 바나나 푸딩과 술 취한 원숭이 아이스크림Drunken Monkey Ice Cream이 남아 있으니까.

그곳에서 무엇을 먹을지 선택하는 것은 항상 너무 괴로우니 주의하기 바란다.

저녁을 배불리 먹었으면, 캐롤톤 가Carrollton Avenue에 새로 단장한 록앤볼Rock n' Bowl에 가보는 것도 좋다. 먹고, 마시고, 춤추고, 볼링을 하고, 아니면 그저 훌륭한 연주자들의 음악을 들으며 시간을 보내기에 안성맞춤인 곳이다. (확실히 말하지만, 뉴올리언스 그 어디에도 주크박스는 없다.) 수요일 밤, 우리는 그곳에 볼링을 하러 들렀었고 몇 게임 치는 동안에 나탄Nathan과 자이데코 차차Zydeco Cha-Cha's를 들었다.

그 밤의 밴드는 특별했다. 그리고 내 친구 스티븐 킹의 볼링 실력도 특별했다. 그가 볼링을 제대로 배웠다고는 말할 수 없었다. (사실 그의 게임스코어는 낮은 두 자리수 이상을 기록한 적이 없었다.) 하지만 나는 그토록 힘차고 꿋꿋하게 도랑으로 빠지는 공은 처음 보았다. 그의 공은 손에서 벗어나기도 전에 이미 도랑을 향해 나가려는 의지를 굳히는 듯 보였다. 그 모습은, 그 나름대로, 꾕장히 인상적이었다.

그 후에, 우리는 부르봉Burbon과 캐널Canal의 모퉁이에서 연주하고 있는 관악대의 음악을 듣기 위해 멈춰 섰다. 나의 또 다른 친구 마우라 테일러는 그 길 위에서 한 노숙자 사내와 20분 동안 춤을 추었다. "그가 풍기는 고약한 냄새만 뺀다면 정말 근사한 시간이었어."

이 모든 이야기들이 '좋은 삶'과 무슨 관계가 있냐고?

손턴 와일더Thornton Wilder의 말을 인용하는 편이 가장 좋을 듯하다.

만약 당신이 내 의견을 듣고 싶다면 난 이렇게 말하겠다. 그냥 지금 당신의 접시 위에 놓인 아이스크림을 즐기라고. 그것이 녹아버리기 전에.

내가 한마디 덧붙이자면, 그것이 '술 취한 원숭이표' 아이스크림이라면 더더욱 빨리 즐기기 바란다.

대화가 삶에 주는 힘

A.C. 닐슨Nielsen Co. 사의 조사에 의하면 평균적으로 미국인들은 하루에 4시간 이상씩 텔레비전을 시청하며, 이 시간들을 이어 붙여보면 1년에 2개월 동안을 내리 텔레비전만 본다는 이야기가 된다.

65세까지 산다고 할 때, 9년을 텔레비전 시청에 바치는 셈이다. 그리고 미국 부모들이 아이들과 '의미 있는' 대화를 나누는 데 쓰는 평균 시간은 1주일에 3.5분으로 집계됐다. 그 대신 아이들이 텔레비전을 보는 데 쓰는 평균 시간은 일주일에 1,680분이다.

부모들은 종종 묻곤 한다. 어떻게 해야 아이들과의 관계가 좋아질 수 있는지, 난폭한 현대 문화의 영향으로부터 어떻게 아이들을 지켜야 하는지. 그렇다면 힌트를 하나 줄까?

텔레비전, DVD, CD플레이어, 핸드폰, PDA기기들, 아이팟, 아이패드, 위성라디오, 비디오 게임, 그리고 인터넷에 둘러싸인 채 아이들은 우리에게 묻는다. 이 모든 것들이 없었던 시절에는 대체 뭘 하고 놀았냐고.

그 시절에 우리는 친구 집이나 이웃집에 놀러 갔고, 긴 산책을 나갔고, 악기를 배웠고, 댄스파티를 열었고, 낚시를 하러 갔고, 체스나 장기를 두었고, 그리고 책을 읽었다.

우리는 뭔가 모르는 게 있으면 책을 읽었다. 재미를 위해서도 책을 읽었다. 고상한 지적인 활동을 위해서도 책을 읽었다. 그리고 운동이 근육의 능력을 키워주는 것처럼 책을 많이 읽은 우리는 더 나은 생각을 했고, 스스로를 더 명확히 표현할 줄 알았으며, 더 세련된 글을 쓸 줄도 알았다.

이렇게 읽고 쓰는 교양을 닦은 덕분에, 우리의 일상적인 의사소통 또한 좀 더 시적이었다. 링컨 더글라스Lincoln-Dluglas의 토론과 오늘날 정치적 논쟁을 한 번 비교해보라.

그리고 우리는 그 시절, 지금은 잊힌 '대화의 예술'을 구현하느라 바빴다. 위트와 지성이 넘치는 언어로 우리의 관심사들을 이야기하고, 그 날의 톱뉴스에 관해 토론하고, 신비로운 현상들에 관해 떠들고, 서로의 꿈에 관해 이야기하고, 주위 사람들에게 우리가 그들을 어떻게 생각하는지 설명하기 위해 많은 시간을 썼다.

지나간 시절, 우리가 지녔던 더 높은 감성과 글쓰기의 미덕의 한 예로서 32세의 미국 군인이었던 설리반 발루Sullivan Ballou가 24세였던 그의 아내에게 보낸 편지를 소개하고자 한다.

1861년 7월 14일
워싱턴의 캠프 클락에서

너무나 사랑스런 나의 세라에게

우리 부대가 이곳을 떠나야 할 날이 얼마 남지 않은 것 같소. 아마 내일일지도 모르오. 그럼 다시는 당신에게 편지를 쓸 수 없겠지. 그래서 내가 없더라도 당신이 읽을 수 있도록 지금 몇 줄을 남길까 하오.

세라, 당신을 향한 내 사랑은 죽음을 모른다오. 오직 신만이 당신에게 묶인 나의 강한 끈을 끊어낼 수 있을 거요. 하지만 조국에 대한 견딜 수 없는 충성심이 폭풍처럼 밀려와 나를 전쟁터로 내모는구려.

당신과 함께했던 축복받은 순간들이 나를 에워싸고, 그토록 긴 시간 동안 축복을 내려주신 신께 감사를 드리오. 그 모든 순간들을 포기하고, 미래의 행복들까지 재로 태워버리려 하니 정말 마음이 아프오. 만약 신이 허락만 했다면 우리는 함께 오래 살면서 우리 아들들이 우리 곁에서 훌륭한 청년으로 자라나는 것을 볼 수 있었을 텐데. 그런 생각에 성령님께 조금의 원망이 드는 것도 사실이오. 그러나 나의 어린 에드가가 아빠가 다치지 않고 돌아오게 해달라고 기도를 올리고 있노라고 바람이 속삭여주는군. 만약 내가 돌아오지 못하게 되더라도 내 사랑, 내가 당신을 얼마나 사랑했었는지 잊어선 안 되오. 그리고 전쟁터에서 마지막 숨을 거둘 때, 나의 입술은 당신의 이름을 부르고 있을 거요. 내가 그동안 당신에게 주었던 많은 상처와 바보 같은 실수들을 용서해주겠소? 난 얼마나 어리석고 생각 없는 남편이었는지! 당신의 마음에 얼룩진 상처들을 내 눈물로 씻어낼 수만 있다면 얼마나 좋을까.

그러나, 오, 내 사랑! 만약 죽음의 신이 내려와 사랑하는 이들을 보이지 않는 곳으로 쓸어간다 해도 난 항상 당신 곁에 있을 거요. 가장 환한 빛 아래서도, 가장 깊은 어둠 속에서도. 제나, 언제까지나……. 그리고 만약 산들바람이 당신의 뺨을 스치고 지나간다면, 그것은 나의 숨결일 것이오. 그리고 만약 차가운 공기가 맥박 뛰는 당신의 관자놀이에 불어온다면, 그것은 내 영혼이 당신을 스쳐 지나고 있는 것이오. 세라, 부디 내 죽음을 너무 슬퍼하지 말아주오. 단지 내가 조금 먼저 가서 당신을 기다리고 있다고 여겨주면 좋겠소. 우리가 다시 만날 때까지…….

이 편지를 쓴 일주일 뒤, 그는 불런Bull Run 전투에서 전사했다.

꿈꾸는 자의 초상

이달에 내가 좋아하는 재즈 가수 캐니 랜킨Kenny Rankin이 죽었다는 소식에 나는 놀랍고도 슬펐다.

다시는 그의 노래를 들을 수 없단 말인가? 하지만 정작 나를 더 슬프게 했던 건, 마이클 잭슨과 같은 팝스타가 죽었을 때와는 달리, 그의 죽음을 대서특필하는 잡지들도 없고, 밤새 밝혀 놓은 촛불도 없다는 사실이었다. 캐니는 그래미상을 받은 적이 없다. 베스트셀러 앨범을 발표한 적도 없다. 그가 낸 앨범 중 최고의 것들—〈너 때문에Because of you〉와 〈내 안에 숨어서Hinding in Myself〉—은 그나마 더 이상 발매도 되지 않는다.

캐니는 연예잡지의 표지를 장식할 만큼 화려한 삶을 살진 않았다. 한때 잠시 마약과 알코올에 빠졌던 적도 있지만 그는 상냥한 사람이었으며 세상의 소금과도 같은 사람이었다. 그리고 대형 경기장이나 무대에서 공연하는 사람도 아니었다. 그의 공연은 거의 대부분 작은 클럽이나 바에서 열렸고, 그 조차도 가득 차는 경우는 거의 없었다.

캐니가 우리 도시에 올 때면, 나는 친구들에게 모조리 전화를 걸었다.

그리고 함께 그의 음악을 들으러 가곤 했었다.

"내가 모르는 가수인데……. 캐니가 누구야?" 나의 전화를 받은 친구들은 대부분 그렇게 물었다. "그냥 날 믿고 한번 들어봐." 그때마다 나는 이렇게 대답하곤 했다.

물론 나는 캐니의 연주를 듣게 되는 날을 목을 빼고 기다렸지만, 그보다 더 날 재미있게 했던 것은 함께 간 내 친구들의 반응이었다. 일단 캐니가 노래를 시작하면, 그들의 입은 턱이 바닥에 닿을 정도로 떡 벌어졌다. 한 친구가 완전히 넋이 나가 내게 말했다. "아니, 저런 엄청난 가수가 여기 20명 앉혀 놓고 뭐하고 있는 거야?" 나는 대답했다. "말도 마. 그나마 그 20명 중 15명은 내가 부른 거야."

가끔씩 캐니는 관중석에 기타를 매고 함께 앉아서 신청곡을 받았다. 그는 사람들이 듣고 싶어 하는 노래를 부르길 좋아했다. 그리고 사이사이 휴식 시간에도 무대 뒤로 사라지는 법이 없었다. 그냥 천천히 바Bar로 걸어가서는 그곳에 앉아 수다를 떨었다.

내가 아는 한, 그에겐 잘난 척하는 유전자가 요만큼도 없었다. 하지만 그에게는 엄청난 재능이 있었고, 소수이긴 하지만 열혈 팬들이 있었다. 조니 카슨Jornny Carson은 캐니에게 완전히 빠져서 그를 〈조니 카슨 쇼〉에 20회나 초청했다. 그는 캐니의 데뷔 앨범에 추천사를 쓰기까지 했다.

폴 매카트니도 그의 또 다른 추종자였다. "그 누구도 '검은 새Black Bird'를 캐니 랜킨만큼 부를 수 없다"고 말한 적이 있다. 실제로 폴 매카트니는 존 레논과 함께 '명예의 전당' 작곡자 부문에 오르던 순간 캐니에게 그 노래를 불러달라고 부탁했었다.

색소폰 거장 스탄 게츠Stan Getz 또한 그의 숭배자였다. 그는 캐니의 원시적인 테너 음색을 가리켜 "마음을 연주하는 악기"라 불렀다.

캐니는 훌륭한 기타리스트이기도 했다. (그는 1965년 발매된 밥 딜런의 대표 앨범 〈Binging it All back Home〉의 기타 연주를 맡았다.) 페기 리Peggy Lee, 멜 톰Mel Torme, 조지 페임Georgie Fame, 카먼 멕리Carmen MacRea 외 수많은 음악가들을 위한 곡을 쓰기도 했다. 하지만 캐니 랜킨은 언제나 다른 이들의 음악을 이야기할 때 자주 거론되는 이름이었다.

그가 가사를 바꿔 부르는 일은 거의 없었다. 하지만 모든 재즈 가수들이 그렇듯이 노래 자체를 확 바꿔버리는 일이 종종 있었다. 너무 원곡을 비틀어서 무슨 노래인지도 모를 때가 많았다.

"나의 곡 해석은 순전히 감정에 따른다"고 그는 언젠가 말한 적이 있다. "우리 모두는 낙심하고 가슴 찢어지는 경험을 한다. 나는 노래 안에서 진심으로 그들의 상처를 아파한다. 나는 노래할 때 느낄 뿐, 생각하지 않는다."

그의 놀라운 재능에도 불구하고, 그는 음악 인생 대부분을 무명으로 보냈다. 그를 인정하는 사람들은 거의 재즈 광이나 동료 음악인들뿐이었다. 그러나 비록 캐니가 물질적 보상이 따르는 상업 시장에서 각광을 받지는 못했지만, 그는 한 가지 의미 있는 성공을 맛보았다. 그는 그의 인생을 스스로의 재능을 펼치는 데 썼으며, 그가 원하는 바로 그것을 하면서 살았다.

"내가 음악을 계속하면서 살 수 있는 것 자체로 나는 특권층이라고 생각한다"고 그는 말했다. "만약 누군가 내 한 곡의 노래로 인생이 바뀌었다고 말한다면, 아니면 세상을 보는 눈이 조금이라도 달라졌다고 말한다면 내게 이보다 더 큰 보상은 없을 것이다."

캐니는 초기 암 진단을 받은 지 불과 몇 달 뒤에 합병증으로 세상을 떠났다. 하지만 그의 음악은 녹음된 음반들과 그의 음악을 들은 이들의 가슴속에 남아 있다.

만약 당신도 그의 음악을 듣고, 그를 기억하고 싶다면 '캐니 랜킨이 선서하는 재즈 채널The Jazz Channel Presents Kenny Rackin'에서부터 시작하길 권한다. 그중에서도 심장을 파고드는 작품 〈내 기타가 조용히 흐느낄 때While my Guitar Genly Weeps〉를 DVD로 한 번 보게 된다면 그 음반을 소장하지 않고는 배길 수 없을 것이다. '재능'이란 무엇인지 캐니 랜킨은 온몸으로 보여준다. 그는 평생 단 한 번도 노래를 배운 적이 없었다.

행동하지 않는 순간, 놓쳐버리는 것

최근에 히스토리 채널에서 인류가 공통적으로 가지고 있는 나약함, '일곱 가지 치명적인 죄악'을 다룬 프로그램을 시청했다. 그 일곱 가지 죄악이란 교만, 분노, 질투, 탐욕, 식탐, 나태, 육욕을 말한다.

거의 모든 철학자들과 이론가들이 나태, 즉 게으름을 그 일곱 가지 죄악에 포함시키고 있다는 사실에 나는 무척 놀랐다. 나는 항상 조금 게으른 것은 귀엽게 봐줄만 한 결점이라고 생각해왔었다. 감자칩 봉지를 안고 오락 채널 앞에서 좀 빈둥거리는 게 진정 그토록 엄청난 도덕적 타락이란 말인가?

하지만 영적인 차원에서 본 '게으름'은 빈둥거리는 것이 아니다. 그것은 무감각한 것이다. 심장이 굳어버린 것이고, 도덕적으로 무신경해진 것이고, 눈이 먼 것이고, 자만한 것이고, '영혼이 조그마한' 것이다. 빈곤한 것이고, 불공평한 것이며, 행동하지 않음으로써 고통 받는 것이다. '게으름'이라는 것은 우리가 해야 하지만 하지 않고 있는 그 모든 것을 포함한다.

이건 중대한 사실이다. 행동하지 않은 것에 관해 윤리적으로 되씹어 보는 이는 얼마 되지 않기 때문이다. 우리는 온갖 것들에 관심을 기울인다. 친구, 가족, 일, 앤젤리나 졸리……. 하지만 우리 스스로의 도덕적 타락에는? 글쎄…….

모두들 거짓말, 사기, 살인이 잘못된 행위라는 것은 안다. 여자의 머리를 치고 지갑을 빼앗아 달아나서는 안 된다는 것도 안다. 법률로 금지된 범죄는 명확해서 알아보기가 쉬운데, 나태함으로 인한 범죄는? 그 범위가 어디에도 쓰여 있지 않아 알쏭달쏭하다.

예를 들어보자. 만약 당신이 누군가를 물에 빠뜨려 죽였다면 분명히 범죄이다. 하지만 누군가 물에 빠져 죽는 것을 보고만 있었다면 당신은 범죄자일까? 우리의 법체계 안에서는 그런 일로 고소조차 당하지 않는다. 전 세계를 막론하고 누군가가 어린아이를 죽였다면 중형을 선고 받을 것이다. 하지만 매일 수천 명의 아이들이 굶어 죽고 있는 것을 수수방관하고 있는 우리들에겐 아무런 실형도 내려지지 않는다.

데니스 포드Dennis Ford가 그의 책 『나태함의 죄sins of Omission』(1990)에 쓴 바에 의하면 "오늘날 3일 동안 굶주림과 영양실조로 죽어가는 사람들의 숫자를 합치면 히로시마 폭탄테러로 죽은 사람 수보다 더 많다. 매년 대학살에서 살해된 사람들보다 더 많은 수의 사람들이—우리가 도울 수 있는데도—굶어서 죽어간다. 우리의 도덕적 가치와 양심도 그들과 함께 죽어가고 있다."

나 또한 행동하지 않는 자 중 한 사람이다. 매일 내 일 처리에 바쁘고, 내게 닥친 골칫거리들을 해결하느라고 세상의 나머지 부분들에 관해서는 생각할 겨를이 없다.

하지만 그냥 아무것도 안한 것이 왜 도덕적으로 잘못된 것일까? 우리가 좀 무관심했기로서니 인류가 받는 고통이 우리의 잘못일까? '지나치게 조금' 행동하는 것이 왜 도덕적 죄악이 될까? 그리고 왜 이런 질문을 하는 것 자체가 이렇게 마음을 불편하게 할까?

이 세상에 너무나 많은 문제가 널려 있다는 것도 그 불편함에 분명 한 몫을 한다. 그중에서 우리 코앞에 닥친 문제들을 해결하는 것만도 진이 빠진다. 아인 랜드Ayn Rand는 그의 독자로부터 한 통의 편지를 받은 적이 있다. 그녀의 글에서 깊은 감명을 받았지만 세상엔 문제가 너무 많아서 도대체 어디서부터 어떻게 돕고, 손을 대야 할지 모르겠다는 내용이었다. 아인은 이렇게 답했다. 만약에 전쟁터에 한 의사가 도착했는데 다치고 죽어가는 수백, 수천 명의 병사들을 보았다면 어떻게 해야 할까? 그 모든 병사들을 한꺼번에 치료할 수는 없으니 절망하여 철수해야 할까? 그는 아마도 가장 위급한 환자를 가려내고 차례로 치료를 시작할 것이다.

하지만 가난한 이들을 먹이고, 환경을 보호하고, 노인들을 보살피는 문제에 관해 우리는 기꺼이 움직이려 들지 않는다. 왜 우리는 행동하지 않는 걸까? 우리의 무관심을 어떻게 해명할 수 있을 것인가?

최근에 나는 이 문제에 관하여 크랙 쉘리Craig Shealy 박사에게 자문을 구한 적이 있다. 그는 제임스메디슨대학교의 심리학과 교수이며 국제 신념과 가치 협회International Beliefs and Values Institute (도덕을 연구하고 그것이 행위와 어떤 관련이 있는지를 세계적으로 연구하는 비영리단체) 고문으로 있다.

그의 연구에 따르면, 우리가 행동할 것인지 말 것인지를 결정하는 요인은 성장과정, 개인적 가치관, 그리고 문화가 뒤섞여 형성된다고 말한다. 불행히도 서양 문화는 도덕적 행동을 하려 할 때 심각한 방해 작용을 한다. 광고판들은 매일같이 우리에게 "이걸 입어요, 저걸 먹어요, 이 차를 몰아요"라고 메시지의 폭탄들을 퍼부어대고, 심지어는 어떻게 불우이웃을 도와야 가장 그럴듯하고 생색이 나는지조차 가르치려 든다.

'네 일은 네가 알아서' 하는 사회에서 자란 우리들은 본능적으로 누군가 우리에게 죄책감의 짐을 지우는 것에 거부감을 느낀다. 그래서 성인군자인 척하거나 경건한 척하는 '선행자'들의 모습은 우리의 공감을 이끌어내기는커녕 종종 짜증스럽고 역겨운 느낌을 주는 것이다.

우리의 문화는 개인주의의 토대 위에 세워져 있다. 우리는 자기중심적인 의식을 가지고 이 세상에 태어나며, 자신을 위해서—모두를 위해서가 아니라—최선의 것을 찾아내고 그것을 추구하는 법을 재빨리 배워나간다. 그 효과는 만점이다. 개인적인 동기와 성취 욕구는 사람들을 열심히 일하게 만들었고 경제적, 물질적, 사회적 보상을 풍성하게 일구어냈다.

개인주의자들의 나라에서, 우리가 바라는 최상의 가치는 자유다. 하지만 그것은 또한 약한 자를 괴롭힐 수 있는 자유, 불이익을 회피할 수 있는 자유, 환경을 파괴할 수 있는 자유, 동물을 학대할 수 있는 자유, 그리고 억압받고, 병들고, 죽어가는 이들을 외면할 수 있는 자유 또한 의미한다.

"사람은 자신이 노력한 만큼 얻게 되는 법이다"라는 통념 또한 우리의 게으른 무관심을 부채질한다. 우리는 호라티오 앨저Horatio Alger같은 이야기를 좋아한다. 가난한 어린 시절과 어려운 주위환경을 극복하고, 역경을 넘어서서 삶의 성공을 거머쥔 개인의 이야기에 열광하는 것이다.

하지만 누구나 항상 이런 식의 성공을 누리는 것은 아니다. 세상에는 그렇지 못한 예들이 산더미처럼 쌓여 있다. (만약 당신이 미국의 모든 인간들이 정확히 공평한 기회를 가지고 삶을 시작한다고 믿고 있다면, 〈프레셔스〉라는 영화를 빌려볼 것을 권한다. 물론 실제 이야기는 아니지만 이 영화가 당신의 눈을 뜨게 해줄 것이다.)

만일 당신이 평생에 걸쳐 공부하고, 견디고, 열심히 일해서 성공을 이루었다 할지라도 그 성공은 당신이 생각하는 것보다 훨씬 더 많은 부분 사회에 빚지고 있다는 사실을 알아야 한다. 노벨상을 수상한 경제학자이자 사회학자 허버트 사이먼Herbert Simon은 부유한 국가에서 성공을 이룬 이들의 성공요인 90퍼센트 이상이 '사회적 자본'의 덕이라고 말했다.

당신과는 거리가 먼 이야기 같은가? 현대 산업시설과 소통수단, 믿을 만한 공권력이 없는 사회를 상상해보라. 당신의 의욕을 고취시키는 자유시장 체제가 없다면, 당신을 지켜줄 경찰력이 없다면, 당신의 권리를 보호하고 강제할 법원이 없다면 어떻게 될지 상상해보라. 워런 버핏이 언젠가 말한 적 있다. "만약 누군가 나를 방글라데시나 페루에 떨어뜨려놓는다면, 내 재능이 그곳에선 얼마나 쓸데없는 것인지 곧 알게 될 것이다."

정말 다행스럽게도 우리는 매일매일을 생존 그 자체를 위해 바칠 필요가 없다. 자본주의의 아름다운 점은 바로 우리가 스스로의 만족을 추구하는 것이 모두의 만족으로 이어진다는 점이다.(다른 이들이 원하는 상품이나 서비스를 제공함으로써 우리는 우리가 원하는 것을 얻는다.) 하지만 돈을 잘 번다고 해서 그 성품까지 훌륭해지지는 않는다.

나도 자선행위를 하긴 한다. 하지만 늘 어딘지 모르게 내가 충분히 베풀지 않는 것 같고, 충분히 봉사하지 않는 것 같고, 충분히 개입하지 않는 것 같아 기분이 찜찜하다. 당신도 아마 그럴 것이다. 내 생각에, 문제는 우리의 게으름인 듯하다.

 1. 우리 모두가—개인적 신념이나 배경에 따라—도움을 요청하는 목소리가 들릴 때 그것을 각각 다르게 해석한다는 사실을 이해하라.
 2. 사람들에게 지적인 부분뿐만 아니라 감정적 부분을 건드려야 자선사업 참여를 유도하기가 쉽다.
 3. 후원자, 혹은 기부자들에게 나눔을 요청할 때에는, 그들에게 당신이 어떤 일을 권하고 있는지 곱씹어볼 시간을 주어라. 그래서 그들이 의무감에 밀려서가 아닌, 마음 깊은 곳에서부터 나눔에 찬성하도록 하라.

뿌리부터 물든 우리의 도덕적 불감증에는 마땅한 치료법이 없을지도 모른다. (최소한 다른 이들의 자유를 짓밟지 않거나, 스스로를 밉보이지 않도록 처신하는 정도만 해도 다행이다.) 하지만, 누군가가 우리의 의식을 건드려주기만 한다면 우리의 행동이 바뀔 수 있다고 믿고 싶다. 그다지 자신은 없지만 말이다.

칸트는 말했다. 그를 경외심에 가득 차게 하는 두 가지가 있으니, 별이 가득한 하늘이 그 한 가지고, 그 안에 있는 도덕적 우주가 또 다른 한 가지라고.

별은 항상 우리 머리 위에 떠 있다.

천천히 사는 것의 아름다움

나에게는 경제적으로는 탄탄하지만 결코 부유하지는 않은 친구들이 많이 있다. 왜일까? 그들의 스케줄표는 언제나 꽉 차 있고, 매일 해야 할 일들이 넘쳐흐르며, 버릇처럼 시간이 없다고 투덜대기 때문이다.

이게 다 무슨 소용이란 말인가? 돈이 있어도 그걸 즐길 시간이 없다면? 그들은 재정적인 자유를 얻는 순간, 그걸 즐기는 대신 더 많은 돈을 추구하는 길로 가차 없이 스스로를 내몬 것이다. 그들은 부주의함, 야망, 혹은 산만함의 희생양들이다. 여러 가지 의미에서, 그들의 삶은 그들보다 돈을 훨씬 덜 가진 이들보다 곤궁하다.

물론 일과 즐김 사이의 완벽한 균형을 찾기란 어렵다. 하지만 그 불균형의 도가 지나쳤을 때 드러나는 증상은 뚜렷하다. 예를 들어, 누군가가 곁에서 말하고 있어도 우리는 듣고 있지 않다. 지금 여기에 있는 자신과 다른 어딘가에 가 있는 자신으로 분열한다. 내일 일을 생각하거나 15분 후의 일을 생각하느라 그의 말을 들을 수 없는 것이다. 이런 과정 속에서 우리는 많은 것을 잃는다.

현대 사회는 속도와 효율에 목을 맨다. 우리는 한꺼번에 두세 가지 일을 해내면 더 많은 것을 성취할 수 있다고 생각한다.

하지만 이런 분열적인 생활방식은 종종 대가를 치르게 마련이다.

〈그랜타 Granta〉의 편집인이며 『이메일의 폭력 The Tyranny of E-mail』(2009)의 저자 존 프리먼 John Freeman 은 이렇게 썼다.

> 우리는 모두 죽는다. 그것은 피할 수 없는 사실이다. 그리고 우리가 사

랑하는 이들 모두가, 언젠가는 죽는다. 그들 중 몇몇은—가슴이 찢어지게도—우리보다 먼저 죽는다. 비즈니스는 이 아픔을 잠시 잊게 해주지만, 결코 그 사실을 없애주진 못한다. 주어진 우리의 날들은 정해져 있고, 우리의 시간들은 소중하기 때문에 우리는 무엇을 하고 싶은지, 무엇을 이야기하고 싶은지, 누구를 돌보고 싶은지를 결정해야만 한다. 그리고 우리가 바꿀 수 없는 제한 시간 내에 그것들을 위해 쓸 시간을 어떻게 배분해야 할지도 결정해야 한다. 한마디로, 우리는 속도를 좀 늦춰야 한다.

그는 핵심을 짚었다. 그리고 여기 도움이 될 만한 몇 가지 것들을 적어보았다.

- 좀 더 천천히 숨을 쉬는 것은 건강을 증진시키는 가장 쉬운 방법이라고 의사들은 말한다. 심호흡은 스트레스를 낮춰주고 혈압을 정상으로 돌려준다. 깊은 호흡은 산소가 우리 허파의 가장 작은 조직, 허파꽈리까지 내려가도록 해준다. 허파꽈리는 산소교환이 가장 활발하게 일어나는 곳이다. 빠르고 얕은 호흡을 하면 우리 몸이 산화질소를 매출하는 양이 줄어들고 그로 인해 몸 안의 기관들과 조직들이 산소를 덜 공급받게 된다.

- 좀 더 천천히 먹으면 덜 먹게 된다. 위에서 포만감을 느끼고 그것이 전도체를 통해 '그만 먹으라'는 사인이 뇌에 전달되기까지는 시간이 걸린다. 로드아일랜드대학교 연구팀들은 천천히 먹는 사람들이 그렇지 않은 사람들에 비해 식사 1회당 평균 70킬로 칼로리를 덜 섭취한다고 밝혔다. 하루에 세끼 식사를 한다고 치면, 1년에 20파운드나 몸무게를 줄일 수 있는 양이다.

- 천천히 사랑하면 더 오래 사랑할 수 있다. 매 웨스트Mae West는 말했다. '가치 있는 일'은 천천히 할 가치가 있다고. 아주 천천히 말이다. 결혼 상담사 로리 버클리Lori Buckley는 이 말에 찬성한다. "남녀가 일단 결혼을 하고 나면 그들의 삶에서 가장 빨리 자취를 감추는 게, 천천히, 애태우면서 하는 키스죠."

- 천천히 달리면 사고를 막을 수 있다. 서두르다가 다치거나 사망한 운전자들의 수는 매년 헤아릴 수 없이 많다. 보험회사의 통계에 따르면 교통사고의 압도적인 주요 원인이 서두름에 있다고 한다.

- 느긋함은 돈을 성공적으로 관리하는 데 있어서도 꼭 필요하다. 어떤 이들은 인생의 황혼기에 접어들어서야 그들이 노후를 위해 충분한 돈을 모으지 못했다는 사실을 깨닫는다. 그러고는 모자란 시간을 보충하기 위해서 허겁지겁 위험률이 높은 채권 등을 사들이는 도박을 한다. 싸구려 주식을 사거나 주위 친구와 동료들로부터 항간에 떠도는 루머들을 긁어모으기도 한다. 그것은 크게 잘못하는 짓이다. 장기간을 위한 투자목적을 세웠으면, 일찍 시작하고, 정기적으로 투자하고, 천천히 반응해야 한다. 이것이 투자 승리의 정석이다.

- 한 박자 속도를 늦추면 삶의 질도 높아질 수 있다. 오래된 중국 속담에 이런 말이 있다. "서둘러 걷는 이는 우아하게 걸을 수 없다." 항상 허둥지둥 사는 사람들은 매력적인 인상을 주기 힘들다. 그리고 서두르는 태도는 스트레스와 갈망을 부채질하여 지금 그들을 둘러싸고 있는 많은 것들을 즐길 기회를 박탈한다. 철학자 린 유탕Lin Yutang이 말했듯이, 현명한 자는 서두르지 않고, 서두르는 자는 현명하지 않다.

가슴 깊은 곳에서는 우리 모두가 이 사실을 알고 있다. 하지만 한 번 더 되새겨보는 것도, 그래서 삶의 속도계를 한 눈금 낮추는 것도 좋을 것이다. 150년 전, 종교가이자 초월론자였던 윌리엄 헨리 채닝 William Henry Channing은 느긋하고 좀 더 긴장 풀린 삶을 '교향악'에 비유했다.

> 적은 것을 소유하고 만족하며 사는 것: 호화로움보다 우아함을 추구하며, 유행보다는 세련됨을 즐기며, 존경받기보다 가치 있길 원하고, 부유하기보다는 풍족하길 원한다. 열심히 공부하고, 조용히 생각하고, 진실하게 행동하고, 상냥하게 말하고, 시기를 기다리며, 결코 서두르지 않는다. :한 마디로, 영적이고, 자발적이고, 무의식적인 무언가가 일상생활 속에서 자라나게 하는 것, 그것이 나의 교향악이다.

우리에겐 해야만 하는 일들이 있고 마감 시한이 있다. 하지만 조바심과 지나치게 미래만을 향하는 마음은 현재를 궁핍하게 만든다. 우리에게 가장 소중한 것은 사랑, 우정, 위안, 아름다움, 그리고 유머가 아닌가? 하지만 이런 것들을 나누기 위한 최상의 조건은 조용하고 느긋한 곳에서 그 사람과 얼굴을 맞대고 앉는 것이다.

속도를 늦추면 감사의 마음이 더 커짐을 느낄 것이다. 정신적, 육체적으로도 더 건강해지고, 우리 삶을 조절할 수 있는 여유가 생긴다. 아름다움을 감상할 수 있는 심미안이 생기고, 우리를 둘러싸고 있는 것들과 다시 교류할 수 있게 된다.

하루를 보내는 가장 근사한 방법 중 하나는 당신의 삶 앞에 놓인 모든 것들을 천천히 맛보는 것이다. 그것들이 사라져버리기 전에 말이다.

오래도록 함께하는 친구, 재즈

나는 이제 막 뉴올리언스 재즈 페스티벌에서 돌아온 참이다. 언제나 그랬지만 그 음악과 음식들은 기가 막혔다.

물론 사이먼 앤 가펑클에서 펄 잼까지 연주하는 이벤트를 뭉뚱그려 재즈 페스티벌이라고 부르기엔 무리가 있지만 뭐니 뭐니 해도 우리를 가장 끌어당긴 장르는 단연 재즈였다. (정확히 말하자면 재즈와 메추라기 꿩고기 점 보였다.)

내가 평생 사 모으고 열광하는, 가장 좋아하는 음악은 '아무거나'이다. 물론 좋은 음악이라면 아무거나. (하지만 개인적으로, 최근의 음악 차트에 오르는 곡들 중엔 그 '아무거나' 리스트에 등극할 만한 곡이 없는 것 같다.) 내가 30대 중반이었던 시절까지만 해도 이렇진 않았다. 그때 나는 막 재즈에 대한 열정을 꽃피웠을 때고, 특히 존 콜트레인에 중독되어 있을 때였다.

그 이전에는 재즈가 뭔지 잘 몰랐었다. 너무 복잡했고 겉멋에 들린 것처럼 보였다. 듣고 있어도 쿵짝쿵짝 소리만 들릴 뿐이어서 나는 "대체 멜로디는 어디 있는 거야?"라고 불평하곤 했다.

하지만 1992년의 어느 비오는 밤, 모든 것이 바뀌었다. 동네 강당에서 공연되었던 윈튼 마샬리스 셉텟Wynton Marsalis Septet의 연주를 보고 나서였다. 그때 내 친구와 나는 단지, 정말 그걸 보는 것 말고는 아무것도 할 일이 없었기 때문에 쇼가 시작되기 10분 전에 입장권을 샀다.

그때 우리에게 한 장에 5달러씩에 표를 팔았던 암표 장수는 아마도 몰랐거나 신경을 쓰지도 않았으리라. 그가 우리에게 판 표가 맨 앞줄 가운데 자리였다는 것을. 음향을 중시하는 사람에겐 그것이 최고의 자리가 아닐지 모르겠지만 결과적으로 내게는 완벽한 자리였다.

마샬리스는 그가 냈던 최신 앨범 〈소울 제스처 인 서던 블루Soul Gestures in Southern Blue〉를 들고 순회 공연 중이었다. 물론 그때 난 그 사실도 까맣게 모르고 있었다. 나는 그때껏 그의 음악을 한 번도 들어본 적이 없었을 뿐 아니라 재즈 앨범이라는 것을 가져본 적도 없었다. 제프 벡Jeff Beck이나 웨더 리포트Weather Report같은 퓨전 음악가들을 빼곤 말이다. (만약 당신이 케니 지가 재즈 앨범을 내는 사람이라고 생각하는 길 잃은 영혼이라면……. 당장 책을 집어던지고 나가서 레코드 가게 점원에게 〈텐 헤일 메리스10Hail Marys〉를 달라고 해라.)

마샬리스 밴드는 여섯 명의 젊은이들로 구성되어 있었다. 천부적인 재능을 타고난 맹인 피아니스트 마커스 로버츠를 포함한 그들 여섯 명은, 모두가 비할 바 없이 근사하게 재단된 정장을 입고 있었다. 고급스러운 셔츠와 넥타이를 매고, 넥타이핀으로 의상을 완성했다. 그들을 소개하고 난 뒤, 박수소리가 잦아들자, 밴드는 연주를 시작했고 동시에 나는 넋이 나가버렸다.

무대 위에서 울려 퍼지는 그 음악은 블루스 중의 블루스, 스윙 중의 스윙, 아무튼 내가 그때까지 들어본 음악들 중의 황제라 할 수 있었다. 그것은 말로 하지 않는 이야기였다. 나는 희열을 들었다. 나는 슬픔을 들었다. 절망을, 질투를, 오래된 농담을 그 음악 속에서 모조리 들었다.

한 곡 한 곡, 밴드들은 느릿느릿하고 달콤한 흥취를 만들어냈다. 머리카락(재즈 음악가들은 멜로디를 이렇게 부른다)을 연주한 뒤, 그것을 다른 형태로 변주하여 가지를 쳐나갔다. 윈튼이 솔로를 연주하기 위해 마이크 앞으로 나서면, 다음으론 테너 색소폰 주자가, 그다음으론 트럼본 주자가, 그리고 알토 연주자가 차례로 앞서 연주한 이의 느낌을 받아서 자기만의 독특한 느낌으로 새로운 이야기를 창조해냈다.

한 명씩 독주를 해나가는 동안, 나머지 연주자들은 그 뒤에 앉아 솔로 연주를 주의 깊게 들으며 고개를 끄덕이기도 하고, 서로 바라보며 미소를 짓기도 하고, 놀란 표정을 짓기도 하고, 믿지 못하겠다는 듯 얼굴을 찌푸리기도 하고, 심지어 웃음을 터뜨리기까지 했다.

이들은 틀림없이 음악을 사랑하고, 변주를 사랑하고, 서로를 깊이 사랑하고 있었다. 하지만 그 무엇보다도 빛났던 건 그들의 리듬 감각이었다. 그것은 마법이라고밖엔 부를 수 없었다. 모든 것이 완벽하게 맞아떨어졌다. 스와힐리어로 하는 연설이 갑자기 다 이해된다 해도 내가 이만큼 놀라지는 않았을 것이다.

나는 그날 밤 재즈에 홀딱 반해버렸다. 그리고 내가 있는 줄도 몰랐던 세계에 깊이 빠져 들게 되었으며 루이 암스트롱, 젤리 롤 모턴, 듀크 엘링턴, 엘라 피츠제럴드, 찰리 파커, 빌리 홀리데이, 빌 에반스, 마일즈 데이비스, 텔로니어스 멍크, 디지 길레스피 등의 거장들을 알게 되었다.

재즈는 그저 음악이 아니다. 단지 오락거리도 아니다. 그것은 뛰어난 미국 예술이다. 그러나 국립예술기금재단 National Endowment of the Art 에 따르면,

- 매년 7퍼센트 이하의 미국 성인만이 라이브 재즈 공연을 관람한다.
- 대학 졸업 이상의 학력을 소지한 성인이라 할지라도 재즈 인구는 점점 줄어들고 있다. 1982년의 19.4퍼센트에서 작년에는 14퍼센트까지 감소했다.
- 듣는 이들이 줄어들었을 뿐만 아니라 노령화 되었다. 현재 미국에서 라이브

재즈를 듣는 주요 연령대는 46세이다. 1982년에는 그 연령대가 29세였다.

안타까운 일이다. 친구들이 내게 재즈는 도통 알 수가 없고, 그들의 취향이 아니라고 말하는 것을 들을 때 난 그들을 이해할 수 있다. 얼마 전까지만 해도 내가 그랬으니까. (조지 포먼George Foreman이 말했다. 재즈는 권투와 같다고. 좋은 경기를 펼칠수록, 사람들은 지루해한다.) 하지만 아주 조금이라도 그 맛을 보고 나면 다른 세상을 경험할 수 있다. 예를 들어, 최근의 한 뉴욕 회의에 참석차 가면서 나는 한 무리의 친구들을 함께 데리고 가, 색소폰 연주자 조 로바노Joe Lovano의 연주회가 열리고 있는 빌리지 뱅가드Village Vanguard에 떨구어 놓았다. 그곳은 뉴욕에서 가장 가까운 재즈의 성지였다.

"이제야 알겠어." 그 연주회를 보고 나서 한 친구가 말했다. "재즈란 농구와 같은 거야. 그곳에 있어봐야 알 수 있지."

재즈는 두말 할 나위 없이 행위예술이다. 하지만 당신이 쉽게 접근할 수 있는 훌륭한 녹음 음반들도 산더미처럼 많이 있다. 마일스 데이비스의 명곡 〈카인드 오브 블루Kind of Blue〉는 가장 쉽게 재즈에 다가갈 수 있는 앨범 중 하나이다. 만약 당신이 노래를 더 좋아한다면 엘라 앤 루이스Ella and Louis를 한 장 골라 보길 권한다.

왜 그래야 하냐고? 왜냐하면 위대한 재즈는 당신의 환경을 바꿔놓을 수 있고, 삶을 변화시킬 수도 있기 때문이다. 당신이 재즈 앨범을 집이나 차 안에 놓는 바로 그 순간 스타일리시하고 세련된 공기가 당신을 감쌀 것이다. 그것을 일요일 아침에 들으면 멋지다. 디너파티에서 한 잔의 와인과 함께 듣는다면 완벽하다. 재즈는 아름답고……. 재미있다.

그러나 내가 친구들의 집에 놀러가서 그들의 앨범 목록을 훑어 보다 보면 거의 비슷비슷한 옛날 노래들이 꽂혀 있다. 빌리 조엘Billy Joel, 지미 버핏Jimmy Buffet, 이글스Eagles, 그리고 다크 사이드 오브 더 문Dark Side of the Moon. 그걸 보면 피자, 치킨 너깃, 스파게티만 먹는 어린애 같다는 생각이 든다. 나도 물론 그 음식들을 다 좋아한다. 하지만 정말 남은 평생 동안 그런 것들만 먹으면서 살고 싶은가?

만일 당신이 미국인이라면, 재즈는 당신이 물려받은 유산이다.(오늘날 유러피언들이나 일본인들이 훨씬 더 즐기게는 되었지만.) 그것은 이 땅에서 만들어진 것이다. 지금으로부터 2천 년 전, 학자였던 제럴드 얼리Gerald Early는 미국은 세 가지 혁명적 유산으로 기억되어야 마땅하다고 주장했다. 그 세 가지는 바로 헌법, 야구, 그리고 재즈다.

재즈는 삶에 한 조각 음율을 선사한다. 듀크 엘링턴Duke Ellington이 "세상에서 가장 위대한 듀엣, 남자와 여자가 오래도록 함께하는 것"이라고 불렀던 인간 테마의 주제곡과 함께.

마샬리스는 말했다. "재즈는 타이밍의 예술이다. 그것은 우리에게 '때'를 가르쳐준다. 시작할 때, 기다릴 때, 속도를 내야 할 때, 천천히 해야 할 때. 누군가를 행복하게 하기 위해서 꼭 알아야만 하는 기술들을 말이다."

그의 책 『더 높은 곳을 향하여Moving to Higher Ground』(2008)에서 그는 이렇게 썼다.

재즈 뮤지션들이 선사하는 느낌을 말로 표현하기는 어렵다. 하지만 어릴 때 침대에 누워서 보았던, 커튼에 언뜻 언뜻 어리던 미묘한 불빛을 설명할 수 있을까? 아니면 반 친구들의 놀림이 얼마나 깊은 상처를 줄 수 있었는지 설명할 수 있을까? 우리는 어느 늦은 밤, 아버지와 함께 차에 타고 있었을 때 흐르던 정적을 뭐라 이름 붙여야 할지 모른다. 그리고 우리가 짓궂은 농담을 던질 때마다 아내의 얼굴에 어리는 미소를 얼마나 사랑하는지 표현할 방법이 없다. 하지만 이 느낌들은 분명 그곳에 있고, 말로 할 수 없기 때문에 어쩌면 더 확실하게 존재하는지도 모른다. 재즈는 우리가 삶 속에서 느끼는 그대로의 감정을 즉흥적으로 주고받을 수 있게 해준다. 느끼는 모든 것을 정직하게 폭로해버림으로써 듣는 이들이 그 감정을 나누고 경험할 수 있게 해준다.

뉴올리언스에서 열리는 최고의 페스티벌처럼, 재즈는 맛깔스런 스튜이다. 그렇다, 그것은 블루스에 기반을 두고 있다. (테너 색소폰 연주자 조니 그리핀은, 재즈란 주변 상황이 어떻든 그 안에서 좋은 기분을 느끼고 싶어 하는 사람들에 의한, 그들을 위한 음악이라고 말한 적이 있다.) 하지만 월트 휘트먼Walt Whitman의 음악처럼 재즈는 다양성을 함축하고 있고, 떠들썩한 외침소리를 품고 있고, 교회의 성가를, 흑인의 정신을, 음유시인의 노래들을, 보더빌(노래와 춤을 섞은 경가극)의 음조를, 미국의 기준 음율들을, 래그타임ragtime을, 이발소 음악을, 유럽 클래식 음악을, 그리고 로맨틱 발라드를 모두 포함하고 있다.

자, 이제 당신의 진부한 음반 컬렉션들을 뒤집어엎자. 솔로 몽크Solo Monk나 자이언트 셉스Giant Seps의 음반을 들여놓자. 요번 주말에 무언가 색다른 걸 해보고 싶다면, 동네 클럽에 가서 재즈 뮤지션들이 연주하는 것을 들어보자. 당신은 분명 기분 좋은 충격을 받을 것이다.

플라톤이 수천 년 전에 이렇게 말한 적이 있다. "음악은 세상에 영혼을 불어넣고, 마음에 날개를 달아주며, 상상을 날아오르게 하고, 모든 것에 생명을 준다."

비밀 이야기를 해볼까?

왜 우리는 그토록 비밀에 매혹되는 걸까?

모두가 비밀을 갖고 있다. 하지만 우리는 끊임없이 더 많은 비밀을 원하고, 또 다른 사람들의 비밀을 알고 싶어 한다. 인간이라면 누구나, 발표되지 않은, 특정 계층만이 알 수 있는, 스캔들로 가득한, 사적인 뉴스들을 원한다. 비밀이란 정보—모두가 알고 있는 것이 아닌—를 뜻한다.

마케터들은 이 사실을 잘 알고 있다. 그래서 신문가판대는 언제나 다이어트의 비밀, 섹스의 비밀, 성공의 비밀, 유명인들의 비밀, 그리고 몸짱이 되는 비밀들로 가득한 잡지들로 넘쳐나는 것이다. 투자 관련 작가라는 이들은 '큰돈을 버는 비밀'에 관한 책들을 지치지도 않고 끊임없이 써댄다. 내 책을 출간한 출판사 존와일리 앤선즈마저도 내가 이전에 쓴 에세이집의 제목을 『숨겨진 섬의 비밀』로 정한 걸 보면 알 수 있을 것이다.

숨겨진 섬의 비밀이 뭔지 알고 싶은가? 다른 사람에겐 말하지 않는다고 맹세할 수 있는가? 좋다. 나도 맹세하겠다.

하지만 프랭크 워런Frank Warren은 그 맹세를 지키지 못한다. 그는 그가 들었던 수백만 개의 비밀들 중 어떤 것도 지키지 못했다. 그리고 그건 잘한 일이었다. 6년 전, 워런은 '포스트 시크릿 프로젝트'를 시작했다. 그것은 아직까지도 진행 중인 공동 아트 프로젝트로서, 사람들이 손수 만든 엽서에 자신들의 개인적인 비밀을 적어 익명으로 워런에게 보내는 행위 예술이다. 그 비밀의 내용에는 어떠한 제약도 없다. 단, 그 비밀이 진실이어야 하며 아직까지 아무에게도 발설한 적 없는 진짜 비밀이어야 한다.

우리들 대부분은, 비밀을 말하고 싶어 안달한다. 워런은 40만 장이 넘는 엽서를 받았다. 그 한 장 한 장에는 보낸 이들의 희망과, 공포와, 갈망과, 깨달음이 들어 있었다. 어떤 엽서들은 충동에 휩싸여 순간적으로 만들어진 듯 보였다. 그리고 나머지 엽서들은 성심성의껏 꾸민 흔적이 역력했고, 신성한 물건처럼 보이기까지 했다.

워런은 그 엽서들 중 최고의 비밀들을 www.postsecret.com에 게재했다. (그 엽서들은 매주 업데이트 된다.) 그리고 많은 포스트 시크릿 책도 펴냈다. 나는 최근에 우연찮게 볼티모어의 아메리칸 비저너리 아트 뮤지엄 American Visionary Art Museum에서 열리고 있는 그의 전시를 보게 되었다.

만약 누구의 비밀인지 아무도 모른다면—아무리 가슴이 찢어지고, 영감으로 번득이고, 단지 짓궂은 장난일 뿐인 비밀이라 할지라도—비밀을 좀 들킨들 무슨 상관이란 말인가? 한 번 심사위원이 되어보기 바란다. 나는 그곳에 전시된 비밀들 중 내 마음에 드는 것들을 당신과 나누기 위해 적어 왔다. 하지만 타이핑으로 쳐보니, 그것들을 손 글씨로 볼 때의 감정이 충분히 전해지지 않는다는 점은 유감이다. (이것은 예술 프로젝트였다는 사실을 기억하기 바란다.)

- 나는 복무 기간 중에 죽을까봐 겁이 난다…… 그리고 내 아들에게 내가 아들을 얼마나 사랑했었는지 말해줄 사람이 없을까봐 두렵다.

- 만약 내 개가 사람이었다면, 브래드 피트 같이 생겼을 거라고 생각한다.

- 가끔씩 아버지가 내가 이미 들어서 알고 있는 이야기를 또 시작하실 때면, 돌아가신 뒤 내가 얼마나 아버지의 이 이야기를 그리워할지 생각하지 않을 수가 없다.

- 내가 꿈에 그리던 결혼식을, 잘못된 사람과 올렸다.

- 나는 영계chicks를 꼬시러 박물관에 갔다. 그리고 내가 겁쟁이Chicken라는 걸 깨달았다.

- 내 인생의 목표는 내가 늙었을 때, 눈꼬리와 입가에 깊은 웃는 주름을 갖는 것이다.

- 나는 가족들에게 할아버지가 죽기 직전에 개종한 것이 거짓이었다는 사실을 차마 밝힐 수가 없다. 단지 가족들의 마음을 홀가분하게 해주려고 거짓으로 개종하겠다고 말씀하셨던 것이다. 할아버지는 평생토록 심미주의자였으며, 내가 지금까지 만난 사람들 중 가장 친절하고 품위 있고 너그러운 분이셨다.

- 나는 매일, 이 세상에는 악함보다 선함이 더 많다는 증거를 찾으려고 노력한다. 그리고 항상 그것을 찾아낸다.

- 나는 환경을 위해 계단을 이용한다고 모두에게 떠벌리고 다닌다. 하지만 난

사실, 엘리베이터 공포증이 있을 뿐이다.

- 나는 내가 싫어하는 바로 그런 유형의 사람이다.

- 가끔씩 나는 빗속에 앉아 있다. 그렇게 하면 내 실수들이 빗물에 씻겨나갈 것 같아서.

- 올해는 네가 참석하지 않아 주어서 정말 고마워.

- 나는 '어른이었으면' 하고 바라며 어린 시절을 보냈고, 지금은 '아이였으면' 하고 바라며 어른 시절을 보내고 있다.

- 나는 서양배 모양으로 가운데가 통통한 내 몸을 사랑하기 시작했다!

- 내 아내가 임신했다. 나는 달도 뛰어넘을 수 있을 것 같다.

- 나는 춤추는 게 정말 싫다. 그들이 날 쫓아냈으면 좋겠다.

- 내가 어릴 때 아저씨와 아주머니의 농장에서, 닭들에게 치킨너깃을 먹인 적이 있다. 나는 아직도 그것에 죄책감을 느낀다.

- 나는 마티니부터 한 잔 마시기 시작했고, 내가 멋쟁이인 척했다.

- 나는 가끔씩 아이들에게 아침 식사로 치즈볼 과자를 먹인다.

- 나는 낙심하고 있던 나의 전 여자친구에게 "난 더 이상 네 일에 상관 안 해. 설령 네가 다리에서 뛰어내려도 말이야"라고 말했다. 그리고 그녀는 정말로 그렇게 해버렸다.

- 아빠는 그 여종업원에게 지나치게 무례하게 굴었어요. 나는 그녀가 당신을 닮았기 때문에 아빠가 그랬다고 생각해요.

- 나는 이제 더 이상 내 삶이 어디로 향하고 있는지 모르겠다. 하지만 그녀가 나와 함께 있는 한 그런 건 아무래도 좋다.

- 초인종이 울렸지만 난 그걸 무시하고 내가 캔디를 먹어버렸다. 해피 할로윈!

- 나는 항상 눈을 떠 보면 문 앞의 발 깔개 위에 아기가 놓여 있었으면 하고 바란다. (그리고 키우고 싶다.)

- 나는 부모님들이 멀리 외출하셨을 동안 파티를 벌였던 것처럼 집 안을 마구 어질러 놓았다. 그럼 엄마가 내게 친구들이 있다고 생각할 테니까.

- 평생 동안 나는 리즈 테일러처럼 보이길 원했다. 그런데 이제 리즈 테일러도 나와 비슷해 보이기 시작했다.

- 당신이 더 이상 예쁘다고 말해주지 않아서 난 내가 추하다고 느껴요.

- 난 이제 목소리도 기억나지 않아요. 보고 싶어요. 엄마.

- 싱크대를 청소하는 데 당신 칫솔을 썼어요.

- 내가 죽기 전 떠올리는 마지막 생각은 아마도 이것일거다. '왜 나는 내게 주어진 그토록 많은 날들을 당연하게 여기고 흘려보냈을까?'

만약 기회가 된다면 워런의 전시에 한 번쯤 들러보길 권한다. 그것은 영혼이 충만해지는 경험이다. 그 엽서들이 품고 있는 사연은 개인적인 것들이지만 더 깊은 차원에서 보면 이 고백 공동체는 우리 모두의 관계가 어떻게 서로 이어져 있는지를 보여준다. 때로는 놀랍고도 섬뜩한 이야기들도 있지만 말이다. 그들을 통해 이야기하는 목소리들은 우리 스스로의 비밀을 돌아보는 기회를 갖게 해줄 뿐더러 우리가 혼자가 아님을 깨닫게 해준다.

(만약 당신도 프랭크 워런의 프로젝트에 동참하고 싶다면, 직접 엽서를 만들어서 13345 Copper Ridge Rd.,Germantown, MD 20874 포스트 시크릿 담당자 앞으로 보내면 된다.)

가장 최근에 펴낸 포스트 시크릿 책에서 워런은 이렇게 썼다. "이 프로젝트를 하면서 나는 예술이 우리에게, 새로운 혀와 같은 존재라는 사실을 알게 되었다. 지금껏 말하기 불가능했던 것들을 예술을 통해 이야기할 수 있기 때문이다. 그리고 그 이야기에 귀를 기울여보면, 우리는 언제나 영혼의 여행을 하고 있는 중이라는 사실을 알게 된다. 우리가 길을 잃었다고 느끼는 바로 그 순간에도."

죽도록 재미있게 살고 있는가?

나는 자주 이야기한다. 현명한 투자자가 되는 첫걸음은 아주 간단하다고. 텔레비전을 끄면 된다. CNBC―미국의 경제뉴스 전문채널―를 꺼라. 그리고 수많은 경쟁 채널들도 꺼버려라. 그것들은 우리를 더 멍청하게 하고 더 궁핍하게 만들 뿐이다.

내가 이렇게 말할 때마다 많은 사람들이 놀란다. 경제 관련 채널들은 훌륭한 이력을 갖춘 전문가들과, 권위 있는 기관 소속의, 인상적인 직함을 갖고 있는 사람들의 의견을 제공하고 있기 때문이다. 그 전문가들은 대부분 박사 학위를 갖고 있고, 수년에 걸친 시장 경험을 갖고 있고, 어마어마한 돈을 굴리고 있는 사람들이다. 그들은 멋져 보이고 명석하게 보인다. 그들은 영감이 번득이는 의견들을 갖고 있으며 혀끝으로 무수한 투자 비법들을 경쾌하게 쏟아낸다. 그런 사람들 말을 듣는 게 왜 나쁘다는 것일까?

그 이유는 그 투자 쇼들의 배후에 우리가 모르는 음모―물론 광고를 팔기 위해 존재하는―가 숨어 있기 때문이다. 그 음모란 투자자들이 쉴 새 없이 새로운 정보에 이리저리 휘둘려야만 한다는 것이다.

■ "오늘 매도 물량이 쏟아져 나오고 있습니다. 지금 투자자들은 어떻게 대응해

야 할까요?"
- "미국연방준비은행제도Fed가 금리를 0.25포인트 인상했습니다. 지금 투자자들은 어떻게 대응해야 할까요?"
- "지난 사사분기에 GDP 성장률이 2.8퍼센트 하락했습니다. 지금 투자자들은 어떻게 대응해야 할까요?"

방송사들은 낙관론을 펼치는 분석가 한 명과 비관론을 펼치는 분석가 한 명을 초청하여 혀끝으로 결투를 시킨다. 주식, 채권, 통화, 실물, 금리, 그리고 경제에 관하여. 그들이 한 몇 분 떠들고 나면 화면을 끊고 광고를 내보낸다. 그리고 아까 그 두 사람이 다시 나와서 좀 더 떠든다. 이것들은 날이면 날마다, 달이면 달마다, 올해도 내년에도 반복된다.

2009년 주식시장이 바닥으로 떨어졌을 때, 나는 한 친구와 테니스를 치고 있었다. 그는 주식시장의 배반에 적잖이 분노를 느끼고 있었다.

"내 말 좀 들어봐." 그는 완전히 질렸다는 투로 말했다.

"진짜 CNBC를 꺼버리고 내가 갖고 있는 주식을 몽땅 팔아치우면 후련할 것 같아."

"다른 방법이 있어." 내가 말하자 그는 눈을 반짝였다.

"그게 뭔데?"

"그냥 텔레비전을 끄는 거야."

왜 그토록 똑똑하고, 재능 있고, 교육받은 사람들이 그 수많은 시간을 멍하니 바보상자 앞에서 흘려보낼까?

그들은 한마디로 답할 것이다. "재미있으니까." 하지만 정말로 그게 그렇게 재미있는 일일까? 텔레비전을 보지 않았다면 그 시간에 우리가 했을 많은 일들보다 텔레비전을 보는 것이 정말로 더 즐거울까? 이 질문에 헷갈린다면 구체적으로 예를 한 번 들어보자. 당신은 다음과 같이 중얼거린 적이 없는지 체크해보기를 바란다.

- 세상에. 정말 운동 좀 해야 되겠어. 그런데 〈스타와 저녁을〉 프로그램이 10분 뒤에 시작되잖아? (당신은 아마도 운동 대신 그 프로그램을 보고 있을 것이다.)

- 딸에게 체스게임을 가르쳐주기로 약속했는데……. 역시 〈사인필드 리턴즈〉는 재미있단 말이야.

- 오늘은 꼭 할머니 댁을 방문해야 하는데……. 하지만 결승 경기를 놓칠 수는 없잖아!

- 스스로에게 올해에는 꼭 피아노를 배우겠다고 약속했는데…… 하지만 이건 〈아메리칸 아이돌〉 최종회야.

- 정원을 정말 잘 가꾸고 싶어. 하지만 드라마들을 포기할 순 없어.

우리는 수많은 자기합리화 도구들을 갖고 있다. 텔레비전 비판론자들이 거의 대부분의 프로그램들이 정신없는 쓰레기라고 말한다면 당신은 이렇게 반박할 것이다. 교육방송과 히스토리 채널, 디스커버리, 아니면 내셔널 지오그래픽을 보라고. 마치 당신이 그런 것들만 시청하는 사람인 양 말이다.

백 번 양보해서 그렇다 쳐도, 텔레비전 프로그램을 시청하는 이상 좋든 싫든 일주일에 몇 시간 동안은 광고를 시청하며 보낼 수밖에 없다는 점을 지적하면 이렇게 받아치겠지. 당신은 DVR로 프로그램을 녹화해서 광고부분은 빠르게 돌려보니까 괜찮다고.

녹화해서 보면 결과적으로 더 많은 텔레비전 프로그램을 시청하게 될 뿐이라고 말해주면, 당신은 드디어 항상 쓰는 비장의 카드를 던질 것이다. "당신 일이나 신경 써요!"

좋다, 우리는 성인이다. 뭘 하든 그것은 당신의 인생이다. 당신이 하고 싶은 걸 하며 당신의 시간을 쓸 수 있다. 그러나 〈사우스 파크South Park〉와 〈그레이 아나토미Grey Anatomy〉의 틈바구니에 낀 당신의 삶이 어떤 몰골인지 돌아본 적이 있는가?

지난 주, 저널리스트 데이비드 립스키David Lipsky가 작가 데이비드 포스터 월러스David Foster Wallace와 나눈 대화를 책으로 묶어 낸 것을 읽었다. 데이비드는 젊고 재능 넘치는 작가로, 그가 쓴 『영원한 농담Infinite Jest』은 〈타임〉지가 선정한 '시대를 통틀어 최고의 소설 100권'에 꼽힌다. (그는 오랫동안 우울증에 시달렸고 2008년, 불행히도 자살로 생을 마감하고 말았다. 그의 죽음은 가족들과 친구들은 물론, 현대 소설에도 크나큰 손실이었다.)

한 인터뷰에서 데이비드는 이렇게 말했다. "텔레비전 앞에 멍하니 대여섯 시간을 앉아 있다 보면, 왠지 우울해지고 공허해진다. 그런데 왜 그런지 이유를 모르겠다. 만약에 사탕을 대여섯 시간 동안 계속 빨고 있었다면 내가 왜 속이 메슥거리는지 분명히 알았을 텐데…… 텔레비전을 오랫동안 보다가 공허해져버리는 이유 중의 하나는 그것이 '비현실적인 관계'를 조장하기 때문이 아닐까? 분명 누군가가 내 방에서 이야기도 하고 나를 즐겁게도 해주는데, 그 대가로 나는 아무것도 할 필요가 없다. 나는 아무런 감정적, 물질적 보답도 하지 않은 채 (성의 없이 건성건성 봐도 텔레비전은 서운해 하지 않는다.) 그저 그 즐거움과 자극을 일방적으로 받기만 하는 것이다. 그것은 분명 굉장히 편리한 조건이긴 하지만 어딘가 이상하지 않은가."

바로 그렇다. 텔레비전 프로그램이 아무리 훌륭하고 교훈적이라 해도, 그리고 당신이 아무리 빨리 광고부분을 돌려버린다 해도, 당신이 텔레비전 앞에서 보내는 시간은 당신의 인생을 위해 달리는 시간이 아니다. 그건 그냥 다른 사람의 인생에 반응하고 있는 시간일 뿐이다.

만약 당신이 외로운 독거노인이라면, 아니면 이런저런 이유로 인해 집에 꼼짝 않고 있을 수밖에 없는 사람이라면 또 다른 문제이다. 하지만 우리 대부분은 그런 상황이 아니다.

25년 전, 닐 포스트먼Neil Postman은 그의 책『죽도록 재밌게 살기Amusing Ourselves to Death』(1985)에서 '텔레비전 안에서 연애를 경험하는 것'의 위험에 관해 경고했다.

그 책—정치, 경제, 종교 그리고 과학에 걸친 신중한 토론들을 가벼운 오락패키지로 바꾸어버리는 텔레비전의 경박스러움을 탄식하는—에서 닐은 말한다. 텔레비전이 1984년 조지 오웰이 그렸던 디스토피아(유토피아의 반대어, 지옥)를 창조했다기보다는 차라리 올더스 헉슬리Aldous Huxley가 말했던 '멋진 신세계'를 만들어냈다고.

영혼을 황폐하게 하는 적들은 음흉하고 밉살맞은 얼굴로 다가오지 않는다. 그들은 미소 띤 상냥한 얼굴을 하고 있다. 헉슬리의 예언에 의하면, 빅

브라더Big Brother는 우리를 감시하지 않을 뿐더러, 그럴 마음도 없다. 다만 우리 스스로가 그의 모습을 만들어내고 그 허상에 의해 감시당하고 있을 뿐이다. 거기엔 보초병도, 철문도, 정의의 심판도 필요 없다. 대중들이 하찮은 것들에 정신을 팔고 있는 한, '문화적 삶'이란 것이 끊임없이 오락을 즐기는 것을 의미하는 한, 신중해야 할 공공 논의가 애들 말장난 수준에서 이루어지는 한, 한마디로 공공사업이 싸구려 쇼가 되고 대중이 그 관객이 되는 한, 그 나라는 머지 않아 위기에 봉착할 것이다.

그는 이렇게 결론짓는다. 텔레비전이 망할수록 우리는 흥할 것이라고.
A.C. 닐슨사의 조사에 의하면, 미국 가정의 99퍼센트가 텔레비전을 갖고 있다. 그중 3분의 2는 한 집에 3대 이상을 갖고 있다. 그 엄청난 수의 텔레비전들은 하루 평균 6시간 45분 동안 켜져 있다.

49퍼센트의 미국인들이 설문조사에서 스스로 텔레비전 앞에 너무 오래 앉아 있다고 답했다. '보통' 시청자들은 하루에 4시간 이상씩 텔레비전을 본다. 그 시간들을 합산해본다면 1년에 2달 동안 텔레비전을 보면서 지내는 셈이 된다. 65년 동안을 계산해본다면 무려 9년간 사람들은 바보상자에 딱 붙어서 지낸다.

텔레비전을 보는 데 들인 그 많은 시간에 비해서 얻는 것은 너무나 하잘것없다는 걸 당신도 이미 알고 있을 것이다. 텔레비전을 보느라고 당신이 잃어버린 것에 대해 생각해본 적 있는가?

게으름 예찬

미국인들은 노동, 의무, 근면, 자기희생을 신성시한다. 그러한 덕목들이 결여된 인간을 지칭하는 말들이 얼마나 많은지를 보면 그 사실은 더욱 분명해진다. 게으름뱅이, 빈둥거리는 인간, 책임회피자, 남을 등쳐먹고 사는 놈, 룸펜, 부랑자…….

어릴 때 우리는 게으른 손이야말로 악마의 도구라고 배웠다. 게으름은 나태함과 동의어이거나 심지어 더 나쁜 뜻이었다. 그런데 그렇게 생각하지 않는 문화도 있다. 예를 들어 일본은 고도로 의식화된 다도 의례를 갖고 있다. 영국인들 중 일부는 아직도 오후의 티타임을 갖는다. 오이 샌드위치에 곁들여 얼 그레이 티를 마시면서 긴장을 푸는, 30분간의 게으름을 부리는 것이다. 멕시코 사람들은 차 마시는 수고 따위도 마다하고 그냥 낮잠(시에스타)을 잔다. (스페인 속담이 말하듯 "아무것도 안하고 쉬는 것은 얼마나 아름다운가!")

성공한 삶이란, 얼마나 성취했느냐를 이야기하는 것만은 아닐 것이다. 일하고 애쓰는 데 너무 많은 시간을 쏟는다면 우리는 문화적으로 굶주리게 되고 영혼이 가난해진다. 우리는 여가 생활을 어떻게 아름답게 가꿀지, 그것을 이용해서 어떻게 더 우아하고 지적인 휴식을 누릴 수 있을지를 궁리해야 한다.

게으름의 시절을 거치지 않고서는 진정 풍요로운 삶이 완성되지 않는다. 게으름은 고상하게 시간을 보내는 좋은 방법이 되어주기도 한다. 문화라는 것 자체가 남는 시간을 보내기 위해 생겨났다는 점을 기억하기 바란다. 게으름은 우리를 명상하게 하고, 창조력을 꽃피우고, 발명에 불을 붙인다. 그 게으름의 에너지들이 녹아서 문학이 되고, 시가 되며, 음악, 철학, 그리고 예술이 된다.

게으를 수 있다는 것은 우리가 자유로운 인간의 신분이라는 것의 증거이다. 그것은 자유의 표상이다. 진정한 게으름은 아무것도 안 하는 것이 아니라 무엇이든 원하는 것을 할 수 있는 자유를 의미한다.

느긋한 시간은 에너지 충전을 위해서도 꼭 필요하다. 우리의 머릿속을 비워주고 힘을 준다. 그런 시간이 없다면 집중력이 약해지고 면역체계가 스트레스를 받게 되며, 추리력도 떨어진다. 우리는 피곤을 느끼고 신경질적이 된다.

하지만 오늘날 우리 사회에서 '빈둥거리기'는 아주 어려운 일이 되었다. 가족들은 당신을 들들 볶을 것이다. 동료들은 당신에게 동기부여를 해주려 애쓸 것이다. 시내에서 근사하게 한 잔 하다가도 꼭 이렇게 말하면서 판을 깨는 친구가 있다. "미안하지만 나, 이제 정말 가봐야겠어. 내일 아침 일찍부터 중요한 안건을 처리해야 하거든."

아리스토텔레스가 말했듯이 '성스러운 게으름'이라는 것도 있다. "위대한 영혼을 가진 이는 욕망을 채우려는 세속적 일들로 경쟁하지 않는다. 그는 게으름을 피우며 천천히 움직인다."

마크 트웨인—그가 창조한 캐릭터 톰 소여와 허클베리 핀은 문학 사상 가장 잔꾀가 많은 게으름뱅이들이었다—은 이렇게 쓴 적이 있다. "나는 나보다 더 느리고 묵직한 인간들, 더 조용하고, 더 빈둥거리고, 더 게으른 인간들을 알고 있다. 그들은 죽은 자들이다."

행동하지 않기로 유명했던 로널드 레이건은 이렇게 말했다. " '죽도록 열심히 일한다고 설마 죽기야 하겠느냐'는 말이 맞을지도 모른다. 하지만 일을 안 하면 확실히 죽지 않을 수 있는데 왜 굳이 위험한 짓을 하는가?"

그렇지만 일단 한 번 물이 들어버린 이상, 칼뱅의 '근면노동' 주의에서 해방되기란 힘든 일이다. 자연스럽고도 복된 '아무것도 하지 않음'의 상태로 되돌아오기가 아주 어렵게 되어버린 것이다. 한마디로, 우리는 가만히 있으면 죄책감을 느끼게끔 세뇌되었다. 그러지 말아야 한다. 그것은 우리가 가진 성스러운 구역이다. 심지어 예수도 산상수훈에서 이렇게 말했다. "들에 핀 백합화를 보라, 그들은 수고하지 않으며, 물레로 실을 잣지 않는다. 하지만 솔로몬 왕의 입은 옷도 그 백합화 한 송이만 같지 못하였느니라."(마태복음 6장 28~29절)

히브리의 현자들은 이렇게 가르쳤다. 우리가 죽어서 천국에 가면 자신의 과거를 적어놓은 기록과 마주하게 된다. 그 기록에는 우리가 놓쳤던 진정한 행복의 순간들, 즐길 수 있었지만 그냥 흘려보냈던 수많은 기회들이 적혀 있다. 그리고 우리는 우리가 무시했던 그 모든 삶의 기쁨들에 대하여 일일이 참회해야만 한다.

허둥지둥 다급하게 사는 삶은 우리가 꿈꾸던 것이 아니다. 작은 느긋함조차 살 수 없다면 왜 돈을 버는가? 살아가는 가장 큰 목적은 그것을 최대한 즐기는 데 있다.

윈스턴 처칠은 그 사실을 이해하고 있었다. 영국 역사학자 폴 존슨Paul Johnson은 1946년, 그가 아직 소년이었을 때 이 영국 수상을 만났던 경험을 이렇게 기억한다.

> 그는 내게 그가 시가에 불을 붙일 때 쓰곤 하던 커다란 성냥개비 하나를

주었다. 거기에 용기를 얻은 내가 그에게 물었다. "존경하는 윈스턴 처칠 수상님, 인생에서 성공을 하신 비결이 무엇인가요?" 그는 망설이지 않고 대답했다. "노력을 아끼는 것이지. 나는 앉을 수 있을 땐 절대 서 있지 않고, 누워 있을 수 있을 땐 절대 앉지 않는단다."

이 말을 남기고 수상은 그의 리무진 뒷좌석에 몸을 푹 파묻었다.

'새 것'에만 열광하는 당신에게

당신이 오늘자 신문의 문화면을 펼친다고 가정해보자. 그리고 음악 평론가들이 한 뛰어난 신인 음악가에게 거의 넋이 나가서 쓴 칼럼을 읽게 된다고 생각해보자. 그들은 그 음악가가 인간의 가장 깊고 심오한 감성을 표현할 뿐만 아니라 음악 세계에서 도달할 수 있는 가장 높은 아름다움의 정점을 찍고 있다고 격찬한다. 이쯤 되면 그 천재의 음악을 한번 들어보고 싶지 않겠는가?

아니면 믿을 만한 소식통으로부터 새로 등단한 작가의 이야기를 듣는다고 가정해보자. 그 작가는 지금껏 본 적 없는 독창성과 이해력을 가지고 이야기를 풀어나가며, 캐릭터의 묘사는 소름끼칠 정도로 치밀하고, 인간이란 무엇인가에 대해 가감 없이 보여준다고 말이다. 이 말을 들으면 그 작품을 읽어 보고 싶어 견딜 수 없게 되지 않겠는가?

다행인 것은, 위에 예로 든 예술가들이 가상의 인물들이 아니라는 점이다. 그들은 실제로 존재하며, 우리가 그들의 작품을 더 많이 접할수록 더 많을 것을 얻을 수 있다.

하지만 불행히도, 예로 든 것처럼 당신을 그 음악가와 작가에게로 혹하게 끌어당길만한 소식통이 없다. 그들은 추켜세워줄 비평가들도 없고 요란스런 매스컴의 보도도 없다. 그들은 홍보대행사도, 그들을 홍보해줄 마케팅 회사도 갖고 있지 않다. 그리고 그들의 작품을 감상하는 인구는 잘 팔리는 상업적 아티스트에 비해 형편없이 적다.

어떻게 이런 일이 있을 수 있을까? 왜냐하면 내가 거짓말을 하나 했기 때문이다. '그들'은 새로 떠오르는 아티스트가 아니다. 그들의 이름은 모차르트와 셰익스피어이다.

실망했는가? 하지만 그럴 필요 없다. 만약 당신이 그들이 남긴 최고의 작품들을 감상할 기회가 없었다면 그들은 아직 당신에게 '신인 아티스트'이니까. 하지만 어떠한 홍보대행사도, 마케팅 회사도, 레코드 회사도 그들을 당신에게 소개하는 데 그다지 흥미가 없다.

너무나 애석한 일이다. 이 지구상에 살고 있는 수천수만 명의 인구 중에, 오로지 몇천 명만이 위대한 예술의 경지에 오른다. 그중에서도 몇 명만이 진정으로 굉장한 무언가를 창조해내고, 또 그중에 손으로 꼽을 만한 이들만이 인류 역사상 정점을 찍는 천재적 작품을 남긴다.

예를 들어, 음악에서는 모차르트가 베토벤, 바흐, 헨델, 하이든과 함께 그 영광의 빛 속에 이름을 올렸다. 서양화 부문에서는 미켈란젤로, 피카소, 라파엘로, 다빈치, 그리고 렘브란트가 최고봉에 올랐다. 문학사에서는 셰익스피어—문학의 모든 부문을 석권한—를 비롯해 괴테, 단테, 베르길리우스, 그리고 호머가 기억된다.

사람들은 세계 어디에 살고 있건—역사상 모든 시대에 걸쳐—이러한 개인들이 성취한 업적으로 즐거움을 얻고, 깨달음을 얻고, 경이로운 경험을 누려왔다. 그들의 작품을 조금이라도 접하는 것은 예술 교육의 증표와도 같았다. 하지만 일단 정규교육이 끝나면 그 작품들에 대한 우리의 관심도 막을 내려버린다. 그 대신, 우리는 관심의 지표를 현대 문화에 돌리고 무엇이 '핫'한지, 무엇이 떠들어댈 가치가 있는지에 집중한다. 미디어가 부르는 사이렌의 노랫소리에 홀린 뱃사람들처럼.

현대 예술과 오락을 폄하할 의도는 없다. 나는 옆집 남자 못지않게 그것들을 즐기며 그것에 관해 자기주장도 확실한 편이다. 예를 들어, 누군가가 롤링스톤스의 〈겟 예 야 야스 아웃Get Yer Ya-Ya's Out〉이 로큰롤 역사상 최고의 앨범이 아니라고 말한다면 나는 결투도 불사할 각오가 되어 있다.

하지만 나는 지금 좀 더 높은 차원의 것을 이야기하고 있는 것이다. 후세들에 의해서 정말로 위대하다는 평가를 받는 작품들은 극소수에 불과하다. 이것들을 즐긴다고 해서 당신이 고상한 척하는 속물이 되는 것은 아니다. '영원히 가치 있는' 것들은 결코 당신에게 강요되지 않는다는 사실을 알아야 한다.

과학과 기술은 시대의 흐름에 따라 꾸준히 점진적으로 발전해나간다. 하지만 예술은 그렇지 않다. 오늘날 누구도 셰익스피어 같은 작품을 쓰지 못하며, 바흐와 같은 음악을 작곡하지 못하고, 타이탄Titan만한 그림을 그리지 못한다. 세상에는 재능 있는 예술가들로 넘쳐난다. 하지만 쇼펜하우어가 말했듯이, 재능이란 그 아닌 누구도 맞힐 수 없는 목표물을 맞히는 능력을 말하며, 천재란 그 아닌 누구도 볼 수 없는 목표물을 맞히는 이를 말한다.

우리가 성인으로 지내는 시기는 몇십 년에 불과하다. 그동안 가장 위대한 음악과 그림과 문학을 접해보는 것은 가치 있는 일 아닐까? 특히 고전문학은 시인 매튜 아놀드Matthew Arnold가 이야기했듯이 '세상의 생각과 지혜의 정수'이다.

그 작품들을 접하는 방법은 더할 나위 없이 쉽다. 동네 도서관에만 가도 거의 모든 고전 명작들을 대기 순번을 기다릴 필요도 없이 빌릴 수 있다. 만약 어디서부터 시작해야 할지 모르겠다면『신 평생독서 계획The New Lifetime Reading Plan』같은 가이드북을 참고해도 좋다. 그리고 대부분의 작품들은 공짜로 다운로드 받아 읽을 수도 있다. 그리고 단돈 몇 달러만 지불하면, 세계 최고의 음악들을—세계 최고의 심포니 오케스트라의 연주로—최고 품질 디지털 녹음 파일로 제공받아 감상할 수 있다. 대도시 어디를 가든 가장 위대한 그림과 조각들을 감상할 수 있는 미술관이 있다. 그 작품들은 역사상 가장 부유했던 사람들이라 할지라도 소장하지 못했던 귀중품들이다.

우리 모두는 삶이 줄 수 있는 최상의 것을 경험하고 싶어 한다. 하지만 우리들 중 극소수만이 최상급 프랑스 와인이나 최고급 이태리 스포츠카, 아니면 태평양의 낙원에서 보내는 삶을 누릴 수가 있다. (그렇다고 해서 그것들이 우리 삶의 질을 크게 바꿔놓는 것은 아니지만.) 하지만 서양인들 중 인류가 상상할 수 있는 최상의 예술작품을 감상하지 못할 만큼 가난한 이는 많지 않다.

에밀리 디킨슨은 책에 관해 말했지만, 그녀의 이 말은 다른 모든 장르의 예술에도 통용될 것이다.

책만 한 범선은 없다.

우리를 멀리까지 데려다주는.

책만 한 사냥개도 없다.

날뛰는 시어들의 페이지를 넘기다보면.

아무리 가난한 이라도 이 여행을 할 수 있다.

아무런 통행세도 없이.

인간의 영혼을 싣고 달리는 마차는

이 얼마나 소박한가!

이 '독립적인 인간'을 기억하라

휴가 기간 동안, 나는 친구들과 이웃들을 초대해서 디너파티를 열었다. 그리고 몇몇 손님들이 내가 벽난로 위에 걸어둔 그림에 관해 질문을 했다.

그것은 캔버스에 유화로 그린 것으로, 에마누엘 로이체Emanuel Leutze의 유명한 1851년 작품의 복제품이었다. 그것은 워싱턴이 델라웨어Delaware 강을 가로지르는 장면을 묘사하고 있었다. 배워서 기억하겠지만 그것은 1776년 크리스마스, 그가 헤스Hess 병력에 맞서 최초의 공격을 성공시키는 장면이었다.

분명 꽤 인상적인 그림이기는 하다. 그런데 그 속에는 역사적으로 수상쩍은 부분이 몇 군데 있다. 먼저, 그가 델라웨어를 가로지른 것은 한밤중이었다. 그 당시의 사정이야 어땠든 예술적 견지에서 봤을 땐 그다지 바람직한 배경이 아니었다. 그래서 그림 속의 국기는 깜깜한 밤인데도 특유의 '별들과 가로줄무늬'를 대낮처럼 선명하게 내보이며 펄럭이고 있다. 그리고 미안하지만 그 당시엔 아직 그런 국기가 존재하지도 않았다. 그려져 있는 배들도 사실과 다르다. 당시의 배들은 선체의 옆 부분이 더 높고 컸었다. 그때 사람들은 그림에서처럼 말을 몰고 가지 않았었다. 그리고 추적추적 비까지 왔었다. 워싱턴은 그 순간 그림에서처럼 서 있지도 않았으며 맹세컨대 그렇게 영웅적 패션을 두루 갖추어 입고 공격하지도 않았다. 오늘날 '워싱턴 크로싱'으로 불리는 델라웨어는 그림 속에 그려진 것보다 훨씬 좁은 강이다. 그리고 그 강 위에는 그림에서처럼 거대한 얼음덩어리들이 가득 떠 있지도 않았다. 그리고 결정적으로, 워싱턴과 그의 부하들은 틀린 방향을 향해 진군하고 있다.

이러한 미심쩍은 부분들을 보고 키득거리면서, 한 이웃이 내게 왜 그 엉터리 그림을 벽난로 위에 걸어두냐고 물었다. 좋은 질문이었다. 이 이야기는 해도 해도 질리지가 않는다.

조지 워싱턴은 버지니아에서 가장 부유한 사람이었다. (그리고 그 당시의 모든 농장주들과 마찬가지로 노예들을 소유하고 있었다.) 혁명 지도자가 그들의 목숨과 재산과 신성한 명예를 걸고 무언가를 선언할 때는, 그저 듣기 좋으라고 하는 소리가 아니었다. 그것은 반역이었다. 만약 왕의 군사들에게 잡히면 교수형에 처해질 것이라는 것도 알고 있었다. 그러나 워싱턴은 그의 안락하고 귀족적인 삶을 떠나, 변변히 훈련도 받지 못하고 의복도 형편없고, 영양 부족으로 허약한 병사들을 이끌고 영국 국왕의 무장군인들과 맞서 싸웠다. 그리고 나라의 독립을 이룩했다.

하지만 이것이 내가 그 그림을 소장하고 있는 이유는 아니다.

워싱턴은 만장일치로 초대 대통령으로 추대되었으며 두 번을 연임했다. 1787년, 그는 미국헌법 위원회를 주재했다. 헌법에는 대통령 자신의 권력을 제한하는 내용뿐만 아니라 자유로운 인간에 대한 모범을 제시하는 내용이 포함되어 있었다. 많은 역사학자들이 워싱턴을 '독립적인 인간'으로 기억한다. 국가 건설의 핵심인물이자 역대 가장 위대한 대통령 중 한 사람으로 말이다.

하지만 그것 또한 내가 그 그림에게 벽난로 윗자리를 내준 이유가 아니다.

워싱턴의 진정 위대한 점이자 그를 세계적으로 유명한 인물로 만든 행동은, 전쟁이 끝난 뒤 그가 지휘관의 자리에서 물러난 것이다.

평화 협정에 사인한 뒤, 그리고 영국이 미국의 독립을 인정한 뒤, 워싱턴은 유유히 모든 권력을 국회에 반납하고 버넌Vernon 산에 있는 그의 농장으로 은퇴함으로써 전 세계를 놀라움에 빠뜨렸다.

역사상 그것은 전무후무한 일이었다. 율리우스 시저, 알렉산더 대왕, 나폴레옹, 그 밖에 다른 지도자들의 경우를 기억해보기 바란다. 정복자들은 언제나 그들이 쟁취한 업적에 상응하는 정치적, 물질적 보상을 누렸다. 그리고 그들이 소유한 권력을 포기하기는커녕, 더 많은 것을 손에 넣기 위해서 애썼다.

하지만 워싱턴은 아무것도 취하지 않았고, 아무것도 요구하지 않았다. 이것은 분명 우리가 알고 있는 세상이 돌아가는 방식과는 큰 차이가 있다.

토머스 제퍼슨이 1784년 이렇게 말한 것은 전혀 과장이 아니다. "한 사람의 중용과 도덕이 미국 혁명을 열린 혁명으로 이끌었다. 대부분의 다른 혁명들이 애초에 목표로 했던 자유를 결국 파괴하는 것으로 끝났던 것과는 달랐다."

워싱턴이 자발적으로 그의 권력을 반납한 것에 대해서—그가 아무것도 요구하지 않고 대통령직을 사임할 때에도—그리고 멀리 여행을 떠난 것에 대해 뉴스 보도가 나가자 전 세계 사람들은 또 한 번 들썩거렸다.

영국의 조지 3세가 가장 그 사실을 믿기 힘들어했다. 워싱턴—자신의 모든 것을 걸었고, 많은 고통을 겪었고, 세계에서 가장 강력한 군대에 맞서 싸웠던 사람—이 자신의 국가를 국민들에게 헌납하고 버넌 산으로 들어갔다는 소식을 접하자 그는 말했다. "만약 그것이 사실이라면, 그는 지금껏 생존했던 중 최고의 인간이라 할 것이다."

바로 이런 이유로 그의 그림이 내 벽난로 위를 장식하고 있는 것이다.

4,500피트 상공의 예배당

나는 방금 코스타리카의 포시즌 리조트에서 열린 투자 설명회를 마치고 돌아온 참이다. 그 설명회가 열리기 전, 우리는 니카라과Nicaragua의 태평양 연안에 위치한 아고라의 아름다운 란초 산타나Rancho Santana를 둘러보는 개발 부동산 탐방을 했다.

우리들 중 소수가 그룹을 이뤄서 오메테페Ometepe 니카라과 호수(중앙아메리카에서 가장 큰 호수로, 희귀한 민물상어들이 샌 주안 강의 물살을 거슬러 연어처럼 솟구쳐 헤엄쳐 돌아오는 곳에서 솟아오른 두 개의 화산에 의해 형성된 섬)에 있는 토토코Totoco 에코로지로 여행할 때였다.

에코로지가 무슨 뜻인지 아는가? 우선 분명히 말할 수 있는 건 그게 벽으로 둘러싸인 네모반듯한 방이 아니라는 점이다. 첫날 밤, 나는 툭 터진 방—문도 없고 창문도 없다—에서 간이 침대 위에 모기장을 치고 잤다. 하나같이 지독히도 코를 골아대는 열두 명의 용감한 다른 여행자들과 한 방에서 말이다.

우리는 자연보호구역의 한가운데에 있었다. 그리고 오메테페는 수백 마리가 넘는 짖는 원숭이—코끼리 바다사자가 다른 짐승에게 물어 뜯겼을 때 지르는 비명소리 같이 무시무시한 소리로 우는 조그만 포유동물—들의 서식지였다. 그 원숭이들은 동틀녘에 가장 시끄럽게 울어댔다. 그때는 니카라과가 가장 강렬한 아름다움을 뽐내는 시간이었다. 침대에 누워 그들이 짖는 소리를 듣고 있으면—달리 방도가 없으니까—아마도 숲 속 가득 사자와 호랑이들이 우짖는다고 믿어 의심치 않을 것이다. 하지만 그 원숭이들은 우리에게 잊을 수 없는 경험을 선사해주었다.

그곳에서 보냈던 첫날, 근처의 마데라스Maderas 화산으로 하이킹을 갔다가 돌아온 사람들이 완전히 진흙투성이가 되어온 것을 보며 우리는 웃어댔다. "세상에, 얼마나 덤벙거리고 걸으면 그 꼴이 되는 거야?"

그땐 아직 우리가 무슨 소리를 하고 있는지 몰랐었다.

일요일 아침 일찍, 니카라과의 지역 가이드 한 명과 우리 일행 다섯 명은 해발 4,500미터에 달하는 화산 등정—왕복 9시간에 걸친—을 용감하게 시작했다. 마데라스는 휴화산이다. 13세기 이후로 한 번도 분출한 적이 없다. 하지만 바로 그 옆에서 험상궂게 연기를 뿜고 있는 콘셉시온Concepcion 화산은 작년에 격렬하게 분출했었다.

우리의 하이킹은 처음엔 목가적으로 시작했다. 열대우림을 가로지르며 우리는 커피, 바나나, 카카오 나무들을 스쳐지나갔다. 덤불은 이국적인 꽃들과 나비들, 긴꼬리 벌새들, 알록달록한 앵무새들로 가득했다. 우리는 흰 얼굴의 짖는 원숭이 떼들도 스쳐지나갔다. 그리고 고대의 암석들—기원전 300년 전부터 살았던 토착 인디언들의 문양이 남아 있는—을 발견하고 탄성을 질렀다.

몇 마일 위로 올라가자, 구름이 숲을 이룬 지역이 나타났고 먼지 일던 길들이 질척질척한 진흙과 점토 길로 바뀌었다. 우리가 앞으로 나갈 수 있는 유일한 방법은 바위 모퉁이나 나뭇가지를 잡고 몸을 질질 끄는 것뿐이었다. 우리는 최소한 한 번씩 엉덩방아를 찧었고, 머지않아 비명소리와 신음소리는 웃음소리로 바뀌었다. 우리의 옷과 신발은 엉망진창이 되었지만, 우리는 어쨌든 앞으로 나갔다.

위로 올라갔다가 내려오던 등산객들은 우리에게 꼭대기에서 바라보는 풍경이 얼마나 아름다운지, 칼데라의 중앙에 위치한 석호는 얼마나 기가 막힌지 노래하듯 이야기해주었다. "너무 추워서 그 물속에서 헤엄치지 못한 게 한이지요." 그들은 말했다.

미안하지만 우리는 그곳에 도착한 뒤 기어이 수영을 하고야 말았다.

내 친구이자 동료인 데이비드가 가장 먼저 그 지저분한 진흙탕 물속에 발을 담갔다. 첫 발에 그의 무릎까지 잠겼다. 그다음으로 발을 내딛자 금세 허벅지 위쪽까지 잠겼지만 그는 계속 앞으로 나아갔다. 오래지 않아, 다른 이들도 그를 따라 첨벙첨벙 뛰어들었다.

그들이 소리를 지르며 손을 흔드는 것을 바라보며 나는 곧 나도 그 얼어붙은 물과 상상을 초월하게 더러운 호수 바닥을 몸으로 체험하게 될 것이란 사실을 받아들여야만 했다. (참고로 나는 맑은 호수가 있는 마을에서 헤엄치며 자란 사람이다.)

더 이상 망가질 게 없다는 생각이 들자, 내 친구들은 망나니처럼 날뛰며 십대들처럼 설치기 시작했다. 그때의 사진들을 보면 아무도 믿지 않겠지만, 우린 그날 오후 술 한 방울도 마시지 않은 맨 정신이었다.

마침내 몸을 씻고 타월로 말린 뒤, 우리는 간단한 치킨 샐러드 샌드위치를 만들어 먹고는 해안을 따라 다시 올라가기 시작했다.

정상에서 바라본 풍경―열대 우림을 가로지르며 높이 솟은 콘셉시온 화산 너머 니카라과 호수의 푸른 물 위로 펼쳐진―은 한마디로 장관이었다.

"오, 오!" 한 친구가 탄성을 질렀다. "정말 기가 막히군!"

"굉장한 날이야!" 다른 한 친구가 외쳤다.

"인생은 정말 멋져!" 세 번째 감상이 터져 나왔다. 나머지 다섯 명은 그 말에 깊이 동감했다.

아침 일찍부터 트래킹을 했기 때문에 그땐 겨우 정오 무렵이었다. 데이비드는 그의 손목시계를 들여다보더니 말했다. "지금쯤 우리 형은 교회에 가 있겠군." 그러고 나서 그는 눈을 들어 수평선 멀리로 시선을 던지며 다시 말했다. "지금 나도 예배를 보고 있어."

아는 것과 믿는 것

인생의 깨달음을 주는 사상가들의 한마디

몇 년 전, 나는 한 친구와 함께 그랜드 캐니언에서 하이킹을 하다가 머리 위에서 매 한 마리가 빙빙 맴돌고 있는 것을 목격했다.

"와!" 나는 실눈을 뜨면서 말했다. "저렇게 높이서 보는 광경은 얼마나 멋질지 상상이나 돼?"

"저 매는 그 광경을 못 보니 탈이지." 친구가 말을 받았다.

"그게 무슨 소리야?" 내가 물었다.

"매의 눈은 레이저 광선처럼 움직이는 물체에 집중되어 있어. 쥐, 뱀, 생쥐 같은 것들 말이야. 그래야 다음 한끼를 해결할 수 있으니까. 물론 저 매는 틀림없이 세상에서 최고의 경치를 감상할 수 있는 위치에 있어. 하지만 그는 결코 그걸 누리지 않아."

그의 말을 듣고보니 우리 인간들도 그 매와 크게 다를 바 없다는 생각이 들었다. 노동에 코를 박은 채 고개를 푹 숙이고 있으면 큰 그림을 볼 수가 없다. 우리는 다음 한끼를 걱정하느라고 우리를 둘러싼 경이로운 풍경들을 바라보지 않는다. 완전히 깨어 있지 않은 것이다.

나는 사상에 대한 열정으로 이 글들을 썼다. 나는 어떤 것이 진실이고, 어떤 것들이 유익한지 알고 싶다. 정치, 경제, 과학에 대한 여러 사상들에도 흥미를 갖고 있지만, 내가 가장 중요하게 생각하는 것은 '어떻게 살아야 하는가'에 관한 생각들이다.

물론 도서관에 가면 그 답을 알고 있는 척하는 수많은 책들이 꽂혀 있다. 그러나 도대체 어디서부터 시작해야 할까? 누구의 말을 믿어야 할까? 그리고 누가 옳은지 어떻게 알 수 있을까?

이 질문에 답하기 위해서는 평생을 써도 모자랄지 모른다. 하지만 내 이야기를 하자면, 나는 믿을 만한 증거와 이론이 뒷받침되지 않은 주장들은 받아들이지 않는 편이다. 만약 이 두 가지 조건을 만족시키지 않는 사상에 대해선 나는 기꺼이 "정말로 저는 잘 모르겠습니다"라고 말할 용의가 있다.

붓다가 한 유명한 말이 있다.

"귀로 들었다고 해서 아무 말이나 믿어서는 안 된다. 오래전부터 전해져 내려오는 말이라고 해서 전통을 무턱대고 믿어서도 안 된다. 많은 사람들이 그렇게 말한다고 해서 믿어서도 안 된다. 종교적인 교서에 쓰인 말이라 해서 믿어서는 안 된다. 스승이나 연장자가 권위 있게 하는 말이라 해서 믿을 것도 아니다. 충분히 관찰해보고 분석해본 뒤, 그것이 이치에 맞고 개인과 모두를 위해 합당한 일이라는 판단이 서면, 그때 그것을 받아들이고 그에 맞게 살아가라."

종교 창시자가 한 말로서는 예외적인 가르침이 아닐 수 없다. 그리고 그의 가르침은 역사상 많은 사상가들을 깨우쳤고 오늘날의 우리에게도 시사하는 바가 크다. 물론 지금은 그 당시로서는 상상도 할 수 없었던 문화와 기술의 발전을 이루었지만 그것과는 상관이 없다. 그때나 지금이나 인간은 기본적으로 똑같다. 우리는 여전히 똑같은 약점을 지니고 있으며 똑같은 유혹에 시달리고 있다.

그러나 위대한 이들의 사상은 우리를 일깨우고 영예롭게 한다. 그들은 수백만의 사람들이 우리가 처한 것과 같은 문제들—두려움, 절망, 좌절, 실패, 질병, 그리고 죽음—에 처해 있다고 일깨워준다. 우리들 대부분은 일하느라 너무 바빠서 그들의 이야기를 신중하게 들을 틈이 없을 뿐이다. 돈을 많이 벌기 위해서는 특정한 분야에서 전문인이 되기 위해 막대한 시간과 노력을 쏟아부어야 한다. 의사는 의학을 마스터해야 한다. 파일럿은 비행술을 터득해야 한다. 변호사는 법을 꿰뚫어야 한다.

전문직은 고사하고 평범한 분야의 발전 속도를 쫓아가기만 하기에도 시간이 빠듯하다. 경제적 문제는 때로 인생의 다른 방면에 있어서의 성공에도 영향을 미친다. 그리고 우리가 인생의 모든 중요한 교훈들을 어려운 방법—도전과 실패—을 통해 배우고자 한다면 불필요하게 많은 고통을 겪어야 할 것이다. 더 운이 나쁘다면 우리가 무엇을 배워야 하는지 미처 깨닫기도 전에 인생의 마지막 순간을 맞게 될 지도 모른다.

여기, 나를 일깨워주었던 사람들과 그들의 사상 몇 가지를 소개한다. 단 한두 가지 사례라도 당신이 앞으로 나아가는 데 도움이 되기 바란다.

톨스토이의 숨겨진 책

러시아의 문호 레오 톨스토이는 역사를 통틀어 가장 위대한 소설가이다. 그가 쓴 두 편의 걸작 『전쟁과 평화』, 『안나 카레니나』는 사실주의 소설의 원형으로 알려져 있다.

여러 가지 의미에서, 톨스토이는 모든 것을 가진 사나이였다. 40대 중반의 그는 부자였고, 완벽하게 건강했고, 명성이 높았다. 그러나 그는 또한 절망감에 사로잡혀 있기도 했다. 세속적인 성공에도 불구하고, 톨스토이는 그의 인생이 무의미하다고 느꼈다. 무엇을 성취하건 간에 그는 스스로에게 물었다. "이것이 도대체 뭐란 말인가? 뭘 위해서 이것을 얻었단 말인가?"

시간이 흐르면서, 이러한 '혼돈의 순간'들은 모든 것을 날려버릴 수 있는 위험한 재앙으로 변했다. 그는 자살을 시도했다. 그러나 이러한 내면적 투쟁은 결국 톨스토이가 스스로 이룬 가장 위대한 업적으로 여기는 책, 『지혜의 달력 A Calendar of Wisdom』을 탄생시킨다.

자살을 시도한 지 15년 후, 톨스토이는 역사상 가장 위대하다 일컬어지는 이들의 글을 읽고, 탐구하고, 숙고하기 시작했다. 그의 독서 범위는 에픽테투스, 마르쿠스 아우렐리우스, 노자, 붓다, 파스칼, 쇼펜하우어, 『신약』을 아우르는 광대한 것이었다.

그는 우리에게 이렇게 묻는다. 매일 인류 역사상 가장 위대한 영혼들과 교감하는 것보다 더 귀중한 일이 어디에 있겠느냐고. 한 번 독서를 시작하면 몇 달 동안이나 그는 신문과 잡지를 멀리했다. 지혜가 담긴 문학 이외에는 다른 어떤 것도 읽지 않았다. 그는 일기에 이렇게 썼다. "나는 점점 더 우리 사회의 무지에 경악을 금치 못하게 되었다. 특히 도덕적, 문화적 무지는 심각하다. 우리의 교육은 선조들이 이루어 놓은 문화적 유산의 토대 위에서 이루어져야만 한다. 그들은 세상에서 가장 위대한 사상가들이었다."

그러나 오늘날 우리들은 그가 말한 정반대의 길을 걷고 있다. 대중매체는 우리를 매일같이 가슴 찢어지고, 비참하고, 냉소적인 감정으로 가득 채운다. 살기로 번득이는 눈을 가진 테러리스트들과 마약에 취한 유명 연예인들, 도덕적 위험에 처한 사업가, 그리고 변태적인 정치인들에 관한 뉴스에 우리는 지쳐버리고 만다.

마음에 생기를 불어넣고, 기분을 향상시키고, 고상한 마음이 들게 하는 생각들은 7월 오후에 마시는 한 잔의 시원한 물처럼 반갑다. 그리고 1912년 『지혜의 달력』을 출간함으로써 톨스토이는 그의 목표를 성취했다.

그의 책들은 러시아 혁명 이후 등장한 소비에트 정부에 의해 금서로 지정되었다. 그 책들이 영혼의 문제를 다루고 있고, 많은 부분에 종교적 내용이 인용되었다는 이유에서였다.

이번 주에 그의 글을 다시 읽으면서, 나는 한 가지 생각에 압도되었다. "우리는 이 삶에 잠시 동안만 머문다. 지식은 한정되어 있다. 그러므로 비평가적인 기질은 그다지 도움이 되지 않는다. 그보다 훨씬 중요한 것은 '어떻게 살 것인가'에 관한 지혜이다."

여기 톨스토이의 생각들을 간단하게 소개하고자 한다.

- 인생을 살아가는 방법에는 딱 두 가지가 있다. 죽음을 생각하지 않은 채 그냥 살아가는 것……. 그리고 삶의 매 시간 죽음에 다가가고 있다는 사실을 인식

하며 살아가는 것.

- 당신이 다른 인간들과 주위 상황에 대해 화를 내면 낼수록, 그리고 당신 스스로에게 만족하면 할수록, 당신은 지혜로부터 멀어진다.

- 스스로를 다른 이들과 비교하지 말라. 오로지 완벽과 비교하라.

- 지금 우리가 어디에 서 있는가 하는 것은 중요하지 않다. 다만, 우리가 어디로 향하고 있는가가 중요하다.

- 분노로부터 벗어나려고 걷거나, 움직이거나, 이야기하지 말라. 당신의 분노는 무엇으로도 정당화될 수 없다. 분노의 이유는 언제나 당신 안에 있다.

- 오로지 당신의 말이 침묵보다 나을 때에만 말을 하라. 무언가를 말하지 않아서 후회하는 것보다 침묵을 지키지 못해서 후회하는 경우가 백 배는 더 많을 것이다.

- 가난으로 고통 받지 않을 수 있는 두 가지 방법이 있다. 첫 번째 방법은 돈을 더 버는 것이다. 두 번째 방법은 욕구를 줄이는 것이다. 첫 번째 방법은 우리가 원한다고 해서 언제나 가능한 것은 아니다. 하지만 두 번째 방법은 언제나 가능하다.

- 당신은 삶에 관해 불평할 자격이 없다. 만일 당신이 불만을 느낀다면, 그 이

유는 당신 자신이 불만스럽기 때문일 뿐이다.

- 스스로에게 더 엄격하고 가차 없이 대할수록, 다른 사람들이 당신을 더 정의롭고 친절한 사람으로 평가할 것이다.

- 어떠한 성공에 대한 기대도 없이 선의를 위해 힘써라. 그러한 노력이 계속될수록 당신의 완성을 향한 이상도 함께 자라날 것이다. 하지만 선의를 위해 애쓰는 그 과정 자체가, 우리의 삶을 정의롭게 한다.

톨스토이는 더 높은 이상을 믿었다. 그리고 비록 그가 이상을 정의하지도 않았고, 설명할 수도 없다고 말했지만, 그것을 믿는 것은 그의 존재론적 절망을 치유해주었고, 그에게 방향을 제시해주었고, 그의 삶을 의미로 채워주었다.

『지혜의 달력』에서 그는 이렇게 말한다.

"인류가 어디로 가고 있는지는 아무도 모른다. 단지 '당신'이 어디로 가고 있고 그리고 어디에 있는지를 아는 것이 우리가 취할 수 있는 최고의 지혜이다."

영웅들이 우리에게 준 선물

세계에서 가장 영향력 있는 경제학자—애덤 스미스, 존 메이너드 케인스 John Maynard Keynes와 함께—로 숭배 받았음에도 불구하고 카를 마르크스는 지독한 오류를 범했다.

그의 이론들이 인류를 가난으로부터 구원하고 이윤을 창출하는 데 실패했기 때문만은 아니었다. 마르크스 정권이 구조적으로 시민들의 가장 기본적인 권리를 부정했기 때문도 아니었다. (그리고 세계적으로 수백만의 사람들이 그 사회 체제로부터 탈출하기 위해 목숨을 내걸어야 했었기 때문만도 아니다.)

카를 마르크스는 특출한 인물들을 인정하지 않았다는 점에서 오류를 범했다. 그는 우수한 재능을 질시했다. 그 대신 밭을 갈고, 옷을 재단하고, 마룻바닥을 닦는 이들을 추켜세웠다.

오해는 하지 말기 바란다. 하루 벌어 하루 먹고 사는 게 나쁘다는 뜻이 아니다. 노동은 삶에 의미와 품위를 부여한다. 우리의 사회도 매일 각자의 생활 전선에 묵묵히 뛰어드는 수많은 사람들이 없으면 유지되지 않는다. 그러나 문명의 진정한 역사는 특출한 개인들이 일궈온 역사임을 부인할 수 없다. 영웅들은 우리를 흥분시키고 영감을 준다. 우리가 "이게 진정 인간이 창조한 것이란 말인가!"라고 탄성을 지를 때의 감정을 무엇에 비견할 수 있을까.

1941년 여름, 제임스 앨런 워드James Allen Ward 하사관은 빅토리아 십자훈장을 받았다. 그가 몰고 있던 웰링턴 폭격기 우측 엔진에 붙은 불을 끄기 위해 폭격기의 날개 위로 기어올라간 무공을 인정받아서였다. 그는 오로지 허리에 감긴 밧줄 하나에 의지해서 불을 진화했으며 다시 기어서 조종석으로 돌아왔다.

영웅적인 공훈담에 사족을 못 쓰던 윈스턴 처칠은 그를 당장 수상 관저로 불렀다. 처칠 수상의 위세에 눌리고 긴장한 나머지 제임스 앨런 워드는 가장 기본적인 질문조차 쩔쩔매며 제대로 대답하지 못했다. 그 불쌍한 영웅에게 처칠이 물었다. "내 앞이라서 위축되고 안절부절못하겠지요, 그렇죠?"

"그, 그렇습니다." 제임스 앨런 워드는 더듬거리며 대답했다.

"그렇다면 지금 내가 당신 앞에서 얼마나 위축되고 안절부절못하고 있는지도 잘 알겠군요." 윈스턴 처칠이 말했다.

윈스턴 처칠은 정확하게 옳은 말을 했다. 우리는 영웅들에게 찬사를 바치는 것을 결코 부끄러워해서는 안 된다. 1944년 노르망디 해안에 진격했던 군인들에게, 9·11사태 때 불붙은 쌍둥이 빌딩으로 뛰어들었던 뉴욕의 소방대원들에게, 허드슨 강변에 고장난 제트전투기를 타고 상륙했던 슐렌버거Sullenberger 대령에게……. 그들은 우리가 진정 누구이며, 우리의 힘으로 무엇을 할 수 있는가에 대한 관념을 바꾸어준 이들이다.

그들이 보여주었던 것은 무모한 용감무쌍함이 아니다. 역사는 영웅적인 행위가 다양한 크기와 모양으로 표출될 수 있다는 것을 보여준다. 우리는 플라톤이나 아리스토텔레스 같은 사상가들에게, 뉴턴이나 아인슈타인 같은 획기적인 과학자들에게, 또한 공자, 소크라테스, 예수와 같은 위대한 도덕적 지도자들에게 헤아릴 수 없이 많은 빚을 지고 있다.

역사학자 윌 듀런트Will Durant는 그의 저서 『역사상 가장 위대한 정신과 사상The Greatest Minds and Ideas of All Time』(2002)에서 이렇게 쓰고 있다.

나는 지식의 경계에 서 있는 이들을 본다. 그들은 조금 더 앞쪽을 비추는 등불을 들고 서서 조금 더 고상한 인간상을 조각한다. 더 나은 위대함의 도구로 인간의 본을 뜬다. 음악의 언어를 만들고 언어 속에서 음악을 뽑아낸다. 그들은 더 고결한 삶을 꿈꾸며, 그것을 누린다.

로크나 제퍼슨 같은 정치 혁명가가 없었더라면, 에디슨이나 마르코니 같은 발명가가 없었더라면, 헨리 포드나 앤드루 카네기 같은 사업가가 없었더라면 지금 우리의 삶은 과연 어떨까?

소설가 아인 랜드는 그녀가 작품을 쓰는 목적과 동기는 철학적인 깨달음을 얻기 위한 것도 아니고, 유익한 영향력을 미치려는 것도 아니며, 독자들의 지적인 발전을 위한 것도 아니라고 말한 적이 있다. 다만 '이상적인 인간상을 투사하기 위해서' 글을 쓸 뿐이라고 말했다.

그녀의 책 『로맨틱한 포고문 Romantic Manifesto』(1969)의 내용을 보자.

> 인간의 욕망은 끝이 없기 때문에, 또한 그의 성취에 대한 갈망은 평생 지속되는 것이기에—그리고 목표가 높을수록 투쟁은 더욱 격렬해지기에—우리는 일정 기간 쉬어가는 것이 필요하다. 단 몇 분, 한 시간, 아니면 한 시기 동안에 우리의 사명이 모두 성공적으로 완수된 듯한 기분을 가지고 쉬어야 한다. 그런 뒤에야 우리는 앞으로 또다시 나갈 수 있는 연료를 충전할 수 있다.

우리는 그녀의 책이나 그녀가 특별히 숭배하는 예술가들—빅토르 위고나 라흐마니노프—을 통해 그런 휴식의 순간을 가질 수 있다. 하지만 정작 그런 위대한 예술가들은 무엇으로 재충전을 해야 할까?

학자이자 사회과학자였던 찰스 뮤레이는 기원전 800년부터 1950년까지의 예술과 과학의 위대성에 관하여 연구했다. 역대의 문학, 음악, 미술, 철학, 그리고 과학에 걸쳐 중요한 역할을 했던 4천 명이 넘는 인물들을 연구하면서 그들의 서열을 매겼다.

연구결과, 그 인물들은 거의 예외 없이 '내가 하고 있는 이것이 내가 이 땅에 온 사명이다'라는 인식을 갖고 있었다. 그 열정, 즉 삶을 지탱하는 에너지가 위대한 인물들을 충전시키고 무언가를 성취하도록 이끌었던 것이다.

뮤레이는 그의 저서 『인간이 성취한 것 Human Accom;lishment』(2003)에서 이렇게 쓰고 있다.

> 만약 어떤 인간들이 문화 역사상 최고의 업적—우리가 초월적인 의미를 갖고 있다고 믿는 세계—을 이루었다면 우리는 왜 그들이 그것을 이룰 수 있었는지 이유를 알아야 한다. 그 이유를 쉽게 말하자면 '그 거물들이 착각에 빠져 있었기 때문'이다. 그들은 그들의 창조해낸 작품들이 초월적인 의미를 갖고 있다고 '착각'했던 것이다. 오호라, 그러고 보니 그 어리석은 확신에 타올라 스스로의 능력보다 더 훌륭한 음악을 작곡하고 더 멋진 그림을 그리고 말았던 것이다. 하지만 이렇게 생각하다가도 그 '자기도취에 빠진 인간들'이 창조해낸 작품들을 마주 대하면 혼란에 빠지고 만다. 그들이 우리와 별반 다를 바 없는 인간이었다고 해서, 똑같이 위대한 인생의 질문들에 대한 답을 모르고 있다고 해서 그들이 창조한, 우리 눈앞에 있는 이 놀라운 작품들에 박수를 보내지 못할 이유가 있을까? 그리고 그 작품들을 감상하다보면, 어쩌면 그들은 우리가 알지 못하는 무언가를 이해하고 있었을지 모르겠다는 생각도 든다.

카를 마르크스는 삶을 '권력 투쟁'과 사회적 압력에 기반을 둔 무의미한 분투로 보았다. 그러나 지식적, 정치적, 종교적 자유 없이 우리가 개인으로서의 잠재력을 어떻게 이끌어내고 최선의 삶을 살 수 있겠는가?

마르크스주의의 오점은 바로 이것이다. 영웅들은 우리를 올바른 길로 인도한다. 그들은 우리에게 위대함에 관한 살아 있는 예를 제시한다. 그들은 인간의 정신력이 얼마나 찬란하게 꽃필 수 있는가를 보여준다. 그들은 또한 우리에게 영감을 주고, 활기를 불어넣어준다. 영웅들이 없다면 우리의 삶은 궁핍해진다.

우리는 영웅들을 연구하고, 그들의 행동을 관찰하고, 그들의 열정으로 스스로를 덥히고, 겸손하게 그들의 가르침을 따라야 한다. 우리는 아마도 조지 마셜George Marshall 같은 지휘관이 될 수는 없을 것이다. 제인 오스틴Jane Austen 같은 글을 쓸 수도, 렘브란트 같은 그림을 그릴 수도 없을지 모른다. 그러나 이러한 위대한 인물들은 우리에게 길잡이 별과 같은 존재가 되어준다.

다만 던져버릴 것

역사상 타이거 우즈Tiger Woods만큼 급작스럽고도 처절하게 명예를 잃은 프로 선수가 또 있을까?

그는 지금 PGA투어 경기를 하고는 있지만, 그의 대외적인 명예 회복에 관해 회의적인 시선이 많다. 대부분의 사람들은 그가 단지 매니저나 변호사들이 만들어준 이미지대로 움직이고 있을 뿐이라고 말한다. 어떤 이들은 심지어, 우즈가 그의 어린 시절 종교였던 불교에 다시 귀의하려는 시도조차 진실성이 결여된 것으로 본다.

그렇게까지 냉소적으로 볼 필요는 없을 텐데 말이다. 불교가 서양에서 크게 성장한 것은 사실이지만, 미국은 기본적으로 엄연히 기독교 국가다. 그래서 우즈가 새삼 불교도임을 밝힌다고 해서 갤러리(골프 경기장에서 경기를 구경하는 사람)들이 그다지 영향을 받지는 않을 테니 말이다.

그리고 다른 몇몇의 프로 골퍼들도 그들이 최근에 불교의 가르침 덕분에 성공적인 경기를 펼칠 수 있었다고 밝혔다.

불교 신봉자들 중에는 현재 세계 랭킹 44위를 기록하고 있는 태국의 통차이 제이디Thongchai Jaidee, 2009년 PGA챔피언십에서 타이거 우즈를 꺾음으로써 아시아인 최초로 메이저에 등극한 양용은, 불교신도 스윙코치와 함께 2년간의 명상 끝에 2007년 세계 랭킹 6위에 오른 영국 골퍼 저스틴 로즈Justin Rose, 타이거 우즈를 빼고는 투어를 통해 가장 많은 돈을 번 비제이 싱Vijay Sing도 있다. 비제이는 이렇게 말했다. "불교의 철학은 나를 평화로운 경지에 들게 한다."

불교의 가르침들이 타이거 우즈를 더 나은 골퍼로 만들지 그렇지 않을지는 잘 모르겠다. 하지만 그를 더 나은 인간으로 만들어줄 것임은 확실하다.

불교는 2,500년 넘는 역사를 가진 동양 종교이다. 그것은 철학이며, 도덕률이고, 삶의 방식이다. 달라이 라마는 불교가 마음의 과학이라고 말했다.

지나침과 모자람의 중도를 걸으라고 가르쳤던 붓다는 신의 지위에도, 구세주의 지위에도 오르지 않았다. 불교의 전통에 따르면, 그는 스스로 깨달음을 얻고 다른 이들에게 지혜롭고 자비롭게 살아가는 법을 가르쳤던 평범한 한 인간이었다.

그는 네 가지 진실을 깨닫는 것으로 지혜가 시작된다고 가르쳤다.

첫 번째, 모든 삶에는 고통이 있다는 것
두 번째, 그 고통은 우리의 집착과 탐욕으로부터 생겨났다는 것
세 번째, 우리가 그 집착과 탐욕을 끊는다면, 고통은 끝난다는 것
네 번째, 8정도八正道를 따르면 이 경지에 오를 수 있다는 것

결국 우리 모두는 나이 들고, 병들고, 경제적·개인적 좌절 들로 고통을 겪게 되어 있다. 가족과 친구 들의 죽음, 결국은 스스로의 죽음도 견뎌야 한다. 위의 처음 두 가지 진실들은 우리의 탐욕과 그것의 뿌리에 관하여, 나머지 두 가지는 그것을 치유하는 것에 관하여 이야기하고 있다.

그럼 그 '8정도'란 무엇일까? 여기서 기본적인 내용을 소개한다.

지혜의 훈련

1단계 : 정견(正見, 바르게 보기) – 삶을 드러나는 겉모습이 아니라 그 실체로서 보라. 모든 것이 무상하다. 『반야심경』에서 붓다는 말한다. "이 세상을 동틀녘에 사그라지는 별빛처럼, 빠르게 흐르는 강 위의 물거품처럼, 풀잎에 맺힌 아침의 이슬처럼, 거센 바람 앞에서 깜박이는 촛불처럼 보라……."

2단계 : 정사유(正思惟, 바르게 의도하기) – 다른 이들을 자비와 이해심으로써 대하라.

윤리의 훈련

3단계 : 정어(正語, 바르게 말하기) - 상처를 주지 않는 방식으로 진실을 이야기하라.

4단계 : 정업(正業, 바르게 행하기) - 누구도 해치지 않는 행위를 하라 (대부분의 불교도들은 이를 동물과 환경에도 적용시킨다.)

5단계 : 정명(正命, 바르게 생존하기) - 정당하고 정직한 방법으로 삶을 구하라.

개인적인 법도

6단계 : 정정진(正精進, 바르게 노력하기) - 스스로의 행동과 성품을 향상시키기 위해 노력하다.

7단계 : 정념(正念, 바르게 깨어 있기) - 언제나 '지금'뿐이라는 것을 기억하라. 지금 이 순간에 깨어 있고 명징한 의식으로 행하라.

8단계 : 정정(正定, 바르게 집중하기) - 명상하라, 그리고 근면함을 쌓고 '탐貪'을 극복하기 위해 스스로의 의지를 사용하라.

'탐'이란 정확히 무엇인가? 여러 가지가 있을 수 있다. 당신의 탐은 마세라티Maserati 스포츠카일 수 있다. 당신의 여동생은 갓 구운 초콜릿 칩 쿠키에 '탐'을 느낄 수도 있다. (타이거 우즈의 '탐'은 무엇일지 말하지 않아도 우리 모두 알고 있다.) '탐'이란, 간단히 말해서, 건전하지 못한 욕망, 채워지지 않는 허기, 정신적 집착, 강박적인 행위를 말한다.

불교는 우리에게 우리의 욕망의 본질을 이해하고 더 성숙한 삶의 기술을 연마하라고 북돋운다. 만약 그렇게 하지 못한다면 우리의 삶은 습관적인 충동에 휘말리게 되고, 경박하고 품위 없는 곳으로 떨어지게 될 것이다.

8정도는 인간으로서의 자유를 얻는 방법이다. 그것을 연마하는 목표는 우리의 오래 굳어진 생활 방식을 깨고 스스로에게 질문을 던지는 것이다. "나는 이곳에 왜 있는가? 나는 죽을 때 후회하지 않을 삶을 살고 있는가? 나는 사는 동안 얼마나 많은 화합을 이루었는가?"

특히나 불교도들은 죽음에 관해 명상함으로써 삶에 좀 더 깨어 있을 수 있다고 믿는다. 한번 생각해보자. 죽는다는 사실은 명확하고, 언제 죽을지는 명확하지 않을 때, 우린 어떻게 살아야 할까?

이것은 엄숙한 질문이다. 우리의 시한부적인 삶을 마주보게 만들고, 우리의 모든 욕망들을 손에 넣을 수도 없고, 그럴 가치도 없다는 사실을 인식하게 만들기 때문이다.

물론 삶 속에서 앞으로 나아가게 하는 목표를 갖는 것은 좋은 일이다. 하지만 달라이 라마에 의하면 일단 우리의 기본적인 의식주가 충족되고 나면 "불필요하게 더 많은 돈, 명예를 가져다주는 더 큰 성공, 완벽한 몸매, 완벽한 반려자를 갈망해서는 안 된다. 지금 이 순간, 우리는 마음을 가지고 있다. 그리고 마음은 행복을 완성시키는 데 필요한 기본적이며 충분한 도구이다. 더 이상 욕망할 것이 무엇인가?"

불교는 만족을 결정짓는 것은 우리의 마음 자세일 뿐 외부적 환경이 아니라고 가르친다. 우리들 대부분은 행복이 우리가 상황을 받아들이는 마음가짐에 달렸다는 사실을 모른다.

그리고 해답은 언제나처럼 간단하다. '던져버릴 것 Let go'. (선禪에서는 이렇게 말한다. 지혜란 매일매일 무언가를 던져버리는 것이다.) 혼란과 공포, 무지, 교만, 분노, 질투, 미움으로부터 벗어난다는 것은 고통으로부터 벗어나는 길이다.

그러나 불교의 이러한 가르침들은 결과적으로 다른 종교들의 교리와 크게 어긋나지 않는다. 특정한 교리나 교의를 받아들이도록 강요하지도 않는다. 단지 더 높은 차원의 깨달음들을 일상적인 생활 속에서 녹여내는 것에 대한 가르침들이다. 내면에서부터 변형을 이루어 마음을 단련하고 영혼을 완성시키는 것이 불교의 목표이다.

그래서 불교는 종종 종교라기보다는 윤리철학, 정신 수련, 아니면 단순히 내면의 평화와 개인의 자유를 위한 수단이라고 일컬어진다. 불교는 우리에게 믿어야 할 단 하나의 항목도 제시하지 않는 대신, 스스로 깨우쳐야 할 끝없는 항목들을 제시해준다.

물론 타이거 우즈가 이 진리를 받아들이고 행동으로 옮기느냐 하는 것은 전적으로 그에게 달렸다. 하지만 PGA경기 측은 긴장하지 않을 수 없을 것이다. 만약 우즈가 불교를 통해 그의 인간적 완성을 이룬다면, 또 한 번 필드에 만만찮은 돌풍을 몰고 올 것이기 때문이다.

최소한의 삶을 위한 철학

아무에게라도 한 번 물어보기 바란다. 그, 혹은 그녀가 삶에서 원하는 것이 무엇인지. 아마도 친숙한 대답들이 나올 것이다. 좋은 직업, 사랑하는 가족, 멋진 집, 안락한 노후, 뭐 그런 것들 말이다.

그렇다면 당신은 무엇을 위해 살고 있는가? 당신이 살아가면서 추구하는 모든 것들 중, 가장 가치 있다고 여기는 것은 무엇인가?

라이트주립대학교의 철학교수 윌리엄 B. 이바인William. B. Irvine은 이렇게 말했다. "대부분의 사람들이 이 부분에서 어려움을 겪는다. 그들은 순간 순간, 혹은 10년 동안 무엇을 원하는지는 알고 있으나 그들이 인생에서 무엇을 원하고 있는지는 거의 생각해보지 않는다. 우리의 문화라는 것이 사람들에게 그런 거대한 목표에 관해 생각하는 것을 권장하지 않으니 그럴 만도 하다. 오히려 끊임없이 산만한 흐름 속에 사람들을 집어넣고 순간의 쾌락을 추구하도록 부추기고 있기 때문에 그런 생각을 한다는 것 자체가 무리일 수 있다. 하지만 삶의 총괄적인 목표를 갖는다는 것은 인생을 철학함에 있어서 첫 번째 단계이다. 그리고 인생의 목표가 없다는 것은 삶을 이어주는 철학이 없다는 것을 뜻한다."

오래전, 위대한 사상가들이 이러한 질문들에 답하기 위해 애쓰던 시절도 있었다. 하지만 이젠 더 이상 누구도 그렇게 애쓰지 않는다. 현대 철학은 일반 대중은 전혀 흥미를 느낄 수 없는 전문적이고도 난해한 원칙들에 집착한다. '현존하는 철학자'라는 말을 마지막으로 들어본 게 언제던가?

하지만 고대 그리스와 로마인들은 이러한 철학적 사고에 사로잡혀 있었다. 그들은 인생에서 무엇이 가장 중요한지 알기를 열망했고 그것을 얻기를 원했다. 한마디로, 그들은 최선의 삶을 원했다. 그들이 발견한 답은 스토아 철학(금욕주의)—오늘날 거의 자취가 사라진—에 담겨 있다.

'스토익Stoic'이라는 말에는 기쁨이나 슬픔에 흔들리지 않고 정염을 품지 않는 사람이라는 뜻이 들어 있다. 그러나 스토아 철학은 그와 달리 의미 있고 완성된 삶을 추구하는 철학이다. 인생에서 피해갈 수 없는 고통을 치유하고 고요함을 얻기 원하는 것이다.

어떻게 그렇게 할 수 있을까? 고대 스토아 철학자들은 이렇게 충고

한다.

- 당신을 둘러싼 세계의 무상함을 관조하라.
- 미래를 두려워하지 말고 현재를 살아라.
- 부정적인 감정을 지워라.
- 천성대로 살아라.
- 덕을 추구하라.
- 용기와 지혜를 갈구하라.
- 단순하고 소박하게 살아라.
- 할 수 있는 한, 욕망을 지배하라.

아주 간단하게 들린다. 하지만 실은 전혀 그렇지 않다. 이 가르침들은 고된 실천을 요구한다.

예를 들어, '미래를 두려워하지 말고 현재를 살아라'는 항목은 우리를 둘러싸고 있는 수많은 비극적인 뉴스들 틈에서 비현실적으로 보인다. 그러나 스토아 철학자들은 대부분의 세계적인 사건들은 우리가 어떻게 손쓸 수 없다는 점을 지적한다. 그러므로 우리 마음을 괴롭히는 것은 사건들 그 자체가 아니라 그것들을 판단하는 우리 자신의 마음일 뿐이라고 말한다. 그렇다면 우리가 그것을 바꿀 수 있다.

핵 문제에 관해, 지구 온난화 현상에 관해, 테러리즘에 관해, 경제 불황에 관해 우리가 할 수 있는 일은 극히 일부분에 불과하다. 우리는 그 문제들에 대해서 마음속으로 의견을 말하고, 찬성, 혹은 반대표를 던지고, 계획을 세울 수는 있다. 그러나 '걱정'만은 아무런 도움이 안 된다.

같은 맥락으로 '단순하고 소박하게 살아라'는 가르침은 오늘날 과도한 스트레스를 짊어지고 있는 수백만의 미국인들에게 구원과 같은 메시지가 될 것이다.

물질적인 욕망을 줄이고 사치품으로 향하는 갈망을 조절한다면 당신은 더 많은 순자입을 갖고 저축하고 투자할 수 있다.

역설적이게도, 경제적인 자유로 가는 가장 빠른 지름길은 탐욕의 본능과 부유해 보이고 싶은 열망으로부터 자유로워지는 것이다.

너무나 많은 이들이 돈을 넉넉히 벌기만 하면 그들의 삶이 충만해질 것이라고—그래서 더 이상 욕망을 품을 이유가 없을 것이라고—생각한다. 그러나 그런 일은 결코 일어나지 않는다. 새로운 욕망이 솟아올라 그 이전에 있었던 욕망의 자리를 대신할 뿐이다. 이것을 인정하고 나면 최소한 당신의 삶에서 정직한 선택을 할 수 있을 것이다.

이것은 1,700년 전, 알렉산더 대왕과 위대한 그리스의 철학자 디오게네스가 나누었던 유명한 대화 속에서 이미 알 수 있었던 가르침이다.

> 알렉산더 : 디오게네스여, 그대는 저명한 철학자요. 그런데 그대는 그저 방해 받지 않고 대화나 나누면서 인생의 즐거움을 좇으며 허송세월하고 있으니 이게 될 말이오?
>
> 디오게네스 : 대왕이시여, 그럼 인생에서 그보다 더 나은 것이 있단 말씀이십니까?
>
> 알렉산더 : 나는 여러 국가들을 정복했소!

디오게네스 : 그렇다면, 국가의 정복자이시여, 이제 무엇을 하시렵니까?

알렉산더 : 나는 이제 그리스를 정복할 거요!

디오게네스 : 그렇군요……. 그러고 나서는요?

알렉산더 : 나는 다음으로 아시아를 정복할 테지!

디오게네스 : 좋습니다. 그다음은요?

알렉산더 : 세상의 그 나머지 부분도 몽땅 정복할 거요!

디오게네스 : 그러고 나서는요?

알렉산더 : 그러고 나서는…… 흠……. 느긋하게 인생을 즐기겠지.

디오게네스 : 지금 제가 하고 있는 일이 바로 그겁니다.

그 철학자는 대왕의 마음을 움직였음에 틀림없다. 그 위대한 정복자는 이렇게 말했다고 한다. "만약 내가 알렉산더가 아니었다면, 디오게네스가 되었을 것이다."

디오게네스는 스스로의 천성에 따라 살았다. 명성이나 허영이나 물질적인 소유에는 관심을 두지 않았다. 그의 철저한 금욕주의를 따라할 사람은 그다지 많지 않겠지만 그는 최소한 인생의 철학을 갖고 있었고, 그에 따라 살았다.

우리들 대부분은 인생의 대전제를 생각하지 않은 채 살아간다. 그 대신 불안한 사회적 가치를 선택한다. 물질적 풍요로움과 지위, 그리고 쾌락 같은 것들 말이다.

어떤 것을 추구하느냐 하는 것은 전적으로 우리의 자유이다. 하지만 잘못하다간 진정한 삶을 놓쳐버리는 수가 있다. 지금 당장 즐거운 것을 추구하고 즐기는 대신 하루만이라도 깨어 있는 의식으로, 인생을 낭비하게 만드는 혼돈과 오류들을 점검해보는 것이 필요하다.

왜냐하면 그것들―혼돈과 오류로 인생을 낭비하는 것―이야말로 당신 인생에서 가장 위험한 일이기 때문이다.

'위대한 대화'에 참여하고 있는가?

몇 주 전, 호울 푸드Whole Foods의 창립자 존 맥케이John Mackey의 초청을 받아 오스틴Austin서부에 있는 그의 농장을 방문한 적이 있다.

그의 집 안을 둘러보면서, 나는 집 벽을 장식하고 있는 예술작품들에 경탄을 금할 수 없었다. 그들 중 대부분은 동양의 신비로운 전통을 표현하고 있었다. 나는 존에게 동양 철학에 관심이 있는지 물었다.

"조금 관심이 있지." 그는 말했다. "나는 범신론자라네."

'범신론자'라는 말은 오늘날 좀처럼 듣기 힘든, 무언가를 생각하게 하는 표현이었다. 범신론자들은 우리가―어린 시절과 학생 시절 동안―세상의 모든 영원한 가치들을 배워야 한다고 믿는다. '어떻게 살아야 하는가'에 관한 인류 최고의 지식들을 말이다.

세상에는 수없이 다양한 견해들이 존재한다. 다만 사람들이 그 사실을 받아들이지 않을 뿐이다.

그러나 범신론자들은 깨달음을 얻은 이들이—그들의 국적이 무엇이건 간에—공통된 원칙들을 공유하고 있음을 알고 있다. 그 원칙들은 세대에서 세대로, 시대와 국경과 문화를 뛰어넘어 전승된 것이다.

범신론Philosophia Perennis은 독일의 수학자이자 철학자, 박식가였던 고트프리트 라이프니츠Gottfried Leibniz에 의해 구체화되었다. 좀 더 최근에는 올더스 헉슬리, 모티머 에들러Mortimer Adler, 저스톤 스미스Juston Smith 등이 범신론의 횃불을 이어 받아 우리가 '위대한 대화' 속에 참여하도록 이끌고 있다.

'최선의 삶이란 무엇인가'에 관한 논의는 끝없이 넓고 깊다. 그것은 공자의 어록에서부터 아리스토텔레스의—깊이 있고, 실용적이며, 상식에 바탕을 둔 윤리인—『니코마코스 윤리학Nicomachean Ethics』, 세상의 위대한 종교전통의 신비로운 진리들에 이르기까지 모든 것을 아우르기 때문이다.

그 위대한 대화는 계속되고, 발전하며, 결코 끝나지 않는다. '어떻게 살아야 하는가'라는 주제는 결코 새로운 것이 아니다. 하지만 이따금씩 그 논의에 관한 새로운 지평이 열리고, 낡은 사상들은 현대 인류에 맞게 재해석되기도 한다. 로저 월쉬Roger Walsh의 『핵심 영성Essential Spirituality』, 카렌 암스트롱Karen Armstrong의 『위대한 변형The Great Transformation』, 그리고 로버트 라이트Robert Wright의 『신의 진화The Evolution of God』 등이 현대 범신론을 다룬 책들이다.

범신론자들은 자비로운 마음과 성공적인 삶이 얼마나 긴밀하게 연결되어 있는지 이해하고 있다. 그들의 사상을 조금 소개하기로 하자.

- 인생에서 가치 있는 것들은 모두 사랑과 타인을 위한 배려에서 나온다.
- 인류는 거대한 하나의 가족이다. 우리의 차이점은 표면적일 뿐이지만, 우리의 공통점은 깊고 근본적이다.
- 인류 역사상 존재해온 모든 사회가 갖고 있는 황금률Golden Rule은 인간을 이해하는 초석이다.
- 누군가에게 시간과 돈, 지지, 그리고 격려를 주는 이는 결코 손해를 보지 않는다.
- 영성 개발—자아 성찰부터 의식의 깨어 있음까지—은 위대하다.
- 어려움이란 우리가 삶 속에서 최상의 것을 뽑아내기 위한 도구이다. 그것은 성장의 기회이다.
- 역사상 가장 현명한 사상가들의 가르침으로 영혼을 적시는 것은 아주 중요하다.
- 용기와 자기 확신은 충만하게 삶을 살아가라고, 스스로의 가슴이 시키는 대로 살아가라고 요구한다.
- 권위 있고 오래된 사상이라 해서 무조건 받아들여서는 안 된다. 정확하고 독립적으로 스스로 판단하는 법을 익혀야 한다.
- 우리의 자아ego는 의견을 고집하도록, 타인을 판단하도록, 스스로의 신념을 정당화하도록 부추긴다. 범신론자들은 묻는다. "그대는 옳고 싶은가, 행복하고 싶은가?"
- 겸손함을 익혀야 한다. 다른 이들이 겸손한 인간을 좋아해서가 아니라, 우리가 스스로에게 정직하면 할수록 겸손해질 수밖에 없기 때문이다.

- 용서를 배워라. 우리가 타인을 용서하면, 그들도 우리를 용서하며, 결국 우리 모두를 용서하게 된다.
- 도덕적인 성장은 순간적 충동을 억제하고, 대인 관계를 소중히 여기고, 사회적 책임을 배양하는 것으로부터 이루어진다.
- 감사와 너그러움을 표현함으로써 우리의 삶은 말할 수 없이 좋아질 수 있다.
- 마음의 힘을 기르는 것은 너무나 중요하다. 우리의 행동들은 내면적 자아를 비추는 거울이다.
- 우리가 행동할 때, 단지 무언가를 행하는 것이 아니다. 무언가가 되어가는 것이다. 성장하지 않으면, 소멸해간다.
- 성실함은 모든 것이다.

범신론자들은 종교나 분파를 따지지 않고 모든 전통적 가르침들 속에서 영혼의 진리를 찾아내는 데 관심을 쏟는다.

예를 들어 2년 전, 나와 내 친구는 밴쿠버에 있는 한 서점에서 『블랙스완 The Black Swan』의 작가 나심 니콜라스 탈레브 Nassim Nicholas Taleb를 우연히 만났다. (이것은 정말 대단한 우연의 일치가 아닐 수 없었다. 우리 셋 다 페어몬트 Fairmont 투자 설명회의 연사였다.)

탈레브는 그때 종교에 관한 책을 쓸 계획이라고 말했다. 종교라는 화제를 놓고 그와 내 친구는 작은 언쟁을 벌였다. 종교적인 기록들의 몇몇 부분에서 그것이 과연 '사실'이었을까에 관한 논쟁이었다. 이런 류의 논쟁들이 오고 갈 때면 흔히 그렇듯이, 분위기는 그다지 좋지 않았다. 탈레브는 질렸다는 듯이 어느 순간 손을 내저으며 소설 코너로 갔다. "자, 여기 있는 이 모든 이야기들이 사실일까요?"

"물론 아니지요." 내 친구가 대답했다 "그것들은 소설이잖아요."

"그렇지만 그 이야기들은 수많은 진실을 담고 있지요." 내가 덧붙였다.

탈레브는 돌아서더니 날 손가락으로 가리켰다. "맞았어요!"

의도적이었든 아니었든, 그는 그때 범신론을 추종하고 있었다. 범신론자들은 깨달음을 얻을 수 있는 곳이면 시대와 장소를 가리지 않는다. 그것이 고대이건, 현대이건, 전설이건, 외국이건, 신비주의이건, 최신 과학의 발견이건 말이다. 좀 더 현명한 삶을 누릴 수 있는 실용적 방법을 제시하기만 한다면 그 모든 것들은 아무런 장애가 되지 않는다.

역사학자 윌 듀런트는 그의 저서 『가장 위대한 사상과 영혼들 The Greatest Minds and Ideas of All Time』(2002)에서 이렇게 쓰고 있다.

> 우리는 동물로 태어나 인간으로 자라난다. 수백 가지의 통로를 통해 과거의 정신적, 문화적 유산들이 우리 위에 쏟아져내린다. 보존되어지고, 쌓아올려지고, 전승되어진 과거의 유산들을 딛고 오늘날의 우리는 그 어떤 세대보다도 높은 경지에 오를 수 있다.

더 높은 경지란 무엇일까? 배려의 상승 확장 곡선—나에서 우리로, 우리에서 모두에게로 퍼지는—이다.

그것은 자연스럽게 얻어지는 게 아니다. 불행하게도 어떤 이들에게는 영원히 불가능한 경지이다.

하지만 범신론자들은 우리의 3,000년 유산 속에서 되도록 많은 것들을 배우고 그들의 삶 속에서 이렇게 질문하는 순간을 늘리기 위해 노력한다. "나는 과연 내가 되고 싶은 인간이 되어가고 있는가? 나는 '위대한 대화'에 참여하고 있는가?"

2,600년 된 인생 매뉴얼

내가 돈을 다루며 살아가던 시절, 많은 투자자들이—이런 저런 충고를 듣고— 좁은 시각으로 주식시장에 접근하는 것을 종종 보아왔다.

그들은 성공적인 전략은 경제적인 예측 감각으로부터 시작된다고 믿는다. 그래서 앞으로의 주식시장이 어떻게 펼쳐질지 예상하고 어떤 종목을 사야하는지 교육 받은 대로 뽑아낸다. 하지만 추측과 예감으로 뽑은 종목들은 최선의 선택이 될 수 없다.

투자자들은 불확실성을 가장 싫어한다. 그래서 그들은 브로커들과 자산 관리인들, 그리고 투자 선수들에게 엄청난 돈을 지불하며 불안을 없애려 하는 것이다.

문제는 누구도 그 불안을 없애줄 수 없다는 것이다. 스스로를 능숙한 투자라라 여기고 이렇게 물어보라. "그 누구도 앞으로의 경제 전망이 어떻게 될지, 시장이 어떻게 전개될지 모른다면, 내 포트폴리오를 어떻게 구성해야 할까?" 이것이 현명한 투자의 첫걸음이다.

10년여 전, 내 책을 출판했던 줄리아 구스는 주식시장에 대한 나의 중립적인 태도를 '도道'라고 표현한 적이 있다.

나는 그때까지 한 번도 내가 '도'적으로 시장에 접근한다고 생각해본 적은 없었으나 그를 통해 많은 것을 배우게 되었다. 그리고 투자와 '도' 사이의 유사성에 놀라지 않을 수 없었다. 예를 들어, 고대 중국의 『도덕경』

을 보면 마치 경제 해설가, 시장 분석가, 그리고 초월주의 사상가들을 직접 겨냥해 쓴 듯한 구절들이 나온다.

> 고대의 스승들은
> 인류를 교육하려 들지 않았다.
> 그 대신 그들에게 알려 하지 말라고 타일렀다.
> 스스로 답을 알고 있다고 생각하는 이는
> 이끌기 어렵다.
> 스스로 알지 못한다는 사실을 아는 이는
> 그의 길을 찾을 것이다.

아니면 이런 글귀는 어떤가.

> 모르는 것이 참으로 아는 것이다.
> 안다고 여기는 것은 질병이다.
> 먼저 스스로 병들었다는 사실을 알아차려라.
> 그래야 건강을 회복할 수 있다.

더 간단한 것도 있다.

> 알고 있는 이는 말하지 않는다.
> 말하는 이는 알지 못하는 것이다.

성스러운『도덕경』은 투자 가이드북이 아니다. 그것은 2,600년 전에 쓰인 여든한 개의 짧은 시구들—우리가 자연스러운 상태로 조화를 이루며 살아갈 때에 삶이 어떠할지에 관한—을 엮은 책이다.

이것은『성경』과『바가바드 기타 Bhagavad Gita』다음으로 세상에서 가장 많이 번역된 책이다. '도' 그 자체는 시대를 초월한 신비, 우리가 감히 이름 붙일 수 없는 어떤 것을 나타낸다. 굳이 번역하자면 우주의 '섭리', 삶의 해석쯤 되겠다.

'도'는 도덕적 규율이 아니다.『도덕경』은 결코 무엇을 행하라고 말하지 않는다. 그것은 오히려 아무것도 하지 않음의 지혜에 관해 말한다. 우리가 어찌할 수 없는 것들, 처해 있는 경제적인 지위, 사랑하는 이의 죽음, 스스로의 유치한 행동들을 수용하라고 말한다.

역사는 그 저자가 기원전 600년경, 뤄양왕조의 문서 관리인이었던 노자라고 전한다. 그러나 그는 실존 인물이 아니었을 가능성이 많다. 호머와 같이, 노자는 아마도 수많은 고대의 성인들이 혼합된 이미지일 것이다. 그리고 '도'라는 것 또한 수세기 동안 이어져내려온 지혜의 혼합일 것이다. ('노자老子'라는 이름을 해석해보면 '늙은 철학자'라는 뜻이 된다.)

'도'는 우리에게 역설적인 생각을 하게 만든다. 예를 들어, 우리는 누군가 무례한 행동을 하면 호되게 앙갚음해야 한다고 생각한다. 하지만 노자는 그 앞에서 몸을 낮추라고 가르친다. 문제가 생기면 우선 효율적인 해결방안을 찾아야 할까? 그에 앞서 아무것도 하지 않았을 때의 유익함을 생각해보라고 가르친다.

'도'의 상징은 두 개의 달이 어우러져 있는 형상을 하고 있다. 이것은 음과 양, 우주의 남성성과 여성성, 빛과 어둠, 약함과 강함, 행위와 무위를 상징한다. 서양적 사고에서는 서로 반대되는 특질들을 동양적 사고에서는 서로를 보완하는 하나의 성격으로 보고 있다. 우리에게 깊이 물든 생각의 방식들을 바꿔야만 인생관이 바뀐다.

'도'의 철학자들은 우리에게 마음을 열고 유연한 시각으로 삶을 음미할 것을 권한다. 우리가 돈을 벌기 위해, 세상을 바꾸기 위해, 스스로를 개발하기 위해 너무나 바쁘게 몰아치다보면, 인생의 정수를 잃게 된다고 말이다.

> 그대의 잔을 끝까지 가득 채우라.
> 그러면 넘칠 것이다.
> 그대의 검을 끊임없이 갈아보라.
> 그러면 끝내 무뎌질 것이다.
> 돈과 안전을 위해 달려보라.
> 그러면 그대의 마음은 영영 열리지 않을 것이다.
> 사람들의 인정을 갈구하라.
> 그러면 그들의 포로가 될 것이다.
> 할 일을 했으면, 한 걸음 물러나라.
> 고요를 찾는 유일한 방법이다.

'도'의 철학은 우리에게 만족을 찾는 또 다른 방법을 제시해준다. 사회적 지위를 초월하여 품위 있는 삶을 살고 여유를 만끽하는 방법들을 말이다.

지난 수천 년간 문화, 사회, 기술적으로 엄청난 발전이 있었다. 하지만

'도'의 철학은 여전히 우리 삶에 유용하다.

> 다른 이들에 관해 아는 것은 지식이다.
> 스스로를 아는 것은 진정한 지혜이다.
> 다른 이들을 정복하는 것은 강함이다.
> 스스로를 정복하는 것은 진정한 힘이다.

이런 경구는 어떤가.

> 현명한 이는 스스로를 증명할 필요가 없다.
> 스스로 증명하려 드는 이는 현명하지 않다.

노자는 우리가 물처럼 살아야 한다고 가르친다. 물은 항상 먼저 양보하고, 장애물을 감싸고 돌아가며, 가장 단순한 길로 흐른다. 천천히, 그러나 꾸준히 물은 가장 높은 산이라도 닳게 만들고 세상의 풍경을 바꾸어 놓는다.

대결구도로 살아가는 이들—독단주의에 빠져 있는 사람들—은 결코 이 가르침을 받아들이지 못할 것이다. 그들은 당장 시작하고 행동하는 데 관심이 있다. 『도덕경』은 말한다.

> 인간은 부드럽고 유연하게 태어난다.
> 죽을 때의 인간은 딱딱하고 뻣뻣하다.
> 모든 것들이, 나무나 풀들도

살아 있는 동안은 부드럽고 나긋나긋하나
죽으면 메마르고 퍼석해진다.
뻣뻣함은 죽음의 친구이다.
유연함은 삶의 친구이다.
굽힐 줄 모르는 군대는
패전할 것이다.
굽힐 줄 모르는 나무는
바람에 꺾일 것이다.
딱딱하고 뻣뻣한 것들은 부러진다.
부드럽고 유연한 것들은 오래간다.

『도덕경』은 간단하면서도 의미심장하다. 그리고 쉽게 읽을 수 있다. 복잡하고 어렵게 하지 않는 것이 '도'의 비밀이다.

'도'는 우리에게 자아를 키우는 것, 고된 노동의 대가를 즐기는 것을 멈추라고 권한다. 내면적인 평화를 경험하는 일이야말로 진정한 성취라고 가르친다.

『도덕경』은 인간의 가장 기본적인 경험들—태어남, 죽음, 상실, 성취—을 다룬다. 어떻게 품위를 지키며 도전할 것인가, 어떻게 인간의 성격을 판단할 것인가, 언제 앞으로 나갈 것인가, 언제 뒤로 물러설 것인가, 행과 불행을 어떻게 다루어야 할 것인가 등등……. 심지어 정치적인 충고도 잊지 않는다. "한 나라를 통치하는 것은 조그만 물고기를 튀기는 것과 같다. 너무 자주 뒤집으면 맛이 없어진다."

노자는 지혜로운 사람이었지만 회의론자이기도 했다. 그는 그의 가르침들이 누구에게나 항상 받아들여지지만은 않을 것이라는 것을 이미 알고 있었던 듯하다.

> 뛰어난 인간이 도를 들으면,
> 그는 그 자리에서 도를 실천한다.
> 평범한 인간이 도를 들으면,
> 반신반의한다.
> 어리석은 인간이 도를 들으면,
> 그는 큰소리로 웃어버린다.
> 만일 어리석은 인간이 듣고 웃지 않는다면,
> 그것은 도가 아니다.

우리의 삶은 수많은 책임들과 의무들로 가득 차 있다. 기술의 발전과 현대사회가 우리의 스트레스와 갈망을 더욱 부채질한다. 하지만 2,600년 전에 쓰인 『도덕경』 속에서 존재의 본질을 이해하는 것은 가능하다.

'도'는 우리가 진정으로 자유롭기 위해서는 세상에 맞서 싸우는 것이 아니라 함께 변화해 나가야 한다고 가르친다. 겸손하고, 유연하고, 세상의 편견으로부터 떨어져서 삶을 대해야 한다고 말한다. 풍요로움으로 가는 기술은 인생의 의미를 깨닫는 것, 음미하는 것, 그리고 삶을 있는 그대로 축하하는 것에 있다.

> 만약 다른 누군가가 그대를 채워주길 원한다면
> 그대는 결코 채워지지 않을 것이다.

만약 그대가 돈으로 행복을 얻으려 한다면
그대는 결코 스스로 행복해지지 않을 것이다.

그대가 이미 갖고 있는 그것으로 행복해지라.
지금 있는 그대로 기뻐하라.
부족한 것은 아무것도 없다는 사실을 깨달을 때,
이 세상은 전부 그대 것이다.

짐 브라운이 알고 있는 것을 당신도 알았더라면

짐 브라운은 틀림없이 세상에서 가장 훌륭한 스포츠 선수이다.

그는 육상 스타이면서 국내 최고의 락크로스(캐나다의 국기國技로 하키 비슷한 경기-역자주) 선수이며, 고등학교 때는 경기마다 38점씩을 얻었던 농구선수였고, 클리블랜드 브라운Cleveland Brown 다음으로 NFL 기록을 갱신했다. 2002년, 〈스포팅 뉴스Sporting News〉는 그를 역사상 최고의 미식축구 선수로 지명했다.

그는 테니스에서도 뛰어난 기량을 발휘했다. 그리고 테니스 경기에 돈을 거는 것도 좋아했다. 1979년 라스베이거스 테니스 클럽에서 상대 선수가 경기가 시작하기 바로 전에 돈이 걸린 시합을 취소해버리자, 그는 낙담에 빠졌다.

그때 한 낯선 사내가 어린 소년을 데리고 그에게 왔다. 외국인 악센트가 강한 영어로, 그는 터무니없는 제안을 했다. 브라운에게 그의 아홉 살

난 아들—나이에 비해서도 작고 깡마른—과 경기를 해달라고 요청한 것이다. 그는 아들이 브라운을 꺾을 것이라고 확신하고 있었다. 그는 내기 돈으로 그의 집을 걸었다.

그때 그 꼬맹이를 바라보며 짐 브라운의 마음이 어땠을까는 상상에 맡긴다. 그것은 제안이 아니라 모욕에 가까웠다.

그 낯선 사내는 상대를 잘못 골랐던 것이다. 브라운은 단순한 스포츠 천재가 아니었다. 그가 NFL 시절 했던 유명한 말은 그가 어떤 사람인지 극명하게 보여준다. "누구든 내게 도전하는 인간은, 그 대가가 무엇인지 따끔하게 보여주지."

브라운은 그들에게 집 말고 최소한 만 달러라도 돈을 걸라고 되쏘았다.

클럽 주인은 브라운에게 경고하려 했다. 그러나 결국 짐 브라운이 코트 위로 활개 치며 걸어 나갔을 때, 그리고 그 사내와 그의 어린 아들—훗날 미국의 유명 테니스 선수가 된 안드레 아가시—가 종종걸음으로 코트로 나갔을 때 클럽 주인은 조용히 혼자 중얼거렸다. "짐 브라운이라 해도 배워야 할 때가 있으니까……."

그가 스스로 큰 실수를 저질렀음을 깨닫는 데는 그리 긴 시간이 필요치 않았다. 짐 브라운은 어린 소년에게 무참히 깨졌다.

그는 겸손을 배운 적이 없었다. 우리들 중에도 이런 경향은 쉽게 찾아볼 수 있다. 그것은 자신의 전문 분야일수록 더욱 두드러진다. 나의 경우, 투자 시장에서 확신이 높을수록, 자아가 강할수록 반드시 베를린 장벽처럼 무너지고 마는 것을 보아왔다.

성공적인 투자자들은 모두가 꾸준히 겸손한 마음으로 시장에 접근한다. 알 수 없고, 알려지지 않은 것들을 기꺼이 존중하는 것이다. 내일, 또

다음 주에 어떤 일이 일어날지는 아무도 모른다는 것에 동의했다.

만일 당신이 스스로 누구인지 잘 모르겠다면, 주식시장은 너무나 비싼 수업료를 요구할 것이다. 빅터 니더호퍼Victor Niederhoffer에게 물어보기 바란다.

전문 무역업자이자 전직 경제학 교수였던 니더호퍼는 1982년에서 1990년 사이에 환차익을 통한 투자로 부를 쌓았고, 헤지펀드로 명성을 얻은 인물이다.

니더호퍼는 영민한 사람이고 유연한 사고방식을 갖고 있었다. 철학, 물리학, 진보된 수학 등 여러 가지 원리들을 동원해 시장 모형을 그리고, 투자 결정을 내렸다. 그가 1997년에 낸 책, 『투자자를 위한 교육The Education of a Speculator』는 〈뉴욕타임스〉 베스트셀러에 올랐다.

그러나 그해 가을, 그는 큰 공부를 해야 했다. 아시아의 주식시장이 무너져내리자, 그것이 '일생일대의' 매수 기회라고 생각한 니더호퍼는 그의 헤지펀드를 태국은행 주식에 쏟아부었다. 그는 태국 정부가 그 은행이 망하게 둘 리 없다고 확신했다. 그의 예상은 빗나갔다. 그의 펀드들은 순식간에 4분의 3이상을 잃었고 결국 니더호퍼 펀드는 문을 닫아야 했다.

그는 경험 많고, 영감이 넘치는 사람이다. 그러나 나는 그가 그의 책 『투자자를 위한 교육』을 펀드가 무참히 실패한 뒤에 썼더라면 더 좋았을 거라고 생각한다. 그랬다면 그 책은 훨씬 더 읽을 가치가 있었을 것이다.

물론 이런 쓰라린 경험을 한 것은 니더호프뿐만이 아니다. 역사는 특히나 전문가들의 오만한 태도와 단호한 선언에 가혹한 결과를 안긴다.

■ 영국상공회의 대주교 제임스 어셔James Ussher(1581~1656)는 성경에 나오는

사건들이 일어난 정확한 시기를 연구했다. 그리고 계산이 끝나자, 지구가 기원전 4004년 10월 24일 아침 일곱시에 창조되었다고 발표했다. (그의 계산은 4,600만 년 정도 틀렸다.)

- 1899년, 미국특허청 담당관이었던 찰스 H. 듀얼은 그의 사무실 문을 닫게 해줄 것을 국가에 요청했다. '인간이 발명할 수 있는 것은 이미 다 발명되었다'는 것이 그 이유였다.

- 1927년, 〈뉴욕타임스〉는 필로 T. 판즈워스Philo T. Farnsworth의 새로운 발명품, 텔레비전에 대해 표지기사로 다루면서 이렇게 보도했다. "그다지 많이 팔릴 것 같진 않다."

- 20세기의 가장 저명한 저널리스트이자 사상가인 월터 리프먼Walter Lippman은 1948년 4월 27일 그의 칼럼에서 이렇게 썼다. "세계에서 가장 풀기 힘든 문제들 중에서, 그래도 아랍과 이스라엘 갈등은 가장 간단하고 풀기 쉬운 편에 속한다."

- 1962년, 리버풀에서 무명의 그룹 비틀스가 음반사의 오디션을 보고 있었다. 그들은 한 시간도 채 안 되는 시간 동안 15곡의 노래를 불렀다. 음반사는 그들을 되돌려보내며 말했다. "통기타 그룹은 한물갔어. 비틀스는 연예계에서 살아남기 힘들 거야."

물론 '전문가들'만이 이런 함정에 빠지는 것은 아니다. 여러 가지 의미에서, 인생이란 것은 겸손을 배워나가는 기나긴 수업이다. 우리의 생각이 우리를 배신한다. 믿고 있던 것이 허물어진다. 지식은 자라나고 의견은 변한다. 진실이라 하더라도, 언제나 예외는 존재한다.

우리를 이끌어줄 전문가를 찾는 것은 자연스런 일이다. 그러나 물리학과 화학 분야를 제외하고, 무언가를 예견한다는 것은 언제나 쓰디쓴 결과를 감수할 각오를 해야 한다.

우리는 모르는 것투성이인 광막한 바다를 헤엄치고 있다. 우리가 그것을 더 빨리 인식하고 개인적, 사회적 삶에 받아들일수록 물 위에 떠 있는 시간이 길어질 것이다.

인간 영혼의 가장 고귀한 징표

수수께끼를 하나 내겠다.

가장 설득력 있고, 도덕의 기준이 되고, 윤리의 규범이 되고, 철학의 소재가 되고, 세상에서 가장 위대한 힘이 되며, 인간 영혼을 가장 고귀하게 표현할 수 있고, 아름다움 그 자체로 불리는 것은 무엇일까?

소로는 이것이 돈, 사랑, 명성보다 좋다고 말했다. 『신약성경』(요한복음 8장 32절)에는 이것이 자유의 기본이라고 쓰였다. 쇼펜하우어는 이것이 처음에는 조롱받고, 나중에는 무참히 억압받지만 결국 자기확신으로 받아들여진다고 말했다.

수수께끼의 대답은, '진실'이다. 하지만 언제나 공급은 수요보다 많다.

어느 날, 한 친구가 내게 정치적인 이메일 한 통을 전달해왔다. 그 메일은 의심스러운 고발과 사실에 대한 잘못된 언급들로 가득했다. 발신자 이름도 없이, 3색 칼라로 몽땅 대문자로 쓰인 그 메시지를 본다면 조금 혼란스러운 기분이 들 것이다. 하지만 내 친구는 그 메일에 무척 고무되어 있었다.

우리는 스스로가 진실을 알고 있다고 믿고 싶어한다. 설령 우리가 확신이 없다 하더라도, 정보들을 냉철하고 이성적으로 판단할 수 있다고 생각하며 진실은 척 보면 단박에 알 수 있다고 생각한다.

그러나 윈스턴 처칠이 말한 바와 같이, "인간은 때때로 진실 위에 실수로 넘어진다. 하지만 우리들 대부분은 서둘러 일어나서는 아무 일도 없었다는 듯이 진실로부터 떠난다."

우리는 우리가 머릿속에서 그리는 세상 속을 진정한 세계라 믿고 활보하고 있을 뿐이다. 그 이미지들이 우리의 생각과 감정과 행동을 지배한다. 그러나 과연 그 이미지들은 진실일까?

오늘날 케이블 텔레비전, 라디오, 인터넷의 덕택으로 우리는 우리가 원하는 것들을 보고 읽고 느낄 수 있게 되었다. 정치, 사회, 과학적 지식을 얻을 수도 있다. 이것을 '선택적 노출'이라고 부른다. 우리의 신념이 흔들리는 불쾌한 체험을 하는 대신에, 우리가 이미 알고 있고 믿고 있는 것들을 이야기하는 채널을 선택하기만 하면 된다. 우리는 우리가 섭취할 메시지들을 신중하게 선택하고 편식한다. 그 결과, '우리가 무엇을 해야만 하는가'에 관해 논쟁하는 것이 아니라, '무엇이 일어나고 있는가'에 관해 논쟁하게 되었다. 이제 우리는 서로 '다른 의견'을 갖고 있는 것이 아니다. 서로 '다른 세계'를 갖고 있는 것이다.

물론 우리는 세상에서 일어나는 모든 것들에 관여할 순 없다. 그래서 권위 있는 지혜나 다른 이들의 의견을 듣고자 하는 것이다. 우리는 특정한 상황을 보고 전체적인 그림을 그린다. 우리는 그럴듯하게 들리기만 하면—특히나 그것들이 우리가 원래 갖고 있던 개인적 견해와 일치한다면—우리가 보고 읽는 것들을 사실로 받아들여버린다. 그리고 나이가 들면, 경험했던 것들을 잊어버리거나 혹은 잘못 기억하기도 한다.

우리는 또한 문화적 존재이기도 해서, "세상은 이런 것이다"라고 말하는 고정 관념을 받아들이며 성장한다. 하지만 이러한 조기교육은 우리가 다른 문화나 견해를 받아들이기 힘들게 한다. 우리가 눈과 마음을 열지 못하도록 하는 것이다. 그리고 예의바르고 정치적으로 행동해야 한다는 생각에 질문을 하거나 반대의 목소리를 내길 꺼리게 된다. 스스로 생각하거나 도전하는 대신, 모두가 받아들이는 사실 위에서 안주하고 마는 것이다.

우리는 가끔씩이라도 우리의 사실—혹은 진실—에 대한 해석이 올바른 것인지 생각해봐야 한다. 사회학자들은 우리가 믿고 있는 것들이—우리가 사실로 받아들이고 있는 것들이—실은 우리의 성장 과정과 속해 있는 사회에 의해 크게 좌우된다고 말한다. 우리 모두는 문화적으로 얽힌 거미줄에 걸려 있는 것이다.

포스트모더니즘과 해체주의를 신봉하는 이들은 이 문제를 극단적으로 받아들인다. 그들은 세상에 '객관적인 진실'이라는 것은 없으며, 단지 문화적으로 해석된 세계관과 의견들—헤아릴 수 없이 다양하고 많은—이 있을 뿐이라고 주장한다.

객관적인 진실이 아닌 것을, 왜 우리는 그토록 추구해왔던가? 정말 맥 빠지는 일이 아닐 수 없다. 하지만 옥스퍼드대학교의 생명공학자 리처드 도킨스Richard Dawkins는 그의 책『에덴의 강River out of Eden』(1995)에서 포스트모더니즘 신봉자들을 통렬하게 비꼬며 이렇게 말한다.

> 3천 피트 상공을 비행기를 타고 날아가면서 상대주의를 논하는 사람이 있는가? 그렇다면 그는 형편없는 위선자이다. 비행기는 오로지 과학적인 원리에 의해서 설계되었다. 부족의 전통이나 신화적인 특성으로 설계된 것이 아니다. 당신이 세계 의회나 인류학자를 향해 안전하게 날아갈 수 있는 것은—불시착으로 고꾸라지지 않고 단지—서구 과학으로 단련된 수많은 기술자들이 그들의 의무들 충실히 수행했기 때문이다.

이런 견해를 모든 일에 적용할 수는 없겠지만, 지식의 모든 양상이 옳은 것은 아니다. 우리가 갖고 있는 믿음들은 아래 3가지 중 하나에서부터 비롯된다.

1. 전통 : 할아버지에서 아버지, 그 아들로 대대손손 전해져내려온 신념들이 있다. 물론, 처음부터 잘못된 이야기나 치료법이 있을 수도 있다. 그것들은 아무리 오래 전해져 내려왔다 해도 진실일 수가 없다.
2. 권위 : 선생님이나 공무원, 종교 지도자들이 사실이라고 말하면, 우리는 쉽게 그것들을 받아들이는 경향이 있다. 그렇게 하면 여러모로 편리하기도 하다. 하지만 그들이 어떤 자격증을 갖고 있건 간에, '전문가'라는 사람들은 종종 오류를 범한다. 권위 있는 사람의 입에서 나온 정보라 해서, 그것이 믿을 만하다는 뜻은 아니다.
3. 이유와 증거 : 이것이야말로 좀 더 믿을 만한 근거다. 역사학자들은

문서와 편지, 그리고 사진 들을 종합해 과거를 추측한다. 판사들은 물리적, 상황적 증거―목격자의 증언, 확인된 사실―를 종합해 의견을 정한다. 과학자들은 관찰과 실험을 통해 가설을 증명하려 애쓰고, 그 결과를 발표한다.

역사학자들이나 판사들과 마찬가지로, 과학자들 또한 완벽하지 않다. 그들의 주장은 언제나 점검되고 재해석된다. 그러나 과학적 방법은 인간이 항상 오류를 범할 수 있다는 전제하에 엄격한 사전점검과 이중맹검(실험자도, 피실험자도 실험이 진행중이라는 사실을 모르게 하는 실험-역자주) 등을 사용한다.

1989년, 당시 세계 최고의 전기화학자였던 마틴 플레시먼Martin Fleishmann과 스탠리 폰즈Stanley Pons는 콜드 퓨전cold fusion(저온 핵융합, 상온에서 발생하는 핵반응)을 발견했다고 밝혔다. 그러나 그들의 '발견'은 증거 불충분으로 곧 폐기되고 말았다.

현대과학에 있어서의 성공은 엄청난 권력이 되었다. 어떤 이들은 과학을 의문의 여지없는 권위로 만들어 진실과 지식의 판단 기준으로 삼으려 하기까지 했다. 하지만 그것 또한 옳지 않다.

과학자들은 이기적이고, 탐욕스러우며, 선입견에 가득 차 있기도 하다. 아무리 업계의 엄격한 평가를 거친다 해도 기후게이트ClimateGate(2009년 11월 기후온난화 안건의 반대론자들에 의해 야기된 이스트앵글리아대학교의 기후연구소 컴퓨터 서버 해킹 파문)사건의 경우와 같이 과학적 사상이 이념적인 갈등이나 개인적인 보복을 야기시킬 수도 있다.

과학은 바다의 깊이를 측정하고, 우주의 구석을 탐색하며, 원자의 휴지기를 계산해왔다. 그로써 우리 삶에 대한 지식을 엄청나게 넓혔다. 하지만 그렇다고 해서 우리가 여기에 왜 있는지, 삶의 의미는 무엇인지에 관한 해답을 주지는 못했다.

과학은 '이것은 무엇인가'에 관해서는 훌륭하게 답해주었다. 그러나 '이것이 어떻게 되어야 옳은가'에 관해서는 아무것도 말해주지 못한다.

그 대답은 이론가, 시인, 철학자의 몫으로 남겨져 있다. 그리고 몇 가지 중대한 진실들은 우리 스스로가 발견할 수밖에 없다.

의식적으로 살아가기 위해

매년 열리는 마크 스쿠젠Mark Skousen 자유페스티벌—세계 최대의 자유마인드 회합이라고 불리는—에 참석하는 즐거움 중 하나는 지적이고 재미있는 사람들을 많이 만날 수 있는 것이다. 닥터 너대니얼 브랜든도 그중 한 사람이다.

오랫동안 심리치유사와 협력 상담사로 일해오면서 브랜든은 '자존감' 분야에서 독보적인 위치를 차지하고 있다. 『스스로를 존중하기Honoring the Self』, 『자존심을 받치는 6개의 기둥Six pillars of self esteem』을 포함한 수많은 저서도 쓴 바 있다.

브랜든은 우리가 삶에서 완수해야 할 가장 큰 사명은 의식적으로 살아가는 것이라고 말한다. 이것은 가벼운 대중 철학이 아니다. 브랜든은 신중한 사색가이다. 그는 우리의 가치관, 관심, 목표, 그리고 행위들이 일치했을 때만이 진정한 만족과 마음의 평화를 얻을 수 있다고 주장한다.

예를 들어, 한 젊은 아버지가 "내 아이들과 시간을 보내는 것은 정말 중요한 일입니다. 텔레비전을 보는 것 따위는 하찮은 일이지요"라고 말했다고 치자. 하지만 그는 습관적으로 텔레비전 앞에서 많은 시간을 보내고, 아이들과 보내는 시간은 아주 적다. 그럴 때, 그의 가치관과 행위 사이에 커다란 차이가 존재하게 된다. 그러면 결과적으로 그 아버지는 삶 속에서 무언가 어긋났다는 느낌을 받는다.

의식적으로 살아간다는 의미는, 우리의 삶을 가까이에서 들여다보고 우리의 상황을 있는 그대로 받아들이는 것이다. 그리고 우리의 생각에 잘못이 있을 수 있다는 사실에 마음을 여는 것이다. 그것은 우리의 실수를 알아내고자 하는 욕구와, 그것을 인정할 수 있는 용기와, 그것을 수정하고자 하는 의지가 필요한 일이다.

그것은 쉽지 않다. 성인이 되고 나서는 우리의 많은 생각들과 믿음들이 정형화되어 굳어져버린다. 우리들 중 대부분은 지금껏 믿어왔던 관념들이 틀렸다는 증거 앞에 서고 싶어하지 않는다.

150년 전 초월론자였던 랠프 월도 애머슨은 이렇게 말했다. "신은 우리의 마음속에 두 가지 선택을 남겨놓으셨다. 진실이냐 휴식이냐. 당신이 원하는 것을 선택하라. 단, 둘 다를 취할 수는 없다."

의식적으로 살아간다는 것은 '사실은 사실대로' 받아들임을 의미한다. 우리의 마음은 세상이 존재하는 방식에 대한 불편함을 없애지 못한다. 우리가 아무리 상황이 달라지길 원해도, 현실은 무뚝뚝하기 그지없다. 이것을 깨닫는 것을 성장이라 부른다.

의식적으로 살아간다는 것은 또한, 우리가 무언가를 하고 있을 때 스스로 무엇을 하고 있는지를 알고 그것에 집중하는 것을 뜻한다. 만약 사무실에 있다면 골프 코스 생각은 하지 말고 일에 집중하라. 만약 골프를 치고 있다면 사업 생각은 하지 말고 게임에 집중하라. 만약 손자들과 놀고 있다면 책상 위에 남겨진 부동산 계약 건에 휘둘려선 안 된다. 당신은 깨어 있고, 열려 있고, 지금의 순간들에 반응해야 한다. 이것은 우리 모두에게 엄청난 도전이다. 하지만 순간에 온 마음을 다해 깨어 있는 능력은 우리 삶의 모든 부분에서 굉장한 효율성을 선사할 것이다.

의식적으로 살아가다보면 우리가 갖고 있는 문제들에 관해 창조적인 해결책이 떠오르기도 한다. 그리고 브랜든은 그것들을 찾아내는 환상적인 방법을 개발했다. '문장 완성하기 연습'이라는 것이다.

개인의 능력을 향상시키는, 간단하지만 강력한 테크닉이다. 일단 문장을 시작하는 하나의 구절을 적은 뒤, 생각할 틈 없이 빠르게 뒷말을 덧붙여 6~10개 정도의 문장을 완성하는 것이다. 생각을 걸러낼 필요도 없고, 그 문장이 문법에 맞을지, 의미가 있을지 걱정할 필요도 없다. 아무런 제약 없이 그저 마음속에 떠오르는 것을 빠르게 적어내려가는 것이 핵심이다.

예를 들어, 첫 구절을 "만약 내가 일을 하는 데 5퍼센트만 더 집중한다면……"이라고 썼다면 이런 문장들이 가능할 것이다.

- 내 사업에 관해 더 많은 것을 배울 수 있을 텐데.
- 일을 덜 미룰 텐데.
- 더 중요한 일에 관해 더 많이 생각할 텐데.
- 이메일을 보내는 데 시간이 덜 걸릴 텐데.
- 중요한 시안에 더 집중할 텐데.

당신의 의식을 개발시키고, 행동을 변화시키고, 결과를 더 좋게하는 것이 이 훈련의 목적이다. 아래 제시한 구절들로 당신이 6~10개가량의 문장을 완성한다면 당신의 사업이 어떻게 변화할지 상상해보라.

- 만약 어떤 일을 우선순위에 놓을 것인지 생각한다면.
- 만약 더 효율적인 팀을 갖기 원한다면.
- 만약 내가 시간을 쓰는 방법을 검토해본다면.
- 만약 내가 사원들이 우리 회사를 믿고 존경하게 만들려면.
- 만약 내가 평생 고객을 원한다면.

브랜든은 그의 저서 『의식적으로 사는 기술 The Art of Living Consciously』 (1997)에서 보다 많은 예시들과 방법론들을 제시해주고 있다. 그 훈련의 가장 놀라운 점은 그것들을 실제로 해보면 우리가 지금 정확히 무엇을 해야 하는지를 빠르고 선명하게 보여준다는 점이다. 누구도 당신에게 도움을 줄 필요가 없다. 스스로 그 답을 알고 있다. 산만한 마음의 표면을 걷어내기만 하면 그곳에 언제나 답이 숨어 있다.

브랜든이 제시하는 테크닉들은 우리 삶의 모든 부분에서 훌륭하게 활용할 수 있다. 예를 들어, 이렇게 시작하는 문장들을 한 번 완성해본다면 삶이 더 좋아지지 않겠는가?

- 만약 내 삶의 기준을 높이기로 작정한다면.
- 만약 내가 내 일을 자기발전의 기회로 활용한다면.
- 만약 내가 스스로의 선택과 행동에 100퍼센트 책임을 진다면.

- 만약 내가 다른 이들이 완전히 믿을 수 있는 사람이라면.
- 만약 내가 알고 있는 모든 것을 활용할 수 있다면.
- 만약 내가 매일 하는 활동에서 5퍼센트 더 의식적인 노력을 기울인다면.

브랜든은 이 테크닉을 '영혼에 날리는 한 방의 아드레날린'이라고 부른다. 그 말이 맞는 것 같다.

그는 부부관계 상담을 할 때에도 이 '문장 완성하기' 기법을 사용한다고 말한다. 부부 각자에게 결혼생활에서 어려운 점이 무엇인지 말해보라고 요청한다. 그러고 나서 그들을 마주보게 한 뒤 다음과 같은 문장들을 완성해보도록 한다.

- 내가 달라질 수 있는 것들 중 하나는.
- 가끔씩 내가(…) 할 때 좌절감을 느껴.
- 가끔씩(…) 할 때 내가 당신을 화나게 하는 것 같아.
- 가끔씩(…) 할 때 내가 당신을 상처주는 것 같아.
- 당신이 내게 원하고 있지만 내가 아직까지 해주지 않은 일은.

다른 누군가가 스스로의 모자란 점을 지적하는 것을 좋아하는 사람은 아무도 없다. 그러나 스스로가 그것을 뱉어내고 나면 굉장한 깨달음을 얻을 수 있다.

브랜든은 커플들에게 아래와 같은 문장들도 완성해봄으로써 그들의 친밀도를 높일 수 있다고 말한다.

- 우리가 서로를 좋아하는 점 중 하나는.
- 우리의 공통점 중 하나는.
- 당신이(…) 할 때 나는 감사함을 느껴.
- 당신이(…) 할 때 특별히 사랑받는 느낌이 들어.
- 당신이(…) 할 때 가장 우리가 연결되어 있다는 느낌이 들어.

이 테크닉을 통해서, 브랜든은 오랫동안 깊은 사랑을 유지해온 부부일수록 '마음챙김mindfulness'에 능숙하다는 사실을 발견했다. 서로의 존재를 당연하게 생각하는 대신, 그들은 그들이 받아들일 수 없는 상황에서도 존중과 배려로 대화했다.

의식적으로 살아가지 않는 사람들은 보통 권태로움을 느끼고, 갈등하고, 탈진하고, 분노하고, 자신의 직업에 불만을 느끼고, 관계 속에서 절망한다. 하지만 불행히도 그들은 그 이유를 외부에서 찾는다. 이런 태도는 책임을 회피하기 위한 편리한 이유를 제공하며 결과적으로 진실을 발견할 기회를 빼앗는다.

브랜든은 이렇게도 말한다. 우리가 그토록 죽음을 두려워하는 이유는 우리가 그만큼 불완전하게 살아왔다는 증거라고. 그러면 어떻게 해야 할까? 앞으로 남아 있는 날들을 더 의식적으로 살아가는 것이 답이다.

그것은 우리의 말과 행동이 조화를 이루는 것을 의미한다. 그저 삶을 따라 흘러가는 것이 아니라 목적을 가지고 살아가는 것을 의미한다. 그것은 또한 무엇이 중요한가를 알고, 스스로의 가능성을 파악하며, 스스로의 가장 큰 잠재능력을 이끌어내기 위해 애쓰는 것을 의미한다.

『매일 자존심 있게 살기 Self-Esteem Every day』(1998)에서 브랜든은 이렇게 쓰고 있다.

의식적인 삶은 고귀하고 영웅적인 목표이다. 더 또렷한 인식과 이해를 위해 노력하고, 더 높은 '마음챙김'의 방향으로 전진하고, 두려움과 고통을 넘어서서 진리를 숭배하는 것은 우리 영혼의 성장—세상을 바라보는 능력의 끊임없는 발전—을 돕는다.

당신의 삶이 당신을 증거하게 하라

나는 그때까지는 한 번도 누군가를 엿본 적이 없었다. 그런데 지난 주, 낸터킷Nantucket에 있는 서점 직원이 내게 몇 블록만 걸어내려가면 파인 스트리트 10번가에 1700년에 지어진 퀘이커교도들의 집합소였던 의회당이 있으니 가서 구경해보라고 권했다.

그곳에 갔을 때 정문이 잠겨 있었기 때문에 나는 건물을 빙 돌아 까치발을 들고 창문 너머로 들여다보았다. 바로 다음 날 나는 그 건물이 더 이상 박물관이 아니라 개인 주택으로 사용되고 있다는 사실을 알게 되었다. 이런! 키 큰 중년 남자가 창유리에 코를 납작하게 대고 안을 엿보고 있다고 누군가가 경찰관을 부르지 않은 것이 천만다행인 일이었다.

나는 그때 북쪽으로 29마일 거리에 위치한 케이프 코드Cape Cod에서 투자 설명회를 하던 중 휴식을 취하기 위해 낸터킷에 와 있던 참이었다. 페리를 타고 강을 건너는 것도 유쾌했고, 시내 이곳저곳에 있는 갤러리들, 박물관들, 서점들을 들러보는 것은 늦여름 오후를 보내기에 멋진 방법이었다.

그 섬은 야릇한 매력이 있었으며 역사로 가득했다. (만약 그곳에 가게 된다면 낸터킷 웨일링 박물관을 놓치지 말기 바란다. 그곳은 국제적인 여행작가 앤드류 하퍼가 『죽기전에 꼭 가봐야 할 미국의 10곳』 중 하나로 지명한 곳이다.)

낸터킷은 미국 내에서 남북전쟁 이전의 건축물이 가장 집중되어 있는 곳이다. 19세기 중반의 매력과 건축미가 고스란히 보존되어 있는 곳이기도 하다.

낸터킷에 처음 정착한 이들은 퀘이커교도들이었다. 솔직히 말하자면, 오트밀 봉지를 바라볼 때 외에는 나는 퀘이커교도들에 관해 생각해본 적이 별로 없다. 그러나 그들은 멋진 역사를 가지고 있다.

퀘이커교는 17세기 중반 영국에서 시작되었다. 그들은 스스로의 집단을 '친구들의 사회'라고 불렀다. '서로의 친구들, 진리의 친구들, 신의 친구들'이라는 의미에서였다.

그들의 종교적 교리는 영국 국교회와 갈등을 일으켰다. 그리고 교회로부터 난폭한 억압을 당했다. 퀘이커교의 지도자였던 조지 팍스George Fox, (모든 인간들은 스스로의 '내면의 빛'에 의해 안내를 받으며, 영적인 탐구를 위해 교황이나 목사는 필요치 않다고 믿었다.)는 여덟 번의 옥살이와 수없는 매질을 당하면서 살아야 했다.

많은 퀘이커교도들은 종교의 자유를 찾아 '신세계(미국을 뜻함-역자주)'로 떠났다. 그러나 그곳에서도 그들은 자유를 찾을 수 없었다. 박해를 피해 역시 미국으로 건너왔던 청교도들과 뉴잉글랜드의 신교도(프로테스탄트)들의 괴롭힘이 기다리고 있었다.

퀘이커교도들이 박해를 받은 것은 그들의 교리 때문만이 아니었다. 그들은 종교적 서약을 거부했고, 군대에 복무하는 것을 거부했으며, 교회 건립을 위한 세금을 내지 않았다. 또한 예배 시간을 제외하곤 모자를 벗지 않았다. 그리고 인간은 모두 평등하다고 믿었기 때문에 귀족이나 공무원들에게 경의를 표하거나 허리를 굽혀 절하는 것도 거부했다.

1656년 두 명의 퀘이커교도 여인들이 보스턴 시내에 나타나자 통치자였던 존 앤디콧John Endicott은 그녀들로부터 마녀의 징표를 찾아내도록 명령했다. 결국 그녀들을 그냥 돌려보내주어야 했지만, 곧 '친구들(퀘이커교도들을 칭함-역자주)'을 보스턴에서 추방한다는 법안이 발표되었다. 처음 보스턴을 방문했던 퀘이커교도들은 내쫓기는 것으로 끝났지만, 대담하게도 그곳에 다시 나타났던 이들은 교수형을 당했다.(실제로 몇 명이 형틀에 매달렸다.) 보스턴 시민들에게는 그들과 이야기를 나누는 것만으로도 벌금이 부과되었다.

낸터킷은 외따로 떨어져 있는, 관대하고 서민적인 도시였다. 그곳에서 퀘이커교도들은 자유롭게 교리대로 생활할 수 있었고 이 섬 위에 자취를 남길 수 있게 되었다.

나는 그때 낸터킷 역사학회에 의해 보존된 1864년의 '친구들'의 회합 장소를 방문했던 것이었다. 이 퀘이커교의 예배당은 엄격한 금욕주의와 단순함의 품위를 보여주고 있다. 미학적으로 볼 때, 이 건물들은 성베드로 대성당의 아름다움과는 아주 거리가 있어 보인다.

퀘이커교도들은 밖으로 보이는 모든 것들에서 단순함을 추구했다. 그들은 검소하고 단순하게 옷을 입었다. 회합은 매우 조용하게 진행되었다. 그 조용한 분위기는 영적인 조직이라는 느낌을 더해주었다. 만일 회합 중 누군가가 일어서서 이야기를 한다면 그것은 스스로의 '내적 깨달음'에 관한 것이었다.

퀘이커교도들이 믿었던 것은 무엇일까? 비록 그들이 기독교에 바탕을 두고는 있었지만 이 질문에 답하는 것은 쉬운 일이 아니다.『퀘이커교의 지혜의 책*A Quaker Book of Wisdom*』(1998)의 저자 로버트 로렌스 스미스는 이렇게 쓰고 있다.

> 퀘이커교 철학은 '없다'로 점철되어 있다고 표현하는 것이 가장 옳을 것 같다. 그들에겐 교리가 없다. 종교적인 규율도 없다. 성경도 없고, 문자로 쓰인 서약도 없다. 정통 퀘이커교에는 성직자도, 목사도, 어떠한 종교 지도자도 없다. 예배의식도 없다. 그들의 회당이나 집에는 십자가상도 없고, 그 어떠한 종교적 상징물도 없다.

퀘이커교도들 간의 결혼식은 그저 신랑 신부가 서로에게 절을 하는 것이 전부이다. 그들이 죽은 자를 묻을 때는 '장례식'이라는 말이 무색할 지경이다. 기도를 올리지도, 목사가 집도하지도 않는다. 그저 고인에 대한 감사의 말들을 조금 나눌 뿐이다. 그들은 사후세계에 대해서 논의하지 않는다. 그들에게 있어서 죽음이란 우리가 아는 것과 같이 삶이 끝나는 것이다. 그 후의 문제는 미스터리로 남겨두었다. 그저 살아 있는 동안 행복과 사랑을 누리는 것으로 충분했다.

1820년경 낸터킷의 퀘이커교도들의 수는 급격히 줄어들었다. 독립전쟁과 1812년의 전쟁은 '친구들'의 사회에는 치명적이었는데 그들의 교리 때문이 아니라 그들이 군대에 참여하길 거부했기 때문이었다. 완고한 평화주의자였던 그들은 그들의 평화선언문을 내세웠다. '우리는 모든 형태

의 전쟁과 다툼을 거부하며 어떠한 형태로든, 어떠한 목적으로든 무기를 들고 싸우지 않는다.'

한 국가가 맹목적이고 소모적인 전쟁에 빠져들 때 이 선언문은 굉장히 호소력 있게 들릴 수 있다. 그러나 모든 전쟁이 맹목적인 것은 아니다. 역사학자 브루스 손튼Bruce Thornton은 이렇게 말했다. "평화주의란, 선조들이 군국주의와 용맹으로 다져놓은 안락한 사회에서나 잠깐 누릴 수 있는 사치에 불과하다." 오늘날의 대부분의 퀘이커교도들은 이 말에 고개를 끄덕일 것이다. 제2차 세계대전—도덕적 선택의 갈등을 불러일으켰던—이 일어났을 때, 복무 연령의 퀘이커교도 남성의 절반 이상이 전쟁에 참가했다.

현재 미국 내에는 12만 명이 채 되지 않는 수의, 전 세계적으로는 25만 명의 퀘이커교도들만이 남아 있는 것으로 추정된다. 그들이 작은 교파에서 벗어났던 적이 한 번이라도 있었을까? 그러나 그들은 우리에게 생각할 거리를 남겨주었다. 퀘이커교도들은 우리가 진리를 추구해야 하며 다른 이들을 돕기 위해 손을 내밀어야 한다고 믿었다. 그리고 다른 이들의 결점에는 관대하게, 스스로의 결점에는 완고하게 대처해야 한다고 가르쳤다.

그들은 진실의 서약을 중요시 여겼다. 정직한 삶을 산다는 것은 우리의 양심과 다투지 않아도 된다는 것을 뜻했다. 변명을 할 필요도 없다. 명예가 훼손될까 걱정할 필요도 없다. 도덕의 문제가 아니더라도, 정직함은 우리를 단순하게 살게 해준다. 마크 트웨인이 지적했듯이, 만약 우리가 진실에 매달리기만 한다면, 다른 아무것도 기억할 필요가 없다.

진실을 추구함에 있어서 퀘이커교도들은 과학적 탐구도 기꺼이 받아들였다. 그들은 과학이 위대한 지식을 탐구하는 다른 한 방편이라고 여겼다. 그리고 우리가 나이가 들어갈수록 현명해지고, 그 지혜를 다른 이들과 나눌 수 있게 된다고 믿었다. 그래서 그 기회를 결코 놓치지 말라고 권했다.

조지 팍스가 말했다. "당신의 삶으로 하여금 당신을 증거하게 하라." 퀘이커교는 우리의 진정한 자아는 '우리가 무엇을 말하는가'가 아니라 '우리가 무엇을 믿고 있는가'로 결정된다고 가르친다. 이것은 우리의 사적, 공적인 생활을 이끌어준다. 좋게든 나쁘게든 우리의 삶이 우리가 누구인지 이야기해줄 테니까.

우리는 퀘이커교도들의 가르침에서 많은 것을 배울 수 있다. 무엇을 갖고 있는가, 무엇을 입고 있는가, 무엇을 타고 있는가로 인간을 판단하는 우리 사회에서 양심과 단순함, 진실, 고요한 명상을 이야기하는 그들의 가르침은 인생을 밝혀주는 등불과 같다.

퀘이커교의 지혜는 우리에게 삶의 핵심에 집중하고, 소중한 것을 가장 소중히 여기고, 집중된 삶을 살라고 말한다. 어떻게? 당신이 행하는 많은 것들이 당신을 증명하게 함으로써.

그가 남기고 간 것

1948년 1월, 모한다스 간디는 저녁 기도를 올리기 위해 뉴델리의 정원을 가로질러 걸어가던 중 한 암살자가 쏜 총탄 3발을 맞고 그 자리에서 숨을 거두었다.

오늘날 간디는 반식민주의자, 비폭력주의의 대변인, 시민 불복종운동의 선구자, 그리고 세계 민주주의의 아버지로 기억된다. 그의 신봉자들은 미국의 시민권 운동에서 남아프리카의 인종차별주의 정책을 종식시키기 위하여, 1989년 천안문 광장에서 중국의 무력정권에 항의하기 위하여 간디가 사용했던 작전을 썼다.

간디는 정치적인 지도자로서 큰 업적을 남겼다. 차별과 가난, 그리고 카스트제도에 맞서 싸웠으며 '불가촉천민'을 없앴다. 또한 여권을 신장시켰고 종교의 자유를 옹호했으며 경제적인 자유를 위해서도 일했다. 하지만 존경받아 마땅한 그 모든 일들 중에서도 마하트마('위대한 영혼'이라는 뜻) 간디의 가장 위대한 업적이라 하면 인류의 영적 생활에 미친 영향일 것이다.

간디는 단순하고 겸허한 삶을 살았다. 그는 인도의 전통의상인 도티dhoti와 숄을 걸치고, 간을 하지 않은 순식물성 음식만을 먹었다. 그는 단정하고, 깨끗하고, 품위 있게 지내는 데는 돈이 들지 않는다고 말했다.

그는 긴 단식을 실행하기도 했는데, 그것은 스스로를 정화시키기 위함일 때도 있었고, 때로는 사회 문제에 대한 저항일 때도 있었다. 그리고 간디는 유머감각도 있었다. 언젠가 서구 문명에 대해 어떻게 생각하느냐는 질문을 받았을 때 그는 이렇게 답했다. "뭐, 아이디어는 좋았다고 생각합니다."

간디는 일생 동안 많은 어려움들을 겪었다.(국외 거주 법률가로서 비폭력 시민저항운동을 선동한 죄목으로.) 그는 남아프리카와 인도에서 몇 번이고 투옥되었고 장기 수감되어야 했다. 수감 중에 그는 비폭력 운동의 주요 골자들을 정리하여 써내려갔다. 여기 그중 몇 가지를 소개한다.

- 양심의 문제에 있어서는 다수결의 원칙이 성립되지 않는다.
- 만약 당신이 스스로의 생각과 행동을 장악하지 못한다면 당신이 가진 학위, 당신이 연구한 셰익스피어와 워즈워스는 모두 헛된 것이다.
- 인간은 그의 생각들의 산물이다. 인간은 그가 생각하는 바로 그것이 된다.
- 내가 이 세상에서 인정하는 유일한 독재자는 '마음속의 고요하고 작은 목소리'뿐이다.
- 강함은 육체적인 힘에서 오는 것이 아니다. 그것은 불굴의 의지에서 나온다.
- 나는 미래를 예견하지 않는다. 단지 지금 이 순간을 충실히 사는 것에 집중한다.
- 우리들이 이 바쁜 생활 속에서 하루에 단 몇 시간 만이라도 우리 스스로의 내부로 탈출하여 고요하고 위대한 목소리를 들을 수만 있다면!
- 경험은 내게 침묵이 진실을 숭배하는 영적인 훈련이라고 가르쳐주었다. 과장하여 하는 말들은 의도하건 의도하지 않건 진실을 억압하고 왜곡한다. 그것은 인간의 본성적인 약점이기 때문에 고요만이 그것을 극복할 수 있다. 말수가 적은 사람들은 경솔하게 말하는 우를 범하지 않는다. 그는 단어 하나하나를 신중하게 고르기 때문이다.
- 진정한 행복은 진정한 건강이 없이는 불가능하고, 진정한 건강은 엄격한 미각의 통제가 없이는 불가능하다. 일단 미각을 통제하게 되면 다른 모든 감각기관이 당신의 통제하에 들어오게 될 것이다. 그리고 스스로의 감각기관을 통제하는 사람은 세상을 정복할 수 있다.

그가 세상을 떠난 지 60년이 지났지만, 간디는 아직도 세계에서 가장 위대한 영적 지도자로 기억된다.

그는 그의 삶을 진실—가장 겸허한 이만이 찾아낼 수 있다고 믿었던—의 추구에 바쳤다. 그리고 가장 중요한 투쟁은 스스로의 공포와 불안으로부터 벗어나기 위한 투쟁이라고 말했다. 그리고 우리들이 갖고 있는 문제들 중 대부분은 우리가 하고 있는 일과 우리가 할 수 있는 일 사이의 차이에서 비롯된다고 보았다.

"그는 가난하고 병들고 짓밟히는 이들을 돕기 위해 태어난 사람이다. 그 사람들을 식민지 치하에서 구해내기 위해 어떠한 대가라도 기꺼이 치렀다"라고 주교 데스몬드 투투Desmond Tutu는 말한 바 있다. "결국 그는 그 대가로 목숨을 내놓아야 했지만, 그가 남긴 유산은 인류에 대한 사랑과 진실함으로 우리를 일깨우고 있다."

간디는 모든 인류에 대한 자비와 사랑을 가르쳤다. 알베르트 아인슈타인은 이렇게 말했다. "우리 후손들은 아마도, 이런 인간이 실제로 살과 뼈를 입고 걸어다녔다는 사실을 믿지 못할 것이다."

간디는 그가 죽으면 그의 저서들을 몸과 함께 화장해달라고 부탁했다. 그는 글이나 말 대신, 그의 삶이 하나의 메시지가 되기를 원했다. 말은 의미 없다고 믿었다. 오로지 행동만이 무엇이 진정으로 소중한가를 보여준다고 믿었다. 그가 남긴 유명한 말이 있다.

"그대가 이 세상에서 보기 원하는 바로 그 인간으로 변화하라."

불평하기 전에 기억해야 하는 것들

최근의 한 투자 설명회에서, 청중석에 앉아 있던 한 젊은 남자가 그는 지금 어떤 것에도 투자할 용기가 없다고 말했다.

"왜죠?" 나는 물었다.

"왜냐하면 우리나라의 미래가 이렇게까지 위험한 적은 없었기 때문입니다." 그는 말했다.

난 그의 말에 찬성할 수 없다. 예를 들어볼까? 1930년대, 세계무역량은 3분의 1로 줄어들었다. 도산하는 기업들은 기록적인 숫자로 불어났다. 네 명중 한 명은 실업자였으며 사람들은 집과 돈을 잃고 품위를 유지할 수조차 없어 생존을 위해 자선단체에 의존해야 했다. 주식 가격은 89퍼센트가 폭락했다. 숙련된 기술자들과 사업가들이 거리로 나와 사과를 팔거나 구두를 닦아 빵을 사야 했다.

집이 없는 사람들은 낡은 상자로 판잣집을 짓고 '후버마을Hoovervill, (당시의 대통령 허버트 후버를 비꼬는 이름)' 이라는 빈민촌을 형성했다. 농부들이 가장 큰 타격을 입었다. 농산물 가격이 폭락한 것이다. 그러나 사람들은 그것을 사먹을 돈조차 없었다.

자연까지 혹독하게 굴었다. 1930년대, 지독한 가뭄이 대평원을 뒤덮었다. 가장 비옥했던 토양조차 먼지더미로 바뀌어 바람에 쓸려가버렸다. 집들과 헛간들도 모조리 날아가버렸다. '먼지의 뚜껑'이 캔자스, 오클라호마, 텍사스, 뉴멕시코, 그리고 콜로라도를 덮었다. 가뭄은 수천, 수만 소농민들의 삶을 빼앗아가버렸다. 그들은 더 나은 삶을 찾아 캘리포니아를 향해 떠났지만 가는 도중 모든 것을 잃고 말았다.

비참한 시절이었다. 그러나 그것은 서막에 불과했다. 1942년, 히틀러의 군대가 모스코 가까이 진격해왔다. 독일의 잠수함들이 뉴저지와 플로리다 연안의 미국 유조선들을 침몰시켰다. 해안에서 벌어지고 있는 모습을 뻔히 보면서도, 우리가 할 수 있는 일은 아무것도 없었다.

우리는 육군도, 공군도 거의 없었다. 해군들 중 절반은 진주만Pearl Harbor 전투에서 살해되었다. 육군은 나무로 만든 장총을 들고 훈련을 받았다. 영국은 무참하게 만신창이가 되었다. 그리고 나치의 전쟁광들이 언제 멈출지 아무도 몰랐다. 그러나 미국인들은 다시 뭉쳤다. 윈스턴 처칠이 말했듯 "우리는 설탕 캔디로 만들어진 국민이 아니다. 세기를 뛰어넘고 산을 넘고 평원을 가로질러 여기까지 온 것은 그들이 얼마나 강한지를 보여주는 증거이다."

내가 오늘날 우리가 마주하고 있는 정치적, 경제적 문제들을 가볍게 보고 하는 말이 아니다. 그러나 역사적으로 보면 시각이 명확해진다. 최근 몇십 년간 우리가 누려온 풍요로움은 역사적인 맥락으로 볼 때 굉장히 특별한 사건이다. 미국인들은 도전이 엄습해올 때마다 일어나 맞섰다. 역사는 우리 전에 살았던 이들의 엄청난 희생과 놀라운 정복에 관해 이야기 하고 있다.

일례로, 미국 혁명 중 워싱턴 장군이 이끌었던 오합지졸 지원병들은 한겨울에 전투를 해야 했다. 그들은 형편없는 신발을 신거나 그도 아니면 맨발로 싸웠고, 음식도 거의 먹지 못했으며 집 같은 안락함은 꿈도 꿀 수 없었다. "우리 후손들이 이 혜택을 입을 거예요." 존 애덤스의 부인 에비게일 애덤스는 편지에 이렇게 썼다. "비록 그들이 선조들의 고통과 어려움은 알 수 없겠지만요."

미국인들은 이것을 기억해야 한다. 역사적으로 무지하다는 것은 지식이 없다는 뜻이 아니라 감사할 줄 모른다는 뜻이다.

퓰리처상을 수상한 역사학자 데이비드 맥쿨로프David McCullough는 최근

한 아이비리그 대학 연설에서 청중에게 이렇게 물은 적이 있다. "조지 마셜George Marshall에 대해 아는 사람?" 한 사람도 손을 들지 않았다. 단 한 사람도. 우리는 우리 이전에 살았던 이들의 삶을 과소평가하고 있다. 그들의 희생에 관해 배우지 않아도 사는 데 큰 불편이 없기 때문이다. 그리고 우리는 우리의 자유를 당연한 것으로 여기며 미국이 지금껏 한 번도 오늘만큼 위급한 상황을 맞이한 적이 없었다고 떠든다.

그렇다. 많은 사람들이 그들 평생 지금 가장 경제적으로 어려운 시기를 맞고 있을 수도 있다. 그리고 우리 가족을 포함해서 많은 이들이 사랑하는 사람을 군에 보내고 있다. 하지만 국가적으로, 우리는 이보다 훨씬 어려운 시절을 보내왔다.

미래는 항상 불확실하다. 그러나 역사는 우리가 누구인지, 지금 어디에 있는지를 이야기해준다. 그리고 우리의 시야를 넓혀준다. 이따금씩 우리가 어쩔 줄 모를 때, 역사는 과거에 우리가 그것을 어떻게 헤쳐나왔는지를 보여준다. 역사가 없다면, 우리는 우리의 이야기, 우리의 연결고리를 잃게 된다. 우리가 누구인지를 잊어버리게 되고 여기까지 오기 위해 어떤 일들이 있었는지를 알 수 없게 되어버린다. 역사적 감각은 자기 연민이나 자만을 치유해준다. 용기와 겸손을 일깨워준다. 역사는 우리가 신뢰하고 있는 것들을 , 우리가 지키고자 하는 것들을 더욱 견고하게 해준다.

건국자들과 다른 영웅들이 신적인 존재라는 뜻은 아니다. 그들은 우리와 똑같이 결함을 가진 인간일 뿐이었다. 그들도 때로는 우리와 똑같이 말도 안 되는 실수를 저지르고 형편없는 판단을 내리기도 했다. 하지만 우리가 그들—역사상 가장 현명하고 용감했던 이들—의 목소리에 귀를 기울이다보면 우리의 영혼을 드높이기 위한 충고와 안내를 받을 수 있다.

그들이 주는 가장 큰 가르침은—특히나 이런 시절에—용기와 인내, 결단력이 중요하다는 것이다. 이러한 자질들을 갖춘다고 해서 반드시 성공한다고는 말할 수 없다. 하지만 당신을 성공할 만한 자격이 있는 사람으로는 만들어줄 것이다.

당신의 집에 지혜를 들여라

몇 달 전, 이웃의 한 부부가 그들이 새롭게 인테리어 공사를 한 집으로 나와 내 아내를 초대했다.

와인 잔을 손에 든 채, 우리는 이 방 저 방을 다니며 주인 부부가 우리에게 최신 유행 컬러의 조명, 새 가구들, 바닥장식, 벽지, 수납장, 카운터, 그리고 창문을 보여주는 대로 감상했다. 그 집은 아름다웠다. 그런데 뭔가가 빠져 있었다.

우리가 그 집에서 나오고 나서야, 그것이 무엇 때문이었는지 떠올랐다. 집 안에 책이 없었던 것이다!

책은 집을 꾸미는 것 이상의 의미가 있다. 책은 집을 매혹적으로 만든다. 그리고 집에 개성을 부여한다. 책이 없는 집은 영혼이 없는 육체와 같다. 책들은 친구이고, 안식이며, 상담자이다. 또한 영감이 솟아나는 지혜의 창고이기도 하다. 좋은 책들이 모여 있으면 그 자체로서 대학 못지않는 값어치를 지닌다. 책이 없는 집에 초대받아 가면, 나는 뭔가 속은 듯한 기분이 든다.

왜일까? 내가 당신의 서가에 꽂힌 책 제목들을 몇 분 훑어보는 것으로 당신의 취향이나 관심분야에 대해 좀 더 많은 것을 알 수 있고, 저녁식사 때 훨씬 더 풍성한 화제로 즐겁게 대화를 나눌 수 있기 때문이다. 당신의 개인 도서관(!)은 생각보다 많은 것을 말해준다.

한 번 힐긋 보는 것만으로도 당신의 손님들은 당신이 고전에 관심 있는지, 베스트셀러를 좋아하는지, 역사와 정치 어느 쪽에 관심 있는지, 소설과 여행서 중 어느 것을 좋아하는지, 플라잉 낚시와 골프 중 어느 것을 즐기는지, 예술과 기계수리 중 어떤 취미를 갖고 있는지 대충 알게 된다.

당신은 비밀리에 투표했다고 생각하겠지만 천만에, 당신의 정치적 성향은 꽂혀 있는 책 속에서 뻔히 보인다. 당신이 촘스키Chomsky나 헤이엑Heyek 선집을 읽었는지는 상관없다. 당신의 성향은 이미 충분히 표현되어 있다.

당신의 주된 신념도 책장 위에 놓여 있다. 『성경』이 꽂혀 있는 서가와 『남겨진 자들left behind』 전집이 꽂혀 있는 서가는 분명 다른 것을 이야기한다. C. S. 루이스Lewis와 G. K. 체스터턴Chesterton의 책 제목들은 신학적인 가치관을, 카렌 암스트롱Karen Armstrong이나 달라이 라마의 책들은 범세계적인 시각을 드러낸다.

물론 책을 사랑한다고 해서 모두가 그 책들을 진열하는 것은 아니다. 어떤 이들은 이사갈 때마다 책들을 들고 다니는 데 진력을 내기도 한다. 하지만 책을 버리는 건 쉬운 일이 아니다.

또 어떤 이들은 케이블 텔레비전을 시청하기 위해 독서를 포기하기도 한다. 나는 천만다행하게도 텔레비전을 보는 것이 그다지 재밌지 않았던 시기에 성장했다. 당시에는 전파도, 수신률도 형편없었다. 그리고 내가 어렸을 때는 집 안에 책들이 가득했고, 오늘날 나의 부모님들은 그 도서관을 거의 독차지하고 계시다. 그분들이 사들인 어떤 책들은 즉시 책장에 모셔졌고—조금이라도 좋은 내용이 있다면—어떤 책들은 미련 없이 던져졌다.

내 친구 중에는 자기 자신이 종이와 표지로 만들어졌다고 우기는 짐이라는 책벌레 녀석이 있다. 그는 최근 킨들(전자책 단말기)에 푹 빠져 있다. 나도 그걸 하나 갖고 있긴 하지만 아무래도 종이책이 주는 촉감을 포기하긴 힘들 것 같다. 벽난로 앞에 몸을 웅크리고 앉아서 전자책을 읽고 싶은 사람이 있을까?

우리 모두는 책을 읽은 즐거움과 그 가치를 잘 알고 있다. 그러나 개인 서가를 갖게 되면 그것들을 다시 읽는 즐거움을 몇 번이고 누릴 수 있다.

나의 삼촌인 보 푸이어는 평생 동안 인간의 기질과 리더십을 연구했던 군사 역사가였다. 40년 넘는 시간 동안 150명이 넘는 4성, 5성급 장성들을 인터뷰해온 그는 이런 결론을 내렸다. 위대한 지도자들은, 예외 없이 지독한 독서광이라는 결론이었다.

그의 책 『해군단의 전투지휘 Marine Cops Generalship』(2009)에서 예일대 교수 윌리엄 라이온 펠프스 William Lyon Phelps가 1933년 라디오방송에서 했던 이야기를 인용하고 있다.

책 읽는 습관은 인류의 가장 위대한 자산 중 하나이다. 그리고 빌린 책보다는 '내 책'을 읽는 편이 훨씬 즐겁다. 빌린 책이란 집에 찾아온 손님과 같다. 조심스럽게 다뤄야 하고 격식을 갖춰 배려해야 한다. 그들이 당신 집에 머무는 동안 고생하지 않고 흠집 없이 얌전히 나가도록 신경 써야 하는 것이다. 우리는 그 책을 아무렇게나 던져둘 수도, 밑줄을 칠 수도, 페이지를 접을 수도, 친숙하게 다룰 수도 없다. 그리고 결국, 언젠가는—거의 대부분 그렇게 하지 않지만—우리는 그 책을 돌려주어야만 한다.

하지만 '내 책'은 정말 내 것이다. 우리는 그것을 격식 따지지 않고 친숙하게 내 맘대로 다룰 수가 있다. 책들은 써먹으라고 있는 것이지 모셔두라고 있는 것이 아니다. 만약 밑줄 치기 겁나고 테이블 위에 놓아두기 꺼려지고 쫙 펴서 그 위에 얼굴을 대고 잘 수 없는 책이라면 사지 말아라. 마음에 드는 부분에 밑줄 긋고 표시를 남기는 것은 나중에라도 당신이 어떤 부분에서 감동을 받았는지 쉽게 다시 찾아볼 수 있게 해준다. 시간이 조금 흐른 뒤에 펼쳐 보면 그 표시들은 우리가 한 번 와본 적 있는 숲 속에 난 오솔길과 같이 느껴진다. 그 길을 따라 걸으며 우리는 오래전 느꼈던 지식의 풍경을 다시 느낌과 동시에 그 당시 우리 자신이 어땠는가를 즐겁게 추억해볼 수 있다.

어린 시절부터 개인 서가를 가져야 한다고 나는 믿는다. 인간이 근본적으로 가지고 있는 개인소유물에 대한 욕구가 책에 관해서만은 마음껏 발휘되어도 좋다고 생각한다. 집에 문이나, 유리창이나, 열쇠는 꼭 없어도 되지만 개인 책꽂이는 있어야 한다. 그리고 그 책들은 눈동자처럼 가까이에 있어서 언제든지 손을 뻗어 펼쳐볼 수 있어야 한다. 벽을 장식하는 가장 좋은 방법은 책을 꽂는 것이다. 어떤 벽지보다도 다양한 색상과 디자인으로 벽을 장식해줄 것이다. 디자인적으로도 매력적이지만, 책들은 무엇보다 제각각의 개성을 갖고 있다는 점이 큰 장점이다. 당신이 방의 벽난로 불가에 혼자 앉아 있다 하더라도 친한 친구들에게 둘러싸여 있는 것과 마찬가지이다. 책들은 자극을 주기도 하고 기분전환을 시켜주기도 한다. 그 책들을 굳이 끝까지 다 읽을 필요는 없다.

물론 진짜로 살아 숨 쉬는 인간만 한 친구는 없다. 내가 책벌레라고 해서 결코 외톨이가 아니듯이 말이다. 어떻게 이것이 가능할까? 책은 사람의, 사람에 의한, 사람을 위한 것이기 때문이다. 문학은 역사의 영원한 한 부분이다. 인간성에 관한 가장 훌륭하고 오래된 기록이기도 하다. 그래서 책 친구들은 우리에게 대리 체험을 가능하게 해준다. 우리는 원하기만 하면 언제라도 진정한 귀족주의 사회를 즐길 수도 있다. 위대한 죽음은 우리의 권한 밖에 있고, 위대한 인생이란 것도 거의 대부분 접근하기 힘든 곳에 있다. 우리가 친구들과 아는 사람들이 있다고 해서 그들을 늘 볼 수 있는 것은 아니다. 때로 그들은 잠을 잘 수도 있고 멀리 여행을 떠났을 수도 있다. 그러나 개인 서가는 우리를 떠나지 않는다. 어떤 순간에라도 소크라테스나 셰익스피어, 칼라일, 뒤마, 디킨스, 버나드 쇼, 배리, 혹은 골즈워디와 이야기를 나눌 수가 있다. 그리고 장담하지만, 책 속에서의 그 사람들은 최상의 컨디션에서 이야기한다. 그들은 당신을 위해서 글을 썼다. '스스로를 도마 위에 올린' 것이다. 그것은 당신을 즐겁게 하고 좋은 느낌을 주기 위해 최선을 다한 결과물이다. 당신은 그들에게 너무나 소중한 존재이다. 배우에게 관객이 소중한 것만큼. 그들은 가면을 쓰고 등장하지 않는다. 당신에게 마음속의 진실을 드러내준다.

오늘날 우리들은 대중매체의 정보 속에서 헤엄치고 있다. 사소하고 하찮은 자료들이 우리를 둘러싸고 있다. 지혜는 도대체 어디에 있단 말인가? 바로 책 속에 있다.

워런 버핏의 사업 파트너 찰리 멍거 Charlie Munger는 이렇게 말했다. "내 평생, 현명한 사람이 책을 읽지 않는 것은 본 적이 없다. 단 한 명도!"

작가 세스 레러Seth Lerer도 말했다. "우리는 책들을 끌어안고 살아가지는 않지만, 그 책들을 읽었던 기억들을 끌어안고 살아간다. 생각나는 작은 구절들과 문장들, 접어놓았던 페이지들, 형광펜으로 칠했던 글귀들을."

독서는 삶의 예행연습이다. 우리에게 삶을 준비하게 해준다. 일일이 경험하는 힘든 방법으로 인생을 배우기에는 우리에게 주어진 시간이 너무 짧다.

당신이 실용적이고, 영적이고, 이론적인 책을 원하든, 미학적이고 위대한 책—신비로운 매력과 시간을 초월한 지혜를 담고 있는—을 원하든 그 책들은 언제나 당신을 기다리고 있다.

다만 그 책들에 관심을 갖는 이들이 가끔씩만 등장할 뿐이다.

우리는 모두 그리스인이다

이 글을 쓰고 있는 이 순간, 나는 투자자 그룹과 모험가들, 그리고 『정신적인 부』 독자들과 함께 로열 프린세스 호에 승선하여 지중해를 가로지르고 있다.

우리는 "문명의 요람"이라 불리는 그리스, 터키, 이스라엘, 이집트, 그리고 로마를 여행하면서 느긋한 시간을 보내고 있는 중이다.

우리의 여행은 지난주 아테네에서 시작되었다. 시내를 돌아보고, 고대 폐허들을 관람하고, 수북이 쌓인 수불라키(그리스식 양꼬치 요리-역자주)와 그리스 와인을 마시며 유로화 중심의 통화가 얼마나 진행되었는가에 관해 이야기들을 나누었다.

그 여행에서 많은 것을 보고 듣고 배우고 얻었다. 하지만 그중 가장 인상적이었던 한 가지를 꼽으라면 우리가 고대 그리스에 얼마나 많은 것을 빚지고 있는가 하는 것에 대한 깨달음을 얻은 것이라 하겠다. 2,400여 년 전, 그들은 '서구 문명'을 건립했다.

믿지 못하겠는가? 현대의 드라마, 시, 문학, 스포츠 시합, 정치, 건축, 그리고 철학들은 모두 그리스 식이다. 그 당시 그들의 삶의 방식, 이성을 존중하는 가치관, 그들의 사상들은 아직도 서구적인 삶의 모든 부분을 지배하고 있다.

이성적인 추론, 개인주의, 사유재산제도, 중산층이라는 개념, 군대의 민간화, 정치적 자유, 법 앞에서의 평등, 입법 정부, 심지어 민주주의라는 개념 자체까지 모든 것들이 고대의 그리스에서 발명되었다.

아테네 사람들은 세상을 보는 다른 시각을 개발해냈다. 관찰과 실험은 전통과 미신을 뒤엎었다. 생각들은 점검되고 실험을 거쳤다. 전통적으로 이어져 내려온 가치라고 해서 무조건 받아들지 않았다. (그리스는 물론 생생하고 치밀한 신화로도 유명하다. 하지만 그리스 신화에는 국가 종교도, 공식인 규범도, 가치관을 강제하고 이단을 처형하는 사제 계급도 등장하지 않는다.)

고대 그리스는 발명가들과 혁신가들의 세상이었다.

- 탈레스Thales는 우주를 관장하는 자연 법칙을 이해하기 위해 노력했고, 과학 기술을 탄생시켰다.
- 피타고라스는 우주가 수학적 질서에 의해 운행되고 있다고 밝혔다.
- 아르키메데스는 파이(지름에 대한 원주율)를 계산해냈고 지렛대의 원리를 규

명했다. (그의 유명한 말이 있다. "내게 지렛대를 세울 장소만 달라. 그러면 지구도 들어 보이겠다.")

- 유클리드Euclid는 기하학, 광학, 음악 이론을 정립했다.
- 프톨레마이오스Ptolemios는 현대 천문학의 기초가 된 하늘의 도표를 그렸다.
- 소크라테스, 플라톤, 그리고 아리스토텔레스는 그들의 날카로운 질문을 형이상학과 인식론, 윤리론에 던짐으로써 서양 철학을 정립했다.

알렉산더는 세계를 정복함으로써 그때까지의 역사상 가장 거대한 왕국을 세웠다. 물론 실질적으로 보면 그의 '정복'들은 단지 약탈을 위한 습격에 지나지 않았지만 그 또한 분명 그리스 문화의 중대한 한 획을 그었고, 좋은 결과로 기억되고 있다.

그리스인들은 또한 '자유'라는 개념을 만들어냈다. 그때까지는 역사적으로 인간의 자유란 오로지 왕족과 귀족들 아니면 강한 남성 검투사들만을 위한 것이었다. 고대 그리스는 최초로 개인적, 정치적 자유를 다수 대중에게까지 넓혔다. 페리클레스Pericles는 이렇게 썼다. "아테네에서 우리는 우리가 원하는 그대로 살아간다." 고대 사회 어디에서도 이와 같은 언급은 찾아볼 수 없다.

그렇다. 그리스인들도 다른 그리스인들을 노예로 부렸다. 여성에게는 기본적인 권리조차 없었다. 그리고 정치적 자유는 남성 시민들에게만 허용되었다. 그러나 그때는 고대였으며, 그들의 민주주의는 시작에 불과했다는 사실을 간과해서는 안 된다.

무엇보다 아테네의 특성을 규정하는 말은 '지적인 자유'일 것이다. 그리스인들은 최초로 영성개발이라는 개념을 구체화했다. 국가나 정부를 위해서가 아니라 개인을 위해서 말이다.

그들은 종교나 국가에 관한 논의를 포함해서 모든 것들에 관해 토론하고 의논할 수 있었다. 그리스인들의 호기심과 끊임없는 질문, 지적인 갈구는 논리, 물리, 수학, 수사학, 그리고 분석학에 놀랄 만한 성과를 일으켰다. 그들은 논리적인 의문—권위를 대변하는 것이 아닌—들을 통해 진리로 통하는 왕도를 개척했다.

그들이 행했던 실험을 통한 연구와 수학적인 검증으로 우리는 미신과 마법으로부터 벗어날 수 있었다. 그리고 과학, 기술, 기계, 의학 분야에서 상상 이상의 발전을 이룰 수 있었다.

오늘날 우리들은 너무나 빠르게 돌아가고, 첨단 기술이 모든 것을 지배하는 세태를 한탄한다. 하지만 그들 중 누구도 만성적인 질병과 짧은 수명, 영양실조, 미신, 그리고 우리 조상들이 운명적으로 겪었던 수많은 고통들을—오늘날에도 제3세계의 수천만 인류가 겪고 있는—다시 겪기를 원치는 않을 것이다.

다른 문화로부터 받은 영향들도 있다. 하지만 서구의 괄목할 만한 발전을 가져온 것은 무엇보다 그리스의 이성과 연구, '자유민'이라는 유산이다. 영국의 시인 셸리는 이렇게 말했다. "우리는 모두 그리스인이다."

인간이 빵만으로 사는 것은 아니다. 그리스인들의 이성적인 철학과 기독교의 유일신 신앙이 한데 어우러져 서양인들 특유의 정신을 만들어냈다고 보는 것이 옳을 것이다. 도덕적 제약 없이 과학과 기술로 무장한 인간들만이 활보하는 세상 또한 살 만한 곳이 아닐 테니 말이다.

이 장을 쓰고 나서 생각해보니, 이제 슬슬 그리스에서 예루살렘으로 옮겨갈 때인 것 같다. (그리스 문화에서 기독교 문화로 화제를 옮길 때라는 뜻-역자주) 그리고 운 좋게도, 내일 우리가 여행하기로 되어 있는 곳이 바로 예루살렘이다.

그럼 다음 편지에 계속 소식 전하겠다.

힐렐Hillel의 지혜

아테네와 그리스, 터키에서 5일을 보낸 뒤, 우리 '문명의 요람' 탐험단은 지난주 이스라엘의 지중해 연안에 있는 하이파Haifa에 내렸다.

더위에 코트를 벗으며 우리는 나사렛과 팔복산Beatitudes을 구경했고, 갈릴리 해변에 앉아서 호화로운 점심—근사한 이스라엘 와인을 디저트로—을 즐겼다. 그러고 나서 요르단 강 옆의 사해를 건너 마침내 예루살렘에 도착했다.

그곳은 다른 어떤 곳보다도 많은 역사를 간직한 매혹적인 도시이다. 수없이 많은 성소—매년 수백만의 종교적 순례자들이 방문하고 있는—들을 갖고 있는 이 도시는 벽으로 둘러싸여 있다. 그리고 지난 4천 년간 수도 없이 포위되고, 훼손되고, 불태워지고, 다시 세워졌다.

그 지역은 아직도 많은 놀라움을 간직하고 있었다. 마침 유대교 안식일에 그곳에 도착했기 때문에 우리는 주민들이 기원후 70년에 로마에 의해 파괴당한 교회의 잔해 속에서 기도를 드리기 위해 모여 있는 것을 보게 되었다. 돌 던지면 닿을 거리에 가장 아름다운 문화유적—24캐럿 도금을 한 지붕을 씌운 바위 돔—이 있었다.

그 곁에는 또한 성스러운 무덤을 모신 교회가 있었다. 전승되는 말에 따르면 그 교회가 그리스도가 십자가에 매달리고, 묻히고, 다시 살아난 지점에 세워졌다고 전한다.

유대교, 기독교, 이슬람 세 종교의 성지를 한꺼번에 둘러보니 조금 놀랍기도 했다. 하지만, 다시 생각해보면 유일신을 숭배하는 세 종교가 같은 뿌리에서 나왔다는 뜻도 된다.

유대교는 구약성서에 바탕을 두고 있고, 기독교는 구약과 신학 성서 모두에, 그리고 이슬람교는 구약 신학 성서에 코란을 덧붙여 종교를 이루었다.

지난 천 년 동안 각 종교의 신봉자들은 서로 칼을 겨누기도 했고 그 때문에 성스러운 땅에 불행한 역사가 일어나기도 했다. 하지만 역사 속에는 항상 상황을 다르게 생각하는 사람들이 있다. 유명한 탈무드 이야기에 위대한 랍비 힐렐Hillel이 등장한다. 어느 날 그는 한 이교도에게로 갔다. 그 이교도는 힐렐에게 만일 한 다리를 들고 서 있을 수 있는 동안 그에게 모든 율법을 가르칠 수 있다면 유대교로 개종하겠다고 약속했다. 힐렐은 대답했다. "다른 이를 미워하지 말고, 너 자신을 미워하라. 이것이 율법의 모든 것이다. 나머지들은 다 그것에 대한 해석에 불과하니 가서 한 번 읽어 봐라."

힐렐은 다른 이들을 업신여기거나 증오하게 만드는 율법의 해석은—그들의 신념이 어떤 것이건 간에—옳지 못하다고 보았다. 오늘날 우리가 사는 사회에서도 그의 의견을 적극 받아들이는 게 좋을 듯하다.

아주 좋은 의미로 본다면, 종교는 우리에게 도덕적 민축을 제시해준다. 그리고 우리가 쉽게 설명하거나 풀 수 없는 엄연한 현실들—윤리, 고통, 슬픔, 좌절, 정의, 가난, 잔혹함 등—과 더불어 살아갈 수 있게 한다.

어떤 근대주의자는 신앙과 그리스의 이성적 철학은 양립할 수 없다고 주장한다. 하지만 그렇지 않다. 학생들이 소크라테스를 방문할 때마다 —비록 그는 아무것도 가르칠 것이 없다고 말했지만—그로부터 무언가를 배웠다기보다는 마음의 변화를 일으켰듯이 말이다.

종교 역사학자 카렌 암스트롱은 저서『신을 위한 케이스*The case for God*』(2009)에서 이렇게 썼다.

> 서구 합리주의의 창시자 소크라테스, 플라톤, 그리고 아리스토텔레스는 이성과 초월적 관념이 서로 반대되는 것들이 아니라고 보았다. 그들은 우리가 합리적인 사고를 더 이상 갈 곳이 없는 막다른 골목까지 몰아가다보면 결국 우리가 아무것도 모른다는 깨달음의 경지로 옮아간다고 말한다. 그것은 당황스러운 것이 아니라 놀랍고도 만족스러운 경지이다.

이것은 우리가 받아들이고, 기꺼이 경청하는 자세를 기를 때에만 가능하다. 교리 싸움을 접어두고, 우리의 신념을 유연하게 유지해야 한다. 공자는 이런 상태를 이렇게 표현했다. '인간다운 마음가짐.'

사람들은 인생을 부유하고 알차게 살고 싶어 한다. 우리는 고통과 결핍 속에서도 평화와 성스러움을 찾고자 한다. 그리고 삶이 의미와 성스러움으로 채워지기를 바란다. 그것을 위해서 많은 사람들이 의식을 행하고, 기도를 올리고, 수련을 한다. 하지만 진정한 종교는 언제나 우리가 변화할 것을 요구한다.

우리의 행동들은 바로 우리의 생각과 신념들을 비추는 거울이다. 다른 이들의 행동이나 그들의 내적 성취를 들여다볼 필요가 없다.

예루살렘의 위대한 아브라함의 전통은 수백만의 사람들이 고통과 차별 속에서도 의미를 찾도록 해주었다. 그리고 우리의 모든 노력을 허사로 만들어버리는 경솔함, 탐욕, 그리고 자기중심주의를 극복할 수 있도록 해주었다.

그렇다. 우리는 항상 국가적, 개인적 오류를 범한다. 그렇지만 영적인 추구—초월적인 어떤 것—에 대한 욕구는 예루살렘이 남겨준 가장 위대한 유산이며, 서구 사회에 내려진 특별한 선물이다.

아우렐리우스는 이렇게 말했다

2주 전, 우리 일행이 로마 포룸을 견학할 때, 경제학자이자 자유축제의 설립자인 마크 스코젠이 그곳에 서서 '설득이냐 강요냐'에 관한 연설을 했다. 그것은 자유와 관용에 관한 유창한 웅변이었다. 그런데 지나가던 사람들이 큰소리로 그를 야유했다.

스코젠은 흔들림 없이 연설을 계속하면서 야유하는 이들에게 그의 말이 끝날 때까지 기다려달라고 요청했다. 로마 포룸은 고대 사회에서 일반 시민들이 대중 앞에 서서 자신의 의견—지지를 받건 그렇지 않건—을 발표할 수 있었던 최초의 장소였다.

우리 그룹은 무례하게 야유하는 이들을 묵인해주었다. 우리의 '문명의 요람' 여행이 마무리 단계에 들어서였기도 했지만, 프로이드가 말했듯이 '문명을 창시한 사람은 모욕을 당했을 때 돌 대신 침묵을 던진 사람'이기 때문이었다.

이 고대의 유적들을 돌아보면서 우리는 다시 한 번 로마 역사와 마주하고 가장 위대했던 철학자 마르쿠스 아우렐리우스를 대면할 수 있었다.

마르쿠스는 기원후 180년 페스트로 숨을 거두기 전까지 20년 동안 로마를 통치했던 황제였다. 당시 그는 가장 큰 권력을 가진 사람이었다. 그의 왕국은 서유럽에서부터 중동과 아프리카까지 세력을 확장했다. 그는 통치 기간 동안 로마를 야만족들과 다른 부족들의 침입으로부터 지켜냈고 페스트와 전염병들도 막기 위해 전방으로 애썼다.

그는 황제의 책임을 잠깐 벗고 쉴 수 있는 시간에도 스토아 철학의 가장 위대한 작품을 저술했다. 오늘날 그의 작품은 『명상록 Meditations』이라는 제목으로 알려져 있다.

그 책의 내용은 주로 내면의 대화로 이루어져 있다. 그는 그 작품을 대중을 위해서가 아닌 스스로를 위해서 썼다. 그는 세상을 바라보고, 좋은 삶이란 무엇인가를 정의내리고, 일상생활의 가이드북을 만들고 싶어했다.

오늘날에도 마음을 울리는 그의 글 중 일부를 소개해본다.

- 만약 그대가 외부적인 문제로 고통받고 있다면, 그 문제가 그대를 괴롭히는 것이 아니다. 그 문제를 받아들이는 그대의 판단이 괴로움을 주는 것이다. 그러므로 그대는 그 판단을 지금 당장 날려버릴 수가 있다.

- 스스로를 바닷가에 솟아 있는 바위라고 생각해보라. 그 바위 위로 끊임없이 파도가 몰아치고 바위 주변을 물거품이 둘러싸다가 다시 물러가기를 반복한다. 이때 "아, 나는 참 불행하기도 하지. 왜 이런 일들이 나에게 일어나는 거야"라고 말하지 말라. "나는 얼마나 운이 좋은가. 이 모든 일들을 당하고도 멀쩡

히 살아 있는데다가, 현재를 겁낼 필요도, 미래를 걱정할 필요도 없으니"라고 말하라.

- 그대에게 이익이 된다고 해서 절대로 그대의 신념을 배반하거나, 겸허함을 무너뜨리거나, 누군가를 미워하거나, 지나치게 의심하거나, 저주하거나, 거짓말을 하지 말라. 공허한 욕망은 벽이나 베일에 감추어져 있게 마련이다.

- 지혜와 바른 행동은 동의어이다.

- 누군가가 그릇된 길로 가는 것을 보거든, 즉시 스스로 그릇된 길로 간 적은 없는지 성찰해보라. 예를 들어 누군가가 돈, 쾌락, 명성 같은 것들을 세상의 최고 가치인양 좇는 것을 보거든 그대 스스로가 그런 길로 빠진 적이 없는지 성찰해보라. 그러면 그를 향한 분노가 금세 사그러들 것이다.

- 사람들은 은퇴해서 시골이나 바닷가, 산과 접하여 여생을 보내고 싶어 한다. 그대도 그런 것을 바라기가 쉬울 것이다. 그러나 그런 바람은 무지의 소산이다. 그대는 원하기만 하면 언제든지 그대의 내부에서 휴식을 취할 수 있다. 그대의 영혼 속에서가 아니면 어디에서 완전한 평화와 근심으로부터의 해방을 맛볼 수 있단 말인가.

- 아첨과 위선이 섞여들지만 않는다면, 친절함은 모든 것을 이길 수 있다. 아무리 무례한 인간이라 해도 그대가 계속 친절하게 대한다면 그가 그대에게 무슨 짓을 할 수 있겠는가?

- 다른 이들에게 보복을 하는 가장 고상한 방법은 그들과 똑같은 인간이 되지 않는 것이다.

- 만일 누군가 나의 생각과 행동에서 잘못된 점을 지적해줄 수 있다면 나는 기꺼이 그것을 고치고 싶다. 나는 누구도 상처받지 않는 진실을 추구하기 때문이다.

- 사람들이 "내가 그것을 어떻게 가질까?" 궁리할 때 "내가 어떻게 그것을 갈망하지 않을까?"를 궁리하라. 사람들이 "내가 그로부터 어떻게 벗어날까?" 물을 때 "내가 어떻게 하면 그로부터 벗어나길 원하는 것을 멈출까?"를 물어라. 사람들이 "어떻게 해야 내 아이를 잃지 않을까?" 할 때 "어떻게 해야 내가 아이를 잃을 것을 두려워하지 않을까?"하라. 그대의 기도 전체를 이렇게 바꾸어라. 그리고 무엇이 일어나는지 지켜보라.

책의 모든 페이지에 걸쳐, 아우렐리우스는 놀라운 통찰과 겸허함을 보여준다. 그의 문장들은 시간과 장소를 초월한다. 고대의 작품들 중 그의 『명상록』이 가장 잘 알려지고 가장 널리 읽히는 것도 무리는 아니다.

그의 메시지들은 단순하고 직접적이며 강력하다. 마르쿠스는 내면의 강함, 품위, 그리고 자기 존중을 중요시했다. 그는 우리에게 과거와 미래는 우리 손에 닿지 않는다는 것, 삶은 언제든 끝날 수 있다는 것을 일깨워준다. 그리고 우리가 삶 속에서 닥치는 여러 국면들을 결단력과 용기를 가지고 대면할 때 더 나은 사람이 될 수 있다고 말한다. 우리의 가장 중요한 사명은 개인적 완성을 향해 가는 것이다.

지난 1,800년간, 그의 가르침들은 수백만의 사람들이 퇴보, 갈망, 성취, 좌절 등 인간 삶의 고비들을 겪어 나갈 때마다 힘이 되어주었다.

마르쿠스는 현학적인 이론이나 예언에 시간을 낭비하지 않았다. 철학자를 판단하는 기준은 그가 무엇을 말했느냐가 아니라 그가 어떻게 살았느냐라고 믿었다.

"선한 인간이란 무엇인가에 관해 논하려 하지 말아라. 그냥 선한 인간이 돼라"고 그가 『명상록』에 썼듯이 말이다.

사는 것과 죽는 것

과학과 종교 그리고 삶을 어떻게 받아들일 것인가

내가 처음 『정신적인 부』 주간 칼럼을 맡겠다고 했을 때, 한 친구가 그 소식을 듣고 어이없어 했다.

"네가?" 그는 우습다는 투로 말했다.

"도대체 영적인 것에 관해 쓸 수 있는 자격이 너에게 있다고 생각해?"

"그건 잘 모르겠는데." 나는 대답했다.

"내가 딱히 자격이 없을 이유는 또 뭐야?"

"교회나 좀 더 자주 나가면서 그런 말씀을 하시지." 그는 킬킬거리며 말했다.

"그러면, 예를 들어 만약 내가 유대교당에 나간다면 영적인 것에 관해 쓸 자격이 없단 말이야?

내가 물었다.

"흠……. 그렇다고 보는데……." 그는 말을 골라가며 답했다. "네가 좀 더 기독교 집단에서 활발하게 활동한다면, 그 주제에 관해 더 적합한 필자가 될 거야."

"그러면, 무슬림 신자가 영성에 대해서 말하는 것은 불가능하다는 뜻이겠군?"

그는 잠시 말이 없었다. "흠, 이슬람교도 위대한 아브라함 전통의 한 종파라 할 수 있지." 그의 목소리에는 조금 자신감이 빠져 있었다.

"간디는 어때?" 내가 물었다. "그의 신념은 신약, 구약 성경 어디에도 바탕을 두고 있지 않아. 그는 힌두교 신자야. 그렇다면 그는 영적이지 않은 걸까?"

" 흠…… 그것은…… 뭐…… 그래, 그는 영적이라고 생각해." 그는 말을 더듬었다.

"그럼 달라이 라마는? 불교도들은 성경을 따르지 않을 뿐만 아니라 신을 내세우지도 않아. 그렇다고 달라이 라마가 영적인 인물이 아닐까?"

그는 달라이 라마는 영적인 지도자라고 생각한다고 말했다. 하지만 달라이 라마가 특정한 종교와 자비의 표상이라는 것 이외에는 그 이유를 설명하지 못했다.

"어떠한 종교도 갖지 않은 자비로운 사람은 어때?" 나는 덧붙였다. "그런 사람들은 영적인 인물이 될 수 없다고 생각해?"

그의 얼굴에 고통스러운 빛이 스쳤다. 내가 그의 머릿속을 헝클어버린 것 같았다. 하지만 나는 그가 내가 거론한 사람들을 염두에 두지 않고 그런 말들—"교회나 잘 다니시지" 등등—을 했다는 사실이 놀라웠다. 그들은 종교를 거론할 때 기본적으로 등장하는 인물들이 아니던가?

나의 지식적 배경 또한 크게 다르지 않다. 나는 기독교 집안에서 태어나 성공회 교회를 다니며 자랐고 내가 배운 도덕률들을 지키려고 노력했다(아직도 "남을 판단하지 말라"는 계율과 씨름하고 있기는 하지만). 나는 수십 년간 종교와 영성에 관한 것들을 읽고, 쓰고, 생각해왔다. 내게 그것은 영원하고 매혹적인 주제였다. 그것에 대한 배움은 끝이 없다. 하지만 그것은 소수 의견인 듯 보인다. 대부분의 내 친구들과 동료들은 세속적인 것에 정신이 팔려 종교나 종교적인 것들에 관심을 갖지 않는다. 더군다나 그들의 전통에서 벗어난 것에는 주의를 기울이지 않는다. 설령 전통에 부합한다 하더라도 종교에는 관심 없다. 보통 기독교 신자에게 제1차 니케아 공의회에서 무슨 일이 일어났었냐고 한 번 물어보라. 그 사람은 당신을 그저 멍하니 바라볼 것이다.(제1차 니케아 공의회는 325년 열린 세계교회회의다. 이 문장은 일반적인 기독교 신자들은 종교를 그저 믿을 뿐이며, 자신이 믿는 종교의 역사 등에는 관심이 없다는 저자의 생각을 담고 있다. -역자주)

나는 내 아이들에게 나의 세계 종교에 대한 관심을 전해주려고 노력해왔다. 내 딸 한나가 초등학생일 때, 나는 인류가 아주 까마득한 먼 옛날부터 그들이 어디서부터 왔는지, 어떻게 살아야만 잘 사는 것인지를 알고자 열망했었다는 것에 대해 말해주었다. 그 열망들이 여러 시대, 여러 곳에서 서로 다른 종교로 꽃피웠다고 말이다.

한나와 나는 그 주제를 놓고 토론도 했고 함께 책도 읽었다. 고대 이집트 종교에서부터 조로아스터교, 그리스, 로마, 노르웨이, 켈트족의 종교를 지나, 힌두교와 자이나교, 불교, 시크교를 거쳐, 결국 우리는 유대교와 기독교에 도달했다. 그리고 우리는 좀 더 최근에 형성된 신흥 종교들로 옮겨 갔다.

"도대체 왜 '그런 짓'을 하는 거야?" 친척 중 한 명이 조금 의심스럽다는 투로 내게 물었다. 그녀는 비교 종교학을 공부하는 것은 '비교적' 종교적인 사람이 되는 지름길이라고 믿었다.

하지만 지식을 쌓는다고 해서 나쁠 것이 뭐가 있겠는가? 최근 조사에 따르면 미국인들은 모든 면에서 굉장히 종교적인 사람들이라고 한다. 반면에 그들은 그만큼 종교에 관해 무지하기도 하다. 3,400명의 사람들이 무작위로 선정되어 성경과 기독교, 그리고 세계 종교에 관련된 32개의 문항에 답했다. 그들은 대부분 그 질문에 반 이상을 답하지 못했고 심지어 자신의 종교에 대한 성적도 엉망이었다. 그들 중 가장 점수가 높은 그룹은—농담이 아니다—무신론자들과 불가지론자들이었다. 여기서 한 가지가 증명된다.

내게 날아드는 이메일들을 읽다보면, 내 생각들 중 가장 논란을 불러일으키는 것은 나의 종교적 다원성이 아니라 현대 과학에 대한 신념이다. 심각할 정도로 많은 사람들이 오늘날 그들의 종교적 신념이 위협받고 있으며, 그 주된 이유는 과학이라고 느끼고 있다.

나는 그들을 이해하기 힘들다. 우리는 비행기에 타거나 태평양을 시속 600마일로 횡단하는 것을 주저하지 않는다. 왜인가? 과학의 힘을 믿기 때문이다. 만약 우리가 병원에 입원하게 되면 의사들은 우리에게 약물을 투여하고, 링겔을 정맥에 꽂고, 수술을 집도한다. 과학이 병을 낫게 해줄 것이라는 사실을 알기에 우리는 이런 처치를 기꺼이 받아들인다. 과학은 우리에게 현실적인 답을 준다.

그런데 현대 우주학이나 진화생물학 쪽으로 가면, 많은 이들이 과학자들은 아무것도 모르고 지껄이고 있다고 말한다.

진정한 신앙은 '증거가 없어도' 믿는 것이지, '아니라는 증거가 있는데도 불구하고' 믿는 것은 아니다. 종교적인 욕구는 최소한 부분적으로는 진리를 추구하고자 하는 것이다. 인류의 기원과 우주의 역사를 이해하는 데 있어서 그저 고대로부터 전해져내려오는 가르침이라고 해서 합리성과 증거, 과학적인 검증 없이 무턱대고 믿어야만 할까?

어떤 이들은 이 질문에 강한 어조로 "그렇다"고 답할지 모른다. 그러나 랠프 월도 에머슨은 이렇게 말했다. "과학을 두려워하는 종교는 신에 대한 모독이다."

신성함의 새로운 의미

2009년 3월 6일, 미국항공우주국 나사NASA는 태양계 밖의 행성들을 탐험하기 위하여 케플러 우주 망원경을 탄생시켰다.

혹성운동의 법칙을 발견한 유명한 수학자 요하네스 케플러Johannes Kepler의 이름을 딴 이 우주 망원경은, 4년 동안 10만 개의 별들을 조사하게 될 것이다. 인간이 살아갈 수 있고, 지구 정도의 크기를 갖고 있는 행성을 찾기 위해서 말이다.

케플러 망원경은 벌써 15개의 태양계 행성을 추가로 찾아냈고―이미 발견된 510개 이외에―1,235개가 더 있을 수 있다고 밝혔다. 그 행성들 중 54개가 '인간이 주거 가능한'―태양으로부터 너무 멀지도, 가깝지도 않은 딱 좋은 거리, 행성의 표면엔 물 웅덩이가 있는―조건과 크기를 갖추고 있다. 과학자들은 만일 지구와 같은 조건의 행성을 발견한다면 틀림없이 외계인의 흔적도 찾을 수 있을 것이라고 믿는다.

카네기 과학 협회의 앨런 보스Allen Boss박사는 은하계에 1천억 개 정도의 주거 가능한 행성이 있다고 추정했다. 에든버러대학교의 우주 물리학자 던컨 포건Duncan Forgan박사는 우리 은하계 내에만 고도로 발달된 문명이 수천 개 이상 존재할 수 있다고 주장했다. 허블Hubble천체 망원경은 지금까지 1천억 개 이상의 다른 은하계가 존재한다는 것을 밝혀냈다. 이정도로도 충분히 놀랍지 않은가?

이번 주에 내가 한 이웃 사람에게 이 이야기를 했을 때, 그는 놀라지도 신나하지도 않았다. 그 대신에 웬일인지 화를 냈다.

"다른 행성에서 생명체를 찾아낼 수는 없을 거요." 그는 주장했다. "거기가 얼마나 살기 좋은지는 상관없어요. 생명이 '저절로' 땅에서 솟아나는 줄 아시오? 최초의 날, 신의 말씀으로 지구가 생겨났던 것과 같은 절차를 거치지 않고선 어떤 행성에서건 '저절로' 생명의 역사가 시작될 수는 없는 거요."

"저는 지금 과학 얘기를 하고 있는 겁니다." 내가 말했다.

"과학이고 뭐고 진리는 진리인 거요!" 그는 씩씩거리며 말하더니 휙 돌아가버렸다.

그의 말이 일견 옳기는 하다. 아직 과학자들은 생명이 어떻게 시작되었는지 설명하지 못한다. 그리고 지구 이외의 행성에서 생명체를 발견하지 못할지도 모른다. 하지만 만일 내기를 건다면······.

4백 년 전, 갈릴레오는 그의 망원경으로 지구가 움직이고 있다는 사실을 관찰했다. 『세상을 움직이는 두 가지 주요 시스템에 관한 대화 Dialogue Concerning the Two Chief World Systems』에서 그는 모두가 믿고 있듯이 태양과 별들이 지구 주위를 도는 것이 아니라고 밝혔다.

이 주장에 교회는 발끈했다. 갈릴레오의 발견은 교회의 공식적 교리에 반하는 것이었다. 『구약』의 〈역대기〉 16장 30절, 〈시편〉 93장 1절, 96장 10절, 104장 5절, 그리고 〈전도서〉 1장 5절의 내용과 어긋났다.

갈릴레오는 종교재판에 끌려 나가야 했으며 "지독한 이단"으로 판결받고 그의 주장을 철회해야만 했다. 그의 저서는 금서 목록에 올랐고 그는 징역형을 받았다. (후에 가택 연금으로 풀려나긴 했으나 남은 일생 동안 감시하에서 살아야 했다.)

케플러에게 보냈던 편지에서, 갈릴레오는 이렇게 말한다. "내가 사람들에게 공짜로 천체망원경을 보여주겠다고 수천 번 권했지만, 내 이론에 반대하는 사람들은 그 망원경을 들여다보는 것조차 거부한다네."

오늘날에도 그런 편견에 사로잡힌 사람들이 적지 않다. 그들은 현미경과 분자 가속기, 분광계, 천체망원경을 통해 우리가 살고 있는 우주가 어떤 곳인지 알고 싶어하지 않는다. 단지 그들은 '과학의 오만불손함'에 분노한다.

하지만 과학은 발견을 하기 때문이 아니라 그 겸허함 때문에 위대하다. 우리가 모른다는 사실을 받아들이기에 더 탐구하고자 하는 것이다.

과학은 지식과 비판적인 사고를 발전시킨다. 과학적 결론은 항상 관찰과 실험, 반복을 통해서 이루어진다. 눈에 보이는 증거로 증명할 수 없는 믿음들이 진실하지 않다는 뜻은 아니다. 단지 그것들은 과학적이지 않을 뿐이다.

몇 주 전, 내 초등학생 딸이 과학 산업을 설명하는 연습 문제지를 들고 왔다. 그 문제지는 '과학자는', 이라고 시작했다.

- 과학자는, 세상에 대한 의문을 내놓고, 그 의문에 대한 답을 찾아낸다.
- 과학자는, 새로운 아이디어와 충분히 검증되지 않은 실험적인 정보들을 가지고 낙관론과 회의론 간의 균형을 맞춘다.
- 과학자는, 실험 가능한 가설들과 복제 가능한 정보들의 중요성을 높이 친다.
- 과학자는, 복잡하고 애매모호한 것들을 견딘다.
- 과학자는, 끝까지 불확실성을 추적한다.

이 말들 중 틀린 것이 한 마디라도 있는가? 과학에 있어서, 하나의 '사실'이란 반대 의견이 나올 때까지만 옳다고 생각되는 어떤 것이다. 최종 결론이라는 것은 결코 나오지 않는다. 발견들은 항상 재조명되고, 고쳐질 수 있다.

알베르트 아인슈타인은 말했다. "우리의 과학이라는 것은, 이 세상의 원리를 파악하기엔 원시적이고 유치한 것입니다. 하지만 그것은 우리가 갖고 있는 가장 소중한 것이기도 합니다."

아이작 뉴턴은 말했다. "세상의 눈에 내가 어떻게 비칠지는 모르겠다. 하지만 나는 스스로를 바닷가에서 놀고 있는 소년이라고 여긴다. 지금 이 순간에 몰입하여, 더 반질반질한 조약돌과 더 예쁜 조개껍질을 찾아다닐 뿐이다. 내 앞에 아직 탐험되지 않은 광대한 진리의 바다가 펼쳐져 있기 때문이다."

우리가 무엇을 모르는가를 깨닫는 것, 우리가 무엇을 잘못하고 있는가를 인정하는 것, 그것이 바로 강함이다.

교황 요한 바오로 2세는 이 사실을 알고 있었다. 그가 교황직에 있을 때, 100회가 넘게 가톨릭 교회에 공식 사과문을 보냈다. 2000년, 그는 갈릴레오를 처벌한 것에 대해 사과했다. (4세기나 늦은 사과이기는 하지만 아예 안 하는 것보다는 나았다.)

오늘날 케플러 우주 망원경의 사명은 수세기에 걸쳐 우리가 염원해왔던 지평의 확장과 새로운 세상의 발견에 한몫을 하고 있다. 그리고 대중에게 흥미와 관심을 불러일으키고 있다.

우주 탐험은 우리에게 경탄과 놀라움을 선사한다. 그리고 우리가 행성에, 은하계에, 우주에 속해 있는 존재라는 사실을 상기시켜 열의와 탐험심을 북돋아준다.

살아 있다고 느껴야 살아 있는 것이다

사람들은 내 친구 존을 성공한 사람이라고 말한다.

그는 완벽하게 건강하고, 사랑스러운 가족이 있고, 돈 잘 버는 직업을 갖고 있고, 풍요로움의 모든 조건을 갖춘 사람이기 때문이다. 그런데 지난주, 그를 만났을 때 존은 달 없는 밤처럼 어두운 얼굴을 하고 있었다.

"매일매일 나는 똑같은 시간에 일어나서 똑같은 커피를 마시고, 똑같은 길로 회사에 나가, 똑같은 사업회의에 참석하고, 그리고 또 항상 해오는 똑같은 일들을 한다네. 내 인생은 자동기계장치와 같아. 매달, 매해 정확히 똑같지. 난 그저 시간에 맞춰 움직이는 기계처럼 느껴져."

어떤 이들은 이렇게 말할지 모르겠다. 그가 겪지 않아도 되는 수많은 어려움들에 관해 생각해보라고. 그리고 그 행운에 감사하라고. 글쎄, 그의 삶에서 크게 잘못된 것은 아무것도 없다. 단지 그는 진짜로 살아 있다는 느낌을 받지 못할 뿐이다.

셀 수 없이 많은 사람들이 이와 같은 감정적 문제를 갖고 있다. 지루해지고, 따분해지고, 존재론적인 고뇌를 느끼는 것이다. 그들에겐 그것을 뛰어넘을 초월적인 느낌이 필요하다. 이들에게는 1830년대 뉴잉글랜드 지역에서 활동했던 '초월주의자들의 모임'—혁명론자, 작가, 지식인들로 구성된—이 아마도 도움이 될 것이다.

그 모임을 이끌었던 이는 변절한 성직자이며, 에세이스트, 시인, 철학자였던 랠프 월도 에머슨이었다. 이 모임의 또 다른 특출한 인물로는 헨리 데이비드 소로—열렬한 자연주의자이며 에세이스트, 혁명주의자, 그리고 시민 불복종 운동가—가 있다. 그 두 사람 모두 사회와 문화 인류 환경에 대하여 걸출한 저작을 남겼다.

소로는 우리가 나이가 들어감에 따라 삶은 틀에 박히게 되고, 무심해지고, 점진적으로 스스로를 단조롭게 만든다고 믿었다. 일상 속의 자잘한 일들에 파묻혀서 우리는 삶의 열정과 맛을 잃어간다. 가장 비참한 인생은 조용히 절규하며 사는 것이다. 150여 년 전에, 소로는 이미 이러한 삶을 묘사해놓은 바 있다.

- 만약, 급료를 지불할 테니 벽 너머로 돌을 던지고 돌아가서 그 돌을 다시 던지는 일을 하라고 의뢰를 받는다면 많은 사람들이 모욕감을 느낄 것이다. 하지만 오늘날 그보다 나은 일에 종사하는 사람들이 몇 되지 않는다.

- 인간이 노동을 시작한 것은 단순히 실수였다. 인간을 위해 마련된 더 나은 삶의 토대가 곧 마련될 것이다. 표면적인 숙명—'필요'라 불리는 것—에 의해 그들은 고용된다. 오래된 책에서는 '고용'이란 보화를 쌓는 것, 그래서 나방이 꼬이고 녹이 슬고 도둑이 침입하게 되는 것이라고 말하고 있다. 이것은 어리석은 삶이다. 사람들이 지금 그것을 깨닫지 못한다면 죽음의 순간에서야 깨닫게 될 것이다.

소로는 그 덫에서 헤어나길 원했다. 그래서 그는 월든 호숫가로 2년 동안 피신했다. '삶 속으로 깊숙이 들어가고, 인생의 정수를 모두 뽑아내기 위해서'였다.

"나는 인생을 의도대로 살기 위해서 숲 속으로 들어갔다." 그는 이렇게 썼다. "삶의 가장 소중한 것들을 대면하기 위하여, 내가 삶에서 배워야만

하는 것들을 배우기 위하여, 그래서 죽음의 순간 삶을 헛되게 살았다고 후회하지 않기 위하여."

물론, 소로처럼 숲 속으로 사라져버리는 것은 오늘을 사는 우리들 대부분에겐 불가능한 일이다. 혹은 인생의 문제에 맞서 싸우지 않고 회피하는 것이 아니냐는 비난도 나올 법하다. 그러나 소로는 마음의 평화와 고결함은 오로지 자연과 하나됨으로써 가능하다고 믿었다. 자연이야말로 위대한 조화와 존재적 진리를 찾아낼 수 있는 곳이라고 생각했다.

'초월주의자들의 모임'에 있어서, 자연은 영적인 성장의 핵심이었다. 자연 속에서 우리는 인생의 시간을 어떻게 사용해야 할지 홀로 생각할 수 있다. 그리고 소로가 '먼 북소리'라고 표현했던 내면의 소리를 고요히 들을 수 있다. 그는 다른 이들을 좇아 어리석게 살지 말라고 경고한다. 오래된, 탁월한 지혜를 탐구하고 따름으로써 우주의 법칙에 따라 살라고 말한다.

소로에 따르면, 성공적인 삶이란 단순하고, 독립적이고, 너그럽게, 의미 있는 일을 하며 사는 삶이다. 그의 글을 읽으면 현대사회의 세속적 무게에 짓눌려 있었던 무언가가 다시 고개를 드는 느낌이 든다. 소로는 우리에게 스스로를 다시 평가하라고 말한다. 인생을 용감하게 살라고, 그리고 과감하게 질문하라고 요구한다. "어떻게 살아야 할 것인가?"

내 친구 존, 그리고 같은 고뇌를 안고 있는 많은 사람들에게 이러한 인생 재설계가 많은 도움이 될 것이다. 소로는 우리가 받은 삶이 엄청난 특권이라는 사실을 일깨운다. 우리가 그럴 수 있다는 것을 알기만 한다면 이 세상 전부가 우리의 탐험 무대이다.

어떤 이들은 '초월주의자들'을 꿈꾸는 이상주의자들이라 말할지 모른다. 확실히 이상주의적인 요소가 있기는 하다. 하지만 그들은 인간 정신의 기록자들이다. 그리고 그들의 가르침—표면적인 모습으로 판단하지 말며, 인생을 지혜와 진정으로 이끌어 나가야 하며, 무감각한 현대 문화를 극복해야 한다는—은 시대를 초월하여 우리를 일깨운다.

그들은 우리에게 말한다. "우리는 '여기'에 잠시 방문했을 뿐이라고. 삶은 환희가 되어야 한다고." 소로는 또한 이렇게 말했다. "하루를 멋지게 사는 것, 그것이 예술의 최정점이다."

에머슨, 마음속의 진리를 구하다

지난번에 썼던 헨리 데이비드 소로와 '초월주의자들'에 관한 에세이에 많은 사람들이 흥미를 보였고 그들에 대해 더 알고 싶다는 의견을 보내왔다.

초월주의란 150여 년 전부터 존재해왔다. 그리고 아직까지, 특히나 경제적, 정치적으로 어려운 상황 속에서 커다란 영향력을 발휘하고 있다. 초월주의 운동이 무엇이며, 언제 시작되었는지, 그리고 그 리더인 랠프 월도 에머슨에 대하여 자세히 알아보기로 하자.

이론가이며, 수필가, 웅변가, 시인이기도 했던 에머슨은 여러 가지 이름으로 불린다. 미국이 낳은 철학자, 최초의 문학적 거장, 환경 운동의 아버지, 문학평론가 헤럴드 블룸에 따르면 '미국 종교의 창시자', '개인주의와 자기 독립의 환상적인 조합체'이다.

에머슨의 철학인 초월주의는 유니테리언 교회(일원주의)에서부터 발현

된다. 그것은 종교 운동이 아니라 영적인 운동이었다. 초월주의에는 율법도 없고, 예배당도 없고, 의식도 없었다. 에머슨은 특정한 교리를 믿으라고 말하지 않았다. 대신 독립적인 사고, 옳은 행실, 그리고 성격의 개발을 독려했다.

그는 우리를 종교적 분파로 갈라서게 하는 것이 아니라 하나로 융합시키는 데 관심이 있었다. 예수가 '천국은 너희 안에 있느니라' 라고 가르쳤듯이 에머슨은 그가 '내면의 진실'이라 부르는 범세계적 덕목을 강조했다. 그는 말했다. 만약 중국의 유교학자, 아테네의 스토아 학자, 불교의 승려, 기독교의 성인들이 한자리에 모여 대화를 나눈다면 서로가 한마음이라는 사실을 알게 될 것이라고.

소로와 같이, 그 또한 자연 속에서의 고요한 시간은 우리의 마음과 영혼을 밝혀준다고 믿었다. 그의 책에서 그는 이렇게 말한다. "솔잎의 향기를 맡고 벌레들의 노래를 들어야 한다."

에머슨은 명상적인 이론주의자만은 아니었다. 그는 또한 행동가였다. 그는 열렬한 노예폐지론자였다. "노예제도는 '제도'가 아니라 '결함'이다" 라고 목소리를 높였다.

이 19세기의 철학자가 오늘날의 우리들에게까지 이토록 영향력을 미치는 이유는 무엇일까? 위대한 심리학자 윌리엄 제임스William James와 같이, 에머슨은 대부분의 우리가 겪는 어려움들은 우리 스스로의 머릿속에서 시작된다고 보았다. 우리들의 문제를 해결하는 첫걸음은 생각을 진보시키는 것이다. 에머슨은 이렇게 말했다. "지금의 시간은, 다른 모든 시간들과 마찬가지로, 아주 좋은 시간이다. 다만 우리가 그것을 가지고 무엇을 할 것인지 알기만 한다면 말이다."

우리는 종종 어려움을 겪어내는 동안에 우리 스스로가 강해지고 관심의 폭이 넓어진다는 사실을 망각한다. 에머슨은 이에 관해 이렇게 썼다.

> 만약에 한 사람이 억압받고, 고통받고, 비난을 받는다면 그는 무언가를 배울 수 있는 기회를 얻은 것이다. 스스로의 지혜와 남자다움을 시험할 수 있고 자신의 무지함을 알게 되며, 자만으로 인한 어리석음을 떨치고 진정한 교훈을 얻을 수 있다.

어려움을 겪고 있는 지금 당장은 그렇게 보이지 않는다 하더라도, 훗날 알게 될 것이다. 그것은 단지 인식의 차이일 뿐이다. 에머슨은 이렇게 말했다. "몇 년의 시간은 많은 것을 가르쳐준다. 며칠 동안에는 결코 알 수 없는 것들을."

초월주의자들 대부분이 그랬듯이, 에머슨은 소박하고 단순한 삶을 살았으며 물질주의의 덫에 걸리지 않기 위해 노력했다. 재정적인 성공이라는 것은 돈의 많고 적음을 뜻하는 것이 아니라 수입과 지출의 관계에 있다고 에머슨은 말했다. "그대가 상점에 가서 그대의 인생과 재능을 나타내줄 수 있는 물건이 아닌, 그저 소유를 위한 물건을 구입한다면 그것은 차갑고 알맹이 없는 거래이다."

물론, 부유함을 추구하고 그것을 드러내고 싶은 욕망은 내부에서 생겨났다기 보다는 사회적인 현상이다. 세상은 당신이 스스로의 생각대로 살기보다는 세상이 원하는 대로 살기를 종용한다. "용감한 자들은 사회를 어린애 다루듯 해야 한다"고 에머슨은 말했다. "그가 결코 그대에게 명령하지 못하게 하라."

에머슨을 특정 계층으로 분류하거나 그의 사상을 요약하는 것은 불가능하다. 그는 스스로를 존재의 신비와 인간의 마음을 이해하는 데 헌신한 구도자라고 표현했다.

미국은 문학, 철학, 종교, 그리고 사회정책에 걸쳐 에머슨의 영향을 깊이 받았다. 역사가들은 그가 다른 누구보다 미국의 사상을 형성하는 데 큰 공을 세웠다고 말한다. 에머슨은 링컨 다음으로 미국의 사상을 높이 고취시켰던 웅변가이기도 했다.

에머슨은 겸허하게도 그가 단지 하나의 원리—한 개인의 무궁한 가능성—를 가르쳤을 뿐이라고 말한다. "그대의 마음속에 있는 진리를 빼면 이 세상에 성스러운 것은 아무것도 없다."

당신이 그 아이들을 구할 수 있다

철학자 피터 싱어 Peter Singer 가 당신에게 묻는다.

당신이 출근길에 걸어가다가, 호수에서 한 꼬마가 물을 첨벙거리며 놀고 있는 것을 보았다. 그런데 가까이 다가가보니 그 꼬마는 놀고 있는 것이 아니라 물에 빠져서 허우적거리고 있는 것이었다. 그 주위에 다른 어른은 보이지 않는다. 그때 당신은 옷이 다 젖고, 회사에 지각할 것을 감수하고 뛰어들어 그 아이를 구하겠는가?

"물론이지요." 당신은 대답할 것이다. "회사에 지각하지 않는 것보다 그 아이의 생명이 훨씬 소중하니까요."

하지만 그때 당신이 아주 비싼 가죽구두를 신고 있었다면? 물이 그 신발을 망쳐버릴 텐데도 아이를 구하기 위해 뛰어들겠는가?

"무슨 소리 하는 겁니까?" 당신은 되묻겠지. "아무리 비싼 신발이라도 그렇지, 그 신발이랑 아이의 목숨을 바꿀 사람이 어디 있단 말이오?"

잠깐만, 이렇게 소리 지르기 전에 조금 기다리기 바란다.

유니세프UNICEF에 따르면, 매년 970만 명의 5세 이하 어린이들이 간단하게 구제될 수 있는데도 죽어가고 있다. 이것은 매일 시간당 1,100명씩의 아이들이 죽어가고 있는 셈이다.

이 아이들은 먹을 것이 없어서, 혹은 간단한 예방조치로 치료될 수 있는 말라리아, 홍역, 설사 때문에 죽는다. 이 사실은 엄청난 비극일 뿐만 아니라 미국처럼 부유한 나라의 도덕적 수치이다.

월드 뱅크World Bank는 지금 지구상에서 14억의 사람들이 하루 평균 1.25달러 이하의 생활비로 살아가고 있다고 발표했다. 73개국의 이러한 빈민 6만 명을 대상으로 한 조사에서 밝혀진 바에 의하면 '극도의 가난'이란 이런 상태라고 한다.

- 진흙이나 짚으로 지어진 허술한 집에 살며, 그 집은 난폭한 기후에 곧잘 무너진다.
- 먹을 것과 교육의 기회, 옷, 위생시설, 그리고 의료설비가 턱없이 부족하다.
- 하루에 한끼만을 먹을 때가 많으며, 때로는 아이를 먹이기 위해선 자신은 굶어야 한다.
- 안전한 식수가 없다(물을 긷기 위해 먼 길을 오가야 하며, 그나마 끓이기 전에는 안심하고 마실 수 없다).
- 만일 가족 중 누군가가 병에 걸리면 병원비를 사채업자에게 빌려야만 하고,

그들이 엄청난 이자를 요구하기 때문에 평생 빚에서 헤어나지 못한다.
- 가족을 부양하지 못하기 때문에 항상 무력감과 비참함, 그리고 수치심에 젖어 있다.

서구에 사는 우리들은 다른 이들에게 해만 끼치지 않는다면 스스로 도덕적으로 옳은 삶을 살고 있다고 생각한다. 하지만 다른 이들의 고통을 덜어주기 위해서 우리는 무엇을 하고 있는가?

그것은 도덕의 문제일 뿐 아니라 의식의 문제이다.

가난한 이에게 베풀어야 한다는 것은 모든 주요 종교의 교리이다. 히브리어로 '자선'을 뜻하는 '츠다카Tzedakah'는 '정의'를 의미한다. 즉, 가난한 이에게 자선을 베푸는 것은 선택적인 사항이 아니라 정의로운 삶을 살기 위한 핵심사항이라는 것이다.

성경에는 가난을 없애는 것에 대한 언급이 3,000회나 포함되어 있으며, 기독교의 중심 도덕을 이룬다. 예수는 '내 형제 중 가장 작은 이'를 어떻게 대하느냐에 따라 우리가 신의 왕국을 상속 받을지의 여부가 결정된다고 가르쳤다.

『목적이 이끄는 삶』의 저자 페스터 릭 워렌Paster Rick Warren은 몇 년 전 남아프리카를 방문했을 때 한 작은 교회를 보았다고 한다. 그 교회는 버려진 텐트를 얼기설기 얽은 것으로, 에이즈에 걸린 고아 25명을 수용하고 있었다. "그 광경을 보니 마치 칼날이 심장을 파고드는 것 같았다. 그 초라한 교회는 내가 다녔던 대 교회들보다 더 큰 봉사를 하고 있었다." 그는 말했다. 그리고 이렇게 덧붙였다. "나는 더 이상 정치나 문화 전쟁에 관심이 없다. 나의 유일한 관심사는 어떻게 해야 사람들이 다르푸르와 르

완다 아이들에게 주의를 기울이게 할까 하는 것뿐이다."

미국인들은 자선을 베푸는 데 인색하지 않다. 연구에 의하면 국가 수입 전체의 2.2퍼센트를 자선사업에 쓰고 있다. 이것은 다른 나라들에 비하면 어마어마한 액수이며, 다른 부유한 국가들의 자선사업 예산과 비교해도 2배에 해당하는 액수이다. 미국 가정의 70퍼센트가 매년 어떤 형태로든 자선기관에 기부를 하고 있다.

우리들 대부분은 지역적인 단체에 기부를 한다. 그것이 나쁘다는 뜻은 아니다. 하지만 우리가 이 나라에서 말하는 '가난'이란 엄밀하게 말해 진짜 가난을 뜻하지 않는다. 미국 조사당국에서 '가난한 계층'으로 분류한 이들의 97퍼센트가 텔레비전을 갖고 있으며, 4분의 3이 차를 갖고 있고, 4분의 3이 VCR이나 DVD플레이어를 가지고 있다. 또 4분의 3은 에어컨이 설치된 집에서 살고 있다. 그리고 대부분 살이 찐 편이다.

매년 1,800만 명씩을 죽음으로 몰아가는 것은 그런 종류의 가난이 아니다. 매일 지구상의 수십억 남녀 어린이들이 인간의 가장 기본적인 욕구조차 충족시키지 못하고 있다. 싱어는 극도의 빈곤 상태에 있는 한 사람을 독립적으로 살아갈 수 있게 만드는 데 드는 돈은 채 200달러가 안된다고 말한다.

국제 구호기금에 관해 부정적인 견해들도 만만찮다는 것을 모두가 알고 있다. 어리바리한 정부가 해외의 타락한 사기꾼에게 구호기금을 넘겨줘버리기 십상이라는 견해이다. (자신의 돈이 사기성 있는 정치인의 계좌에 쌓이는 것을 바라는 사람이 누가 있겠는가?) 과거에는 많은 공식적인 기금들이 잘못 쓰였다. 그리고 가난의 장기적인 해결책은 구호기금이 아니라 국제무역이라는 주장에 토를 달 생각도 없다.

하지만 굳이 정부기관의 힘을 빌리지 않고도 세상의 비참함과 고통을 줄일 수 있다.

예를 들어 비영리 단체인 그라민Grameen 재단은 마이크로 크레딧(영세민을 위한 소액 단기 대출—역자주)을 통해 빈곤을 퇴치하고자 노력하고 있다. 그들은 세계에서 가장 가난한 사람들(특히 여성들) 수백만 명에게 자그마한 액수의 돈을 대출해주고 있다. 그리고 그 대출금의 97퍼센트가 되갚아지고 있다. 그 돈으로 빈민들은 씨앗을 사거나, 장사를 시작하거나, 의사에게 돈을 갚거나, 가족의 급한 일을 처리한다. 그 작은 돈이 그들에게 가난으로부터 벗어나고 존중과 품위, 기회를 되찾을 기회를 준다. (구체적으로 알기 위해 www.grameenfoundation.org를 참고하기 바란다.)

가끔씩 나는 국제구호연맹IRC에 관해 글을 쓰곤 한다. 국제구호연맹은 알베르트 아인슈타인에 의해 창립되었으며 핍박받거나 무력갈등의 희생양이 된 망명자들과 주민들을 위한 기관이다. 천재지변이나 전쟁, 탄압을 피해 도망쳐온 이들에게 국제구호연맹은 음식과 물, 지낼 곳, 의료, 그리고 교육을 제공해주고 있다.

그라민 재단과 국제구호연맹 모두 매우 효과적으로 빈민들을 돕고 있으며 가장 평판이 좋은 자선단체들이다. 그들을 위한 기부금에는 모든 세금이 공제된다.

몇 년 전, 나의 칼럼에 국제구호연맹의 웹사이트를 공개했을 때, 과연 몇 명의 독자들이 그 사이트를 방문해볼까 궁금했었다. 하지만 너무나 많은 독자들이 사이트를 방문했고, 기부를 했다는 메일을 보내왔을 때, 기쁨을 감출 수 없었다.

그로부터 몇 주 후, 한 부유한 신사가 내게 편지를 보내왔다. 그는 그

때 마침 부동산 자산 운용계획을 세우고 있었는데, 국제구호연맹의 웹사이트를 보고, 그들이 하고 있는 좋은 일들에 감동받아, 그가 가진 부동산의 절반을 사후에 국제구호연맹에 위탁하기로 결정했다고 했다. 그의 편지는 내 기분을 날아오르게 했다.

만일 몇 년 전에 내 사촌 주디스가 내게 국제구호연맹에 대해 말해주지 않았더라면 나는 그 신사에게 그 단체를 소개할 수 없었을 것이다. 그리고 만일 주디스의 친구 매치가 그녀를 국제구호연맹에 끌어들이지 않았더라면 주디스 또한 나에게 그 단체를 소개하지도 못했을 것이고, 그들을 어떻게 도와야 할지 몰랐을 것이다. 당신의 말 한 마디가 얼마나 멀리까지 선한 영향력을 미칠 수 있는지!

우리 모두는 매일 쓰지 않아도 별로 불편함을 느끼지 않을 무언가를 사는 데 돈을 쓰고 있다. 『물에 빠진 아이 구하기』에서 피터 싱어는 이렇게 말한다.

> 지금 당신 손에 미네랄워터나 탄산음료 병이 들려 있습니까? 만약 마실 수 있는 안전한 물이 수도꼭지에서 나오는데도 음료수를 사기 위해 돈을 썼다면, 당신은 정말로 절박하지 않은 곳에 돈을 쓴 것입니다. 이 세상에는 수십억의 사람들이 당신이 음료수 한 병에 쓴 돈보다 적은 돈으로 하루를 살아내기 위해 몸부림치고 있습니다. 그들을 도와주십시오.

지금 당신의 눈앞에서 호수에 빠져 죽어가는 어린아이를 구하는 것은 당연하고, 먼 나라에서 죽어가는 어린아이의 생명은 무시해도 좋은 것일까? 만일 당신이 직접 그곳에 가서 그들의 비참한 상황을 두 눈으로 본다면, 당신은 가슴이 찢어져서 저절로 그들을 위해 지갑을 열 것이다.

지금쯤 스스로에게 물어봐도 좋을 것이다. 내가 어떻게 도울 수 있을까?

기꺼이 그들을 위해 자비를 베풀어준다면, 나는 당신 앞에 절을 하고 싶다. 그리고 최소한, 고급 구두 한 켤레쯤은 희생하여 죽어가는 아이를 구할 용의가 있는 당신이라면 www.theirc.org를 방문해보기 바란다.

빅뱅, 우리의 근원을 찾아서

아이작 아시모프Isaac Asimov는 이렇게 말한 적이 있다. 보통, 새로운 과학적 발견을 알리는 한 마디는 "유레카!"가 아니라 "흠……. 재미있는데?"라고.

1967년의 발견도 바로 그랬다. 벨 연구소의 위성 통신 파트에서 일하고 있던 두 명의 엔지니어 아노 펜지어스Arno Penzias와 로버트 윌슨Robert Wilson은 계속 들려오는 잡음에 골머리를 썩고 있었다. 산만하고 끊임없이 울리는 '삐익―' 하는 소리 때문에 실험에 집중할 수가 없었다. 어떤 조치를 취해도 그 소리는 사라지지 않았다. 더군다나 그 소리는 하늘의 모든 방향에서 낮이나 밤이나, 계절을 가리지 않고 들려왔다.

얼마 후, 그 두 사람은 그들이 100억조 마일 떨어져 있는 가시 우주의 가장자리를 밟았다는 사실을 깨닫게 되었다. 그들은 최초의 광자―우주에서 가장 오래된 빛―가 시간과 거리에 의해 전자파로 바뀌면서 내는 소리를 들은 것이었다. 그것은 우주과학자 조지 가모프George Gamow가 20년 전

예언한 사실이었다.

펜지어스와 윌슨은 역사상 가장 위대한 과학적 발견을 이루었다.

기억할 수 없을 만큼 오랜 옛날부터 인류는 밤하늘을 올려다보며 우리가 우주의 어디에서 왔을까 생각해왔다. 우리는 수수께끼에 휩싸였고 여러 가지 가설을 세웠다. 그리고 신화들과 이야기들을 만들어냈다. 하지만 진실을 알아낼 도구가 없었기에 우주를 이해할 수는 없었다.

지금 우리는 그 도구들을 갖고 있다.

오늘날, 우주 이론들은 실험을 거쳐 받아들여지거나 폐기된다. 과학자들은 분광기, 위성, 원격망원경, 슈퍼컴퓨터, 분자 가속기, 그리고 위대한 천문학자의 이름을 붙인 천체망원경 등을 사용하여 이론들을 검증한다.

1929년, 에드윈 허블Edwin Hubble은 그의 마운트 윌슨 관측소 망원경으로 멀리서 털이 북슬북슬한 헝겊조각 같은 무언가가 보이는 것을 관측했으며, 그것이 실제로는 수십억 개의 행성들로 이루어진 새로운 은하계라는 사실을 밝혀냈다. 더욱 놀라운 것은 그 은하계가 우리로부터 빠른 속도로 멀어지고 있다는 사실이었다.

이 관측으로부터 '허블의 법칙'이 탄생되었다. 그 법칙은 '만약 은하계들이 서로에게서 멀어지고 있다면'으로 시작된다.

1. 만약 은하계들이 서로에게서 멀어지고 있다면, 내일은 서로 더 멀어질 것이다.
2. 하지만 어제는 서로 조금 더 가까웠을 것이다.
3. 그리고 작년에는 훨씬 더 가까웠을 것이다.
4. 과거의 어느 시점에서는, 모든 것들이 함께 가까이 있었을 것이고,

작은 하나의 공간 속에 뭉쳐져 있었을 것이다.

70년에 걸친 관찰과 실험으로 과학자들은 우주가 약 137억 년 전, 거대한 폭발로 팽창을 시작했다고 밝혀냈다.

그것은 개념화하기에는 너무나 힘든 사실이었다. 그리고 우주학자들은 그 사실을 간단한 언어로 표현하고자 고군분투해왔다. 그중 보편적인 세 가지는 이것이다.

- 빅뱅Big Bang은 공간의 폭발이었지, 공간 속에서의 폭발이 아니었다.
- 빅뱅은 모든 곳에서 일어났다. 공간 속의 한 지점에서 일어난 것이 아니었다.
- 공간은 우주 안에 있다. 우주가 공간 안에 있는 것이 아니다.

빅뱅 이후로부터 존재해온 시간이라는 개념을 우리의 마음이 쉽게 받아들이지 못하기 때문에 칼 세이건이 독창적인 설명방식을 개발했다. 그가 '우주 달력'이라 부르는 방식이다. 그리고 그 방식은 인간들에게 겸손함을 가르쳐준다.

우선, 137억 년 우주의 역사를 한 해의 달력에 압축해서 기록해본다고 상상해보자. 빅뱅은 그 달력에서는 1월 1일에 일어난 사건이다. 그리고 지금 이 순간은 12월 마지막날의 마지막 순간이다. 그 압축 달력상에서는, 한 달이 11억 년을 나타낸다. 그리고 하루가 4천만 년이다. 1초는 500년의 역사를 의미한다.

은하수가 한데 뭉쳐진 것은 3월이다. 태양과 위성들은 8월부터 존재했다. 최초의 생명(단세포)가 출현한 것은 9월, 최초의 다세포 생물의 출현은 11월에 일어났다. 최초의 척추동물은 12월 17일에, 공룡은 크리스마스 이브에 생겨났다. (그리고 12월 29일 멸종했다.) 현대 인류는 12월 31일 오전 11시 54분에서야 출현했고, 인류의 기록이 시작된 것은 겨우 10초 전이다. 피라미드가 건설된 것은 9초 전이다. 로마 제국은 3초 전에 멸망했다. 콜럼버스가 미국을 발견한 것은 1초 전이다.

이 달력을 통해 보면 세상을 조망하게 된다.

나는 많은 친구들과 동료들을 초대해서 천체망원경을 들여다보도록 권해본 결과, 많은 이들이 빅뱅 우주론에 회의적이라는 사실을 알게 되었다. 그리고 그것은 어떤 면에서 좋은 일이기도 하다. 우리의 지식은 오로지 끊임없고 규칙적인 의심에 의해 성장하기 때문이다. 우리 중 스스로의 결론에 의심을 제기하는 사람은 별로 없다. 하지만 과학은 다른 이들의 부정확한 결론을 정정해주는 사람들에게 명예를 안겨준다. 증거와 실험—반대론자들의 가장 격렬한 공격에도 맞설 수 있는—이 뒷받침된 이론만이 끝까지 살아남는다.

빅뱅 이론은 70년 넘게 신뢰되고 있으며, 그 증거들이 쌓여가고 있다. (그 분야에 신뢰도가 높은 참고도서로, 물리학자 사이먼 싱Simon Singh이 쓴 『빅뱅: 우주의 기원』을 권한다.)

하지만 어떤 이들은 종교적 이유에서 빅뱅 이론을 거부한다. 대부분의 서양 종교들이 그렇게 함으로써 마음의 평화를 얻고 있는 것이 사실이다. 그래도 인류의 기원에 대한 과학적 이론은 이미 개혁 유대교, 로마 가톨릭, 개신교 종파의 주류에 의해서 받아들여졌다.

그리고 우리에겐 여전히 곱씹어보아야 할 이론적 과제들이 남아 있다. 그럼 도대체 빅뱅은 어떻게 생겨났는가? 물질법칙은 무엇 때문에 은하계와 행성들과, 결국은 의식적인 생명체를 만들어냈는가? 물리 법칙은 어디서 생겨났는가? 만약 신의 섭리가 아니라면 그것들이 어떻게 설명될 수 있단 말인가? 한마디로, 왜 이론물리학이 성립되는가?

칼 세이건은 그의 책 『악령이 출몰하는 세상』에서 이렇게 썼다.

> 과학이 꼭 영성에 모순되는 것은 아니다. 과학은 영성의 깊은 근원이기도 하다. 광대한 시간들 속에서, 세기의 흐름들 속에서 우리가 삶의 다양함과 아름다움과 섬세함을 이해할 때, 오만함과 겸허함이 뒤섞인 감정을 느낄 때, 그것이 진실로 영적인 것이다.

수없이 많은 세월이 흐른 뒤에야, 우리는 밤하늘에 보이는 별들의 근원에 대하여 이성적이고, 합리적이며, 우아한 설명이 가능한 시대에 살게 되었다. 이것은 인간의 지성과 영성이 이루어낸 가장 큰 성취 중 하나라 하겠다.

우리의 근원을 설명해주는 것들은 마음 깊은 곳을 울린다.

우리는 언제나 자신보다 거대한 무언가에 연결되어 있다는 느낌을 갖기를 갈구한다. 그리고 이제 우리는 상상할 수 있는 가장 견고한 끈으로 광대한 우주와 연결되어 있다는 것을 알고 있으니 얼마나 다행인가.

우주의 역사는 또한 우리의 자만심을 없애주어 경외심을 갖게 만든다. 우리는 생명으로 흘러넘치는 아름다운 별에 살고 있다. 그러나 이 지구는 우주의 한 점 티끌이기도 하다. 거의 텅 비어 있는 광대한 우주의 바다 위에는 인간의 수보다 훨씬 많은 수의 은하계가 존재한다. 그 은하계들 중 아주 평범한 하나의 은하계, 그 변두리를 돌고 있는 수억 개의 별 들 중 아주 평범한 별 하나가 우리의 지구이다.

하지만 우리는 또한 스스로를 자랑스럽고 놀랍게 여겨야 한다. 원자 하나를 만드는 데는 1시간이 채 걸리지 않고, 별들과 행성들이 생성되는 데는 1억 년이 걸리지만, 인류가 탄생되기 까지는 100억 년이 걸렸다.

물리학자 폴 데이비스Paul Davies가 그의 책 『골디락스의 수수께끼』에서 이렇게 말했다.

> 우주는 스스로의 자각으로써 뿐만 아니라 그 이해로써 생성되었다. 조심성 없이 부주의하게 날뛰던 원자들이 생명뿐만 아니라 '이해'도 만들어 내기로 어느 날 결의한 것이다. 끝없이 펼쳐진 우주는 그 장관을 구경만 하는 것이 아니라 그 구성을 풀어낼 수 있는 존재들을 잉태시켰다.

한마디로, 우리는 오래된 우주 역사의 살아 있는 유물이며, 우주에 단단히 연결되어 있고, 떠도는 별들의 먼지이다. 우리는 우주가 스스로를 생각하는 방식이다.

천문학자들, 물리학자들, 그리고 우주학자들은 종종 우주의 스케일과 웅장함, 그 조화로움, 그리고 우아함을 찬양한다. 하지만 결국 그들은 한 시인이 오래전부터 알고 있었던 것을 발견해냈을 뿐이다.

> 우리는 폭발로 사라지지 않는다.
> 폭발이 일어났다 해도 결국 우리가 처음 시작했던 곳으로 돌아와
> 그 장소를 처음으로 이해할 뿐이다.
> ─T. S. 엘리엇(1942)

진실의 문학

노스웨스턴 메디컬 스쿨의 생명공학 센터장인 존 D. 밀러 박사에 의하면, 지난 20년간 과학교육을 받은 미국인들의 수가 2배로 증가했다고 한다.

하지만 설문조사에 의하면 겨우 48퍼센트의 미국인만이 인류가 공룡과 동시대에 살았던 적이 없다는 사실을 알고 있다. 전자가 원자보다 작다는 사실을 아는 이들은 절반이 채 안 된다. 그리고 DNA가 무엇인지, 분자를 정의하는 것은 무엇인지 알고 있는 이들은 극소수에 불과하다. (다른 나라 사람들도 이보다 크게 낫지는 않은 것 같다. 예를 들어 유럽연합 국가들의 점수는 이보다 낮았다.)

과학은 "진실의 문학"이라고 불려왔다. 경험의 체계적인 분류이며, 미신의 독을 빼주는 해독제이다.

우리는 과학의 혜택을 듬뿍 받으며 살아가고 있다. 하지만 설문조사에서 보듯이 우리들 대부분은 과학적 지식이 너무나 부족할 뿐만 아니라 기본적인 이해도 갖고 있지 못하다. 그게 무슨 문제냐고?

문제가 있다. 어느 정도 과학적인 상식을 갖고 있지 않으면 중요한 의견들과 안건들을 이해할 수 없다. 그렇게 되면 사회의 책임감 있는 일원으로서의 능력을 포기하는 것이다.

미국 정부는 매년 1억 달러의 예산을 과학 협회와 대학 연구실, 독립 연구원을 후원하는 데 쓴다. 하지만 우리들 대부분은―우리가 뽑은 대표 정치인들도 포함해서―그 돈이 어디로 가고 어떻게 쓰이는지에 대해서는 거의 모르고 있다.

우리의 과학적 무지를 해소해야만 하는 더 큰 이유는, 과학을 모르고서는 우리 삶의 질이 떨어진다는 사실이다.

인류 역사상 대부분의 기간 동안, 우리의 조상들은 밤하늘에 빛나는 별들을 바라보며 그 빛들이 상상할 수 없을 만큼 멀리 떨어진 다른 태양들의 빛이라는 것을 알지 못했다.

우리는 달의 차고 기우는 현상, 혜성의 출현, 유성우, 그리고 일식을 설명하기 위해 신화들을 만들어냈다. 홍수, 허리케인, 지진, 전염병, 그리고 화산 폭발은 신의 노여움을 나타낸다고 믿었다.

우리의 선조들은 우주가 140억 년 전에 태어났으며, 태양은 수십억 개의 은하계 중의 하나, 은하수를 이루는 2천억 개의 별들 중 하나일 뿐이라는 사실을 꿈에도 상상하지 못했다.

물론, 확실한 과학적 사실이라는 것은 거의 없다. 명백하다고 말할 수 없는 것이다. 예를 들어, 빈 공간이 구조를 갖고 있다거나 모든 사물은 같은 기본 원소로 이루어져 있다는 것 등 말이다.

SF 작가 아이작 아시모프는 우리가 마침내 과학적 의문이 올바르게 제기되는 시대에 살게 된 인류 역사상 1퍼센트의 행운아들이라고 말한 바 있다.

아인슈타인이 1905년에서 1916년 사이에 우주를 지배하는 법칙을 발견해내기 전까지는 우리는 그것을 알지 못하고 살아왔다. 에드윈 허블이 1923년에 알아내기 전까지 우리는 우주가 팽창하고 있다는 사실도 알지 못했다. 그리고 양자 이론이 출현하기 전까지는 원자보다 작은 입자들을 지배하는 까다로운 규칙들을 헤아리지 못했다.

물론 과학을 진실에 비견할 바는 아니다. 모든 과학적 지식들은 임시적일 뿐이며, 언제든 재조명될 수 있다.

하지만 과학은 한편으로 인간적 실수를 용납하기에 성공할 수 있었다. 과학은 오만함과 무지, 그리고 편견이 우리를 어긋난 길로 이끌 수 있다는 사실을 알고 있다.

과학기술은 착오와 교정을 반복해가면서 지식의 발전을 가져왔다. 이성과 검증을 통해 확인하며, 권위를 거부하고, 오류를 극복하고, 진실에 근접한 사실들을 밝혀냈다.

오늘날, 그 기본적인 틀은 완성되었다. 확신을 갖고 말하지만, 미래의 과학자들이 화학 원리들이나 질병의 미생물 이론, 지구상의 모든 생명체 간의 상호작용에 관한 한 오늘날의 견해에 오류를 바로잡을 필요는 없을 것이다.

과학의 핵심은 그것이 단지 도구일 뿐이라는 사실이다. 진실로 통하는 창문인 것이다. 물론 진실을 찾는 다른 형태의 시도들도 있다. 종교, 예술, 철학, 그리고 문학 등. 그것들은 과학적 잣대로 평가될 수도, 부인될 수도 없다.

그러나 비판적인 생각과 회의적인 평가를 거치지 않으면 우리는 사이비 과학이나 돌팔이 의학, 궤변, 그리고 허황된 이야기들에 휩쓸리게 될 것이다. 칼 세이건은 종종 과학은 우리의 "거짓말 탐지기"라고 말한 바 있다.

과학은 또한 우리에게 경외심과 공동체, 하나됨, 그리고 겸허함을 가르쳐준다. 고생물학자인 스티븐 제이 굴드Stephen Jay Gould는 모든 과학적 혁명의 공통된 특징이 있다면 인간의 오만함의 왕관을 벗긴 것이라고 말한 적 있다.

자연과학이 없었더라면, 우리는 자연의 위대한 아름다움과 그에 대한 이해를 놓쳐야 했을 것이다. 옥스퍼드 대학교의 생명공학자 리처드 도킨스는 그의 책 『무지개를 풀며』에서 이렇게 썼다.

> 1억 년간의 긴 잠에서 깨어나, 마침내 우리는 눈을 뜨고 이 호화롭고, 오색찬란히 반짝이고, 생명으로 가득 찬 별을 본다. 몇십 년이 흐른 뒤, 우리는 다시 눈을 감아야 한다. 우리가 지닌 이 짧은 시간을 태양 아래서, 우주를 이해하며, 우리가 어떻게 이곳에서 눈뜨게 되었는지 이해하는 데 쓴다면 얼마나 고귀하고 현명한 일이 될까? 그렇게 생각한다면, 누구라도 침대를 박차고 일어나 세상을 탐험하고 그 일부가 되기를 열망하게 되지 않을까?

당신과 모든 것을 연결하는 고리

논란의 불씨를 던질 생각은 아니었다. 하지만 지난 번 내가 쓴 과학적 무지에 관한 글은 지금까지 썼던 어떤 글보다 많은 메일을 받았다.

대부분의 메일은 내게 박수를 보내기 위한 것이었다. 많은 이들이 과학에 대한 기본적 이해가 우리 삶을 풍요롭게 하며 견해를 넓혀준다는 나의 말에 찬성 의사를 보내왔다. 하지만 그 외의 소수의 의견은 달랐다. 과학적으로 밝혀진 자연의 역사라는 것은 불안정하고, 공포스럽고, 단지 헛소리에 지나지 않는다는 것이었다.

그들은 스스로를 생물학, 비교해부학, 생리학, 유전학, 지질학, 고생물학, 고고학, 생화학, 환경학, 물리학, 천문학, 분광학, 그리고 우주학들의 포탄이 날아다니는 전쟁터에 서 있다고 생각한다. 과학자들이 책상 앞에서 씹어 뭉친 종이 덩어리들이 포탄처럼 날아다닌다고 말이다.

그중에서도 가장 분노에 가득 찼던 편지는 과학이 우리를 물질주의로 몰아간다고 주장했다. 그리고 물질주의는 결국 무신론으로 가게 된다고 목소리를 높였다. 이 말을 들으면 스스로를 신앙인이라 믿고 있는 수천 수만의 과학자들이 소스라치게 놀랄 것이다.

이런 적개심들은 흔히 과학과 형이상학을 혼돈하는 데서 온다. 원칙들을 초월하는 것을 뜻하는 형이상학은 존재의 근본적인 성격을 탐구한다. 하지만 과학은 좀 더 평범한 개념이다. 관찰과 실험으로 자료들을 수집하고, 증거를 설명하기 위한 이론들을 발전시키고, 동종업계의 검증을 통해 철저하게 조사를 한다.

이러한 과학적 접근의 핵심 원칙은 "도구적 자연주의"라 불린다. 이것은 과학적 가설들은 모두 오로지 자연적 원인과 현상으로만 검증되고 설명될 수 있다는 뜻이다. 유전공학자 J. B. S 홀데인Haldane은 75년 전 이렇게 말했다. 그가 하나의 연구계획을 세우면, 신도, 천사도, 악마도 그 연구 과정에 영향을 미칠 수 없다는 사실을 인정해야 한다고.

과학이 자연 이외의 실체나 이유의 가능성을 배제시키고 있다는 뜻은 아니다. 단지 과학적인 탐구를 하는 동안만큼은 그것들에 관해 고려하지 않는다는 뜻이다. (아니면, 미시건주립대학교의 과학 심리학자 로버트 페녹Robert Pennock이 말했듯 "수도 배수관이 신과 관계 없듯이 과학도 신과 관계없다.")

과학과 종교가 그렇게 앙숙처럼 맞설 필요가 있을까? 아마도 아닐 것이다. 스티븐 제이굴드는 『영원한 바위』에서 이렇게 말했다.

과학은 자연 세계에서 사실적인 것들을 기록하려고 노력한다. 그리고 이론들을 결합하여 그 사실들을 설명하려 한다. 종교는, 과학과 동등하게 중요하지만 완전히 다른 영역을 다룬다. 인간의 존재 목적, 의미, 가치 등 ―과학이 밝힐 수는 있지만 풀어낼 수는 없는 영역―을 말이다. 과학은 확실한 시대를 만들어냈고, 종교는 시대를 초월한 영원한 반석이다. 과학은 천국이 어떻게 돌아가는지를 연구하고, 종교는 천국에 어떻게 들어가는지를 연구한다.

우리 대부분은 이 사실을 알고 있고 받아들인다. 우리는 여러 가지 방면에서 진실을 찾고자 한다. 과학과 종교는 단지 다른 방식으로 세상에 다가갈 뿐이다. 과학은 특히, 권위와 관습적인 지식이 전복되었을 때만 앞으로 나아갈 수 있다.

과학과 종교 모두가 우리에게 지혜와 위로를 준다. 자연주의자 레이첼 카슨Rachel Carson은 그녀의 책 『센스 오브 원더』에서 이렇게 말한다.

지구의 아름다움과 신비 속에 사는 한, 과학자건, 평범한 사람이건 외로울 수가 없다……. 철새들의 이동 속에, 밀물과 썰물의 조수 속에, 봄을 기다리는 꽃봉오리 속에 상징적이며 실질적인 아름다움이 녹아 있다. 자연의 반복적인 후렴구―밤이 지나면 새벽이 오고, 겨울이 지나면 봄이 온다는―속에는 끝없는 치유의 힘이 있다.

천문학자 칼 세이건은 자연에 대한 견해를 한층 높였다. 전 세계 6억 인구가 시청한 그의 〈코스모스Cosmos〉 미니시리즈는 4만 세대에 걸친 우리의 선조들의 탐구 끝에 마침내 우리가 공간과 시간의 상관 관계를 알아내고야 마는 자랑스러운 이야기이다. 과학적 도구로 우리는 우주의 역사를 새로 쓸 수 있었고 그 광대한 이야기 속에서 우리의 위치를 찾아낼 수 있었다.

세이건은 우주를 연구하는 것은 영성의 진정한 원천이라고 보았다. 우주를 알수록 발견과 헌신에 대한 욕망이 솟구치기 때문이다. 그의 책 『창백한 푸른 점』에서 그는 이렇게 썼다.

> 종교는, 오래된 것이건 새로운 것이건, 현대 과학이 발견한 우주의 광대함을 받아들인다면 권위적인 종교의 방해 없이 숭배와 경외의 경지로 나아갈 수 있을 것이다.

세이건은 과학을 "유식한 경배"라고 불렀다. 그는 과학이 우리를 우주와 연결시켜준다고 믿었다. 그는 우리 모두가 별의 성분—먼 곳에 있는 별들의 불타는 심장에서 주조된 무거운 원소 혹은 원자—으로 만들어져 있다고 말한다.

세이건은 박학다식한 사람이었다. (SF 작가이자 국제 멘사Mensa 클럽의 오랜 리더였던 아이작 아시모프는 칼 세이건과 물리학자 마빈 민스키Marvin Minsky가 그가 만났던 사람들 중 유일하게 자신보다 똑똑한 두 사람이었다고 말한 적이 있다.) 그리고 세이건은 과학적 지식을 배울 때만큼의 열정을 가지고 세상의 종교에 관해 파고들어 공부했다.

그는 과학과 종교 사이에서 적대적인 비이성과 독단을 보았다. 그리고 그는 우리의 천국에 대한 추구와 신성에 대한 깊은 감정 속에서 놀라움과 겸허함을 보았다.

세이건은 1996년 희귀한 혈액 장애로 인해 세상을 떠났다. 그러나 그의 과학과 인간에 대한 깊은 이해는 여전히 살아 있다.

아는 것과 믿는 것은 어떻게 다른가?

랍비, 기독교인, 무슬림, 시크교도, 그리고 모르몬교도가 한 테이블에 앉아 있다. 그리고 한 무신론자가 질문한다.

재미없는 농담의 시작같이 들릴 거라는 걸 알고 있다. 하지만 나는 실제로 지난주 그 테이블에서 무신론자의 역할을 했다. 라스베이거스에서 열린 한 학회에서 '신성한 문서 프로젝트'에 관해 거론하던 중이었다. 그곳에는 다섯 가지 다른 종교의 지도자들이 앞서거니 뒤서거니 그들의 신정한 가르침이 적힌 문서들에 대해 말하기 위해 와 있었다. 토론에 불을 붙인 것은 〈회의론자Skeptic〉 잡지의 설립자이며 『어떻게 믿을 것인가』의 저자인 마이클 셔머Michael Shermer였다.

셔머는 말하기에 앞서서 어떠한 정치적인 발언도 용납하지 않겠다고 선언했다. 그는 그곳에 모인 학자들이 종교들이 갖고 있는 공통 목표나 일반적인 영적 원칙들에 관해 이야기하는 것을 원치 않았다. 그는 그들이 각자의 다른 점을 부각시키고 옹호하길 바랐다. 셔머는 단도직입적으로 참석자들에게 질문했다. 어떻게 스스로의 종파가 옳고 다른 종파가 그른지를 알게 되었는지 설명해달라고 말이다.

모든 참석자들이 유창하게, 혹은 시적으로 그들이 갖고 있는 종교에 대해 이야기했지만 그들 중 누구도 셔머의 질문에 직접적으로 대답하진 못했다. 그것은 지혜롭고 신중한 질문이었다. 어쨌든 그 질문을 미리 던져놓음으로써 참석자들은 서로 다른 종교 교리로 인해 궁지에 몰리는 것을 피할 수 있었다. 그리고 막상 질문을 받게 되자 어떤 누구도 자신의 종교만이 옳다는 확실한 증거를 내세울 수 없었다. 그리고 만약 어떤 종교의 교리가 의심스럽다는 명백한 증거가 있다면, 그것이 어떻게 종교가 될 수 있었겠는가?

셔머 같은 과학사학자들과 이론가들은 다른 관점에서 '진실'을 탐구했다. 과학은 어처구니없는 가설에서 출발한다. 조사 중에 있는 어떠한 가설이라도 그것이 진실이라는 것이 밝혀지기 전까지는 거짓이다.

그다음에는 실험실에서의 실험과 통계적 실험을 거친다. 그 증거가 반복 가능하고, 수정 가능하고, 통계적으로 의미가 있고, 동종 업계 전문가의 리뷰를 거쳐 발표된 가설들은 높은 가치를 지닌다.

근본주의론자들은 종종 과학자들이 거만하고 거드름을 피운다고 불평한다. 어떤 과학자들은 실제로 그렇다. 하지만 과학 산업 그 자체는 전혀 그렇지 않다. 엄격하게 통제된 조건하에서 실시된 실험결과가 결정적일지라도, 어떠한 과학적 주장도 의심할 바 없는 진실로 여겨지지 않는다. 과학의 눈앞에선 모든 지식들이 임시적일 뿐이다.

모든 과학적 발견들은 완전한 진실과 완전한 오류 사이의 어디쯤엔가 자리 잡는다. 그러나 절대로 그 가장자리에 걸리는 법은 없다. 그저 이렇게 말할 수 있는 정도다. "난 잘 모르겠어.", "확실치 않아.", 아니면 "좀 더 두고 보자."

물리학자, 천문학자, 우주학자, 그리고 여타 과학자들이 '거대한 모름'

을 붙들고 씨름하는 것에서 이 사실은 더욱 극명하게 드러난다.

물리학자 리차드 파인먼Richard Feynman은 그의 책『발견하는 즐거움』에서 이렇게 말했다.

> 우주의 크기는 실로 인상적이다. 수십억 개의 은하계가 있고, 그중 하나인 우리 은하계 안에 수억 개의 태양들이 있고, 그 태양들 중 하나인 우리 태양을 돌고 있는 조그마한 티끌로서의 우리들을 생각할 때 말이다. 모든 것들은 원자로 구성되어 있으며 변함없는 법칙을 따르고 있다. 어떤 것도 이 법칙을 벗어날 수 없다. 별들은 같은 성분으로 이루어져 있고, 동물들도 같은 성분으로 만들어졌다. 그러나 그 살아 있는 모습들은 신비롭게도 매우 다양하다. 인간의 모습처럼. 위대한 깊이를 지닌 우주적 신비의 한 부분으로 삶을 바라보면, 표현할 길 없는 감정을 경험하게 된다. 이해하려는 시도조차 부질없어지기 때문에 종종 그저 웃음으로 끝나게 된다. 이러한 과학적 통찰은 불확실성의 모서리에서 길을 잃고, 결국은 경외와 신비로 마무리된다.

과학은 인간의 한계와 오류를 인식하고 극복하려고 노력한다. 과학은 우리가 모르고 있거나 거의 이해하지 못하는 어떤 것을 검증하는 것으로 시작한다. 지식을 얻기 위해서는 겸허하게 우리가 모른다는 사실을 받아들여야 한다.

과학은 한편으론 자연현상을 이해하고 기술을 발전시키는 도구이다. 그것은 우리가 사실이기를 바라는 것과 사실일 수도 있는 것을 구분시켜 준다.

다른 한편으로 종교는, "내가 이걸 꼭 해야만 하나?" 혹은 "내가 이걸 한다면 어떤 일이 벌어질까?"와 같은 과학의 영역을 넘어선 도덕적 질문들을 던진다. 종교는 사랑, 인류애, 개인의 가치를 으뜸으로 강조한다.

그러나 과학과 종교 모두 중요한 원칙 하나를 공유하고 있다. 그것은 바로 겸허함이다.

아이티Haiti 사태에서 배운 것

아이티에 대해 뭐라고 말할 수 있을까? (이 글은 2010년 1월 12일, 7.0의 대지진이 아이티의 수도 포르토프랭스를 강타했던 주에 쓰였다.)

서구에서 가장 가난한 나라인 그곳에는 이미 지난 화요일의 지진으로 수백, 수만 명의 사망자와 부상자가 생겨났고 수백만 명 이상이 집을 잃었다. 이 천재지변은 역사상 최악의 재앙으로 기록될 것이다. 하지만 이런 사태를 한 번 겪고 나면 인류는 고질적인 우울증에 시달리게 된다.

100피트가 넘는 파도의 쓰나미로 14개국 23만 명의 희생자를 낸 수마트라 대지진이 일어났던 게 바로 어제 같은데 말이다. 아이티 사태처럼, 그 부근에 있던 사람들은 아무런 경고도 받지 못한 채 일을 하러 가던 도중에 참변을 당했다.

물론 지진만 있었던 것은 아니다. 2005년 허리케인 카트리나가 걸프 연안을 강타했을 때도 2천 명 이상이 목숨을 잃었다. 1985년에는 콜롬비아에서 네바도 델 루이스 화산이 2만 5천 명 이상의 목숨을 빼앗았다. 용암분출로 인한 진흙의 범람이 주원인이었다.

역사학자 데이비드 맥쿨로David McCullogh는 미국 역사상 가장 처참했던 재해 중 하나였던 존스타운 홍수에 대해 인상적인 글을 썼다.

> 일 년 동안 내렸던 큰 비에 사우스 포크South Fork 댐이 무너졌다. 무너진 댐으로 2천 톤의 물이 시속 40마일의 속도로 쏟아져내렸다. 댐 아래에는 3만여 가구가 살고 있었다. 그의 헛간 지붕 위에 타고서 겨우 생존할 수 있었던 빅터 헤이서Victor Heiser는 이렇게 회상한다. "거대한 벽이 믿을 수 없는 속도로 거리를 향해 밀려오는 것을 보았어요. 그것을 물이라고는 도저히 생각할 수 없었어요. 그것은 어둡고 커다란 덩어리였어요. 그 속에는 집들과, 화물차들과 나무, 동물들이 미친 듯이 소용돌이치고 있었어요."

이때 수천 명이 목숨을 잃었다. 하지만 1931년에 있었던 황하 강 홍수에 비하면 그 피해가 미미한 편이었다. 역사학자들은 그 홍수로 100~400만 명의 황하 강 유역 중국인들이 죽었다고 추정한다.

당신이 운이 좋게도 지진도 일어나지 않고, 허리케인도 불지 않고, 한밤중에 회오리바람이 지붕을 날려버리지도 않는 지역에 살고 있다 해도 항상 또 다른 위협이 도사리고 있다. '대충돌'을 포함해서 말이다.

1989년 3월 23일, 항공모함보다 큰—반 마일 넓이의—소행성 하나가 시속 4만 6천 마일로 우주를 떠돌다가 지구 궤도를 40만 마일 빗나가 스쳐갔다. 몇십만 마일이라고 하면 굉장히 먼 거리처럼 느껴지지만, 우주적 시각으로 보면 정말 아슬아슬하게 스쳐지나간 것이었다. 지구는 그때 그 소행성보다 겨우 6시간 앞서 있을 뿐이었다. 만일 그 소행성이 지구와 충돌을 했다면, 100~2,500 메가톤의 TNT와 맞먹는 에너지가 방출됐을 것이라고 과학자들은 말한다. 이것은 우주 물리학자들이 "문명의 끝"이라 부르는 지구 종말을 일으킬 수 있을 만한 양이다.

인류는 그때 미처 공황에 빠질 틈도 없었다. 소행성이 스쳐지나가기 전에는 아무도 그것을 보지 못했기 때문이다. (그래서 당연히, 훗날 손자들에게 이 이야기를 해주리라 생각할 겨를도 없었다.)

수없이 많은 우리의 친척들과 조상들이 지진, 홍수, 허리케인, 토네이도, 사이클론(열대성 회오리 폭풍), 쓰나미, 가뭄, 기근, 그리고 전염병에 고통을 받아왔다. 그것들이 만약 진정으로 '신의 행위'라면 받아들이기 너무 가혹하지 않은가?

그러나 이번 주에 일어난 아이티 사태에서 굳이 좋은 점을 캐내자면, 전 세계 수백만의 사람들이 비록 잠시일지라도 스스로의 문제와 관심을 젖혀두고 아이티에 도움의 손길을 내밀었다는 점이다. 사태는 심각하다. 하지만 돈과 음식, 옷, 의약품, 그 밖에 생필품들이 아이티로 쏟아져 들어오고 있다.

이번 아이티 사태는 우리의 삶을 관조해볼 수 있는 기회를 주었다. 직업의 안전성, 통장 잔고의 많고 적음은 무너진 학교건물에 자식과 손자가 깔려 죽어간 이들의 상처에 비하면 아주 하찮은 고민거리이다.

아이티의 고통을 기억하기를 바란다. 그리고 감사하기를 바란다. 태어난 곳과 환경이 아주 조금 다를 뿐, 그 돌무더기 속에 묻힌 것은 당신과 당신의 가족일 수도 있었다.

'미개척지'를 여행하기

지난주 학회에 참석하는 길에, 나는 샬롯스빌에서 연결 비행기를 탔다.
 탑승 게이트로 향하는 도중, 나는 우연히 표지판 하나를 보게 되었다. '운명의 종착점'. 그것은 공항 내 스파 센터의 표지였지만 내게 무언가를 떠올리게 했다. 그 무언가란 기독교 옹호자인 디네쉬 D. 소우자Dinesh D'Souza와 〈사이언티픽 아메리칸Scientific American〉의 칼럼니스트이자 『왜 사람들은 이상한 것을 믿는가』의 저자인 과학 역사학자 마이클 셔머가 벌인 토론이었다.

 그 두 사람은 죽음 뒤의 삶에 대해서 상반된 의견을 갖고 있었다. 그 문제는 우리가 한 번쯤 대충이라도 생각해보는 주제이기도 하다.

 셰익스피어는 죽음을 "미개척의 나라, 한 번 건너면 돌아올 수 없는 강을 가진 곳"이라고 불렀다. 죽음 뒤에 무엇이 있는지는 아무도 모른다. 하지만 사후세계에 대한 생각은 오랫동안 계속 이어져왔다.

 고대 이집트인들은 영혼이 몸을 떠나서 죽은 자들의 세상을 여행한다고 믿었다. 그래서 왕족의 무덤들은 음식과 옷, 보석, 심지어는 노예들까지 함께 넣어 그들이 다음 생을 즐길 수 있게 했다.

 『오디세이』에서 호머는 죽음 뒤에 극락에서 영원한 복락을 누린다고 썼다. 플라톤은 상을 받는 영혼들은 천국으로 올려 보내지고, 벌을 받는 영혼들은 지하로 보내진다고 말했다. 바이킹족들은 죽음 뒤에 발할라Valhalla라는 낙원에서 낮에는 전투를 하고 밤에는 승리의 축제로 흥청거릴 것이라고 믿었다. 미국 인디언들은 사슴과 들소들로 가득한 '행복한 사냥터'에서 사후의 즐거움을 누리는 것을 꿈꿨다.

죽음 뒤의 삶은 모든 종교들을 이루는 핵심요소이다. 불교도들과 힌두교 신자들은 전통적으로 환생을 믿는다. 무슬림교도들은 야자수와 대추나무가 가득한 오아시스를 천국의 이미지로 갖고 있다. 기독교도들에게는 예수의 재림과 영생에 대한 약속이 기반이 된다. 많은 신도들이 사도 바울의 이 말에 마음의 평안을 얻는다. "우리 모두가 죽는 것은 아니다. 마지막 날의 나팔이 울릴 때, 눈 깜짝할 사이에 우리는 변화될 것이다."

그 정반대의 견해, 즉 "죽으면 죽는 것이다. 그걸로 끝이다"라는 말은 그다지 따뜻하고 포근한 감정을 불러일으키지는 않는다. 우디 앨런이 딱 잘라 말했듯이 말이다. "나는 작품 속에서 영원히 살고 싶지 않다. 나는 죽지 않음으로써 영원히 살고 싶다. 그리고 팬들의 가슴속에서 사는 것도 싫다. 나는 내 아파트에서 살고 싶다."

설문조사에 따르면 80퍼센트의 미국인들이 어떤 형태로든 죽음 뒤의 삶을 믿는다고 한다. 비서구 문화에서는 사후세계를 믿는 확률이 백 퍼센트에 이른다.

아무리 세속적인 인간이라 할지라도 죽어서 가족들과 친구들을 다시 만날 수 있다고 믿고 싶어 한다. ("내 개도요!" 한 이웃이 덧붙이는 소리가 들린다.)

많은 이들이 각자 다른 이유로 사후의 삶에서 위안을 찾는다. 이 세상에는 악한 이들이 승리를 거두고 선한 이들이 고통받는 일이 너무나 많다. 그래서 언젠가는 악당들이 자신이 한 행위의 대가를 치르게 되고 우주적 정의가 실현된다는 믿음이 필요한 것이다. 나는 어렸을 때, 동네에서 허식에 가득 차고 이것저것 참견하기 좋아하던 사람이 죽으면 아버지가 살짝 비꼬아 말씀하시던 것을 기억한다. "보상금을 받으러 갔군."

물론 셔머와 같은 이성적 회의론자들은 이런 일체의 생각들을 거부한다. 그는 우리는 물질적인 존재이므로 우리의 몸이 사라지고 나면 우리의 의식을 지탱할 아무것도 남지 않는다고 주장한다. 그 밖의 다른 생각들은 희망사항일 뿐이라고 말이다.

소우자는 이런 물질론적인 관점을 반박한다. 그는 한 영국 목사 이야기를 해준다. 그는 한 신도로부터 죽은 뒤에 천국에 갈 수 있는지, 그리고 천국에는 무엇이 있는지 질문을 받았다. "글쎄요, 만약에 죽음이란 걸 맞는다면……. 저는 영원한 축복과 복락을 받는다고 생각하긴 합니다." 신부는 대답했다. "아무리 그래도 더 이상 그런 우울한 말씀은 하지 마세요."

셔머는 이런 역설을 이해하고 있었다. 만일 우리가 죽음 뒤의 삶을 확실히 믿는다면, 왜 우리는 이토록 죽음을 두려워하는 것일까? 왜 사랑하는 이들의 죽음에 그토록 비통해하는 것일까? 그리고 왜 그 주제에 관해 계속 토론을 해대는 것일까? 이 나라 최고의 회의론자 중 한 사람으로서 셔머는 임사체험, 사후 세계 탐구, 영매 등을 연구한 적이 있다. 그리고 그 모든 것들에서 무언가 부족함을 발견했다.

임상적으로는 죽었다고 판명되었던 환자들이 죽음 직후에 희고 평화로운 빛에 감싸였고, 우리에게 그 사실을 말해주기 위해 돌아왔다는 일관되고 공통된 보고는 어떻게 된 것일까?

셔머는 그들의 증언들이 앞뒤가 맞지 않고 신뢰성이 부족하다고 말한다. 그들 중 대부분은 심각한 정신적 외상을 입었거나 진정제를 잔뜩 투여 받았다는 것이다. 가까이에서 살펴보면, 임사체험이라는 것은 보통 약하고, 검증되지 않고, 아니면 치명적인 결점이 있다. 그는 이렇게 덧붙인다. "죽었다고 생각되었으나 다시 살아 돌아온 환자들에게는 한 가지 공통점이 있다. 그들은 실제로 죽지 않았다는 점이다."

과학자들 중에 이에 찬성하지 않은 이들도 있다. 존경받는 물리학자 폴 데이비스도 그중 한 명이다. 그는 그의 책 『다섯 번째 기적』에서 이렇게 말했다. "자연의 법칙은 삶을 위해서 뿐만 아니라 마음을 위해서도 존재한다. 근본적으로 보면, 마음은 자연의 법칙으로 쓰였기 때문이다."

철학자들은 이에 덧붙여 말한다. 우리의 오감으로 지각할 수 없는 다른 영역이 존재하기 때문에, 신성이 존재하지 않는다는 의견을 따를 필요가 없다고.

정리하자면, 사후세계가 있다는 과학적 증거는 없다. (만약 그런 것이 있다면, 종교가 왜 필요하겠는가?) 또한 회의론자들이 말하듯 죽으면 끝이라는 이론도 다수를 설득하진 못한다.

한 친구가 언젠가 내게 물었다. 삶이 딱 여섯 주 남았다면 뭘 할 거냐고. 나는 그가 내게서 근사한 골프코스를 돌거나 보라보라로 여행을 떠나겠다는 답이 나오길 기대한다는 걸 알았다. 하지만 나는 그에게 솔직한 심정을 말했다. 만약 그런 소식을 듣는다면 너무나 낙심해서 뭘 해도 즐겁지 않을 것 같다고.

내 말을 듣자 친구는 질문을 수정했다. "좋아, 그럼 네가 방금 버스에 치였다고 하자. 넌 죽었어. 생전에 뭘 하지 못했던 게 제일 후회될 것 같아?"

흠, 이제야 제대로 된 질문을 받은 것 같다.

죽음은 우리가 가진 시간이 제한되어 있고, 사라져가고 있고, 너무나 소중하다는 사실을 상기시킨다. 그 사실은 세상을 관조하게 만들고 우리를 움직이게 한다. 가능한 최고의 삶을 살기 위한 당신의 계획은 무엇인가? 당신의 가장 큰 꿈과 포부는 무엇인가? 당신은 그것을 '지금' 추구하고 있나, 아니면 '언젠가'로 미뤄두고 있나?

죽음은 우리의 목표가 단지 살아남는 것이 아니라 즐기는 것임을 일깨워준다. 인생은 당신의 시간과 자유를 당신이 원하는 것이 되기 위해 쓰는 게임이다.

그것이 항상 쉽지는 않다. 용기가 필요하다. 셰익스피어가 말했듯이 "겁쟁이들은 그들이 죽기 전에 수없이 많이 죽는다. 용감한 이들은 단 한 번의 죽음만을 맛본다."

하지만 우리들 대부분은 죽음을 부정하며 살아간다(10대들은 특히나). 내가 투자 매니저였을 때, 스스로의 죽음을 예상하면 너무나 불안한 나머지 자산 계획을 세우거나 심지어 간단한 유언장을 쓰지도 못하는 사람들을 상대했다. 이런 감정은 널리 퍼져 있다. 연구결과에 따르면 미국인 10명 중 7명이 유서 없이 우물쭈물하다가 덜컥 죽는다.

그들은 왜 숨는 것일까? 스스로 언젠가는 죽는다는 사실을 받아들일 때 비로소 삶에서 가장 중요한 것이 무엇인지 깨닫게 된다. 죽음은 무엇이 더 중요한지의 우선순위를 알게 해준다. 특히 우리가 나이가 들어갈수록 물질적 추구의 덧없음을 가르쳐주기도 한다. 우리의 초점은 일시적인 것으로부터 초월적인 것으로 옮겨가게끔 되어 있다.

죽음을 무시하기보다 받아들이는 태도는 관점을 근본적으로 바꾸어놓는다. 우리는 제대로 살지 못했다는 아픔을 느끼는 대신, 충만한 삶을 사는 것의 중요성을 깨닫는다. 그리고 일과 가족, 종교, 친구, 사회의 존재 의미에 감사하게 된다.

스스로의 죽음을 명상하는 것은 궁극적인 운명을 받아들임으로써 마음의 평정을 찾는 데 도움을 준다. 침착하고 절제심 있는 모습은 성숙하고 사색적인 인간의 표상이다. 마크 트웨인은 이렇게 말했다. "나는 죽음을 두려워하지 않는다. 나는 수십, 수백억 년간, 내가 태어나기 전까지는 계속 죽어 있었다. 그때 나는 어떠한 불편함도 느끼지 못했다."

죽음을 준비하는 것은 단지 무엇을 누구에게 남겨줄까를 결정하는 것이 아니다. 우리가 언젠가 죽는다는 사실은 다른 이들에게 이야기하고, 충고하고, 진정 하고 싶었던 말들을 하고, 살아 있었던 것에 감사할 기회를 제공해준다. 우리가 삶을 긍정할 수 있는 것은 오로지 죽음을 완전히 받아들일 때뿐이다.

물론 가끔씩은 예상치 않았던 순간에 가까운 사람들의 죽음을 경험하기도 한다. 그 상처는 오직 시간만이 치유할 수 있으며, 그를 기억하며 애도하고 작별을 하는 순간은 가장 가슴 쓰린 순간이다.

이제 근본적인 질문들이 다시 떠오른다. 나는 좋은 아버지인가? 좋은 아들인가? 좋은 친구인가? 좋은 배우자인가? 좋은 사회구성원인가? 내가 옳게 행동했는가? 스스로의 재능과 능력을 잘 사용했는가? 나는 충만하게 살고 있는가?

당신이 스스로의 유한함을 완전히 받아들이기 전에는 이 질문들에 정직하게 대답할 수 없을 것이다. 그리고 만약 그것을 받아들였다면, 죽음에 감사해야 한다.

왜냐고? 당신이 무엇을 선택해야 할지 확실하게 알게 해주었으니까.

공포를 극복하는 법

지난주, 나는 열한 살인 딸 한나가 체카무스 협곡Cheakamus Canyon에서 180피트 아래로 떨어져내리는 것을 새파랗게 질린 채 바라보아야 했다. 절벽 아래로는 강이 흐르고 있었다. 나와 내 아내 카렌은 딸아이를 말리려고 온갖 방법을 다해 애썼지만 딸은 막무가내였다.

한나는 뛰어내리길 원했다.

물론 그녀는 번지점프용 밧줄에 연결되어 있었고 그 밧줄에는 '호주 안전기준 초과'—무슨 뜻인지는 잘 모르겠지만—라고 쓰여 있었다. 그리고 휘슬러 번지 점프장—밴쿠버 북쪽, 2010년 동계올림픽이 열렸던 곳 바로 밑에 있는—은 지난 7년간 단 한 건의 사고도 없는 완벽한 안전을 자랑하는 곳이었다.

아무리 그렇다 해도 아래를 내려다보기만 해도 오싹해지는 건 어쩔 수 없었다. 그곳에서 떨어진다면 죽을 수밖에 없는 높이였다. 만약 나를 그 곳에서 억지로 점프하게 만들려면 최소한 건장한 남자 셋은 필요할 것이다.

그때 마침 점프를 하려고 준비를 마친 한 캐나다 올림픽 스키선수에게 물었다.

"번지점프를 하는 게 무섭지 않으세요?"

그녀는 웃었다 "전혀요! 무서울 이유가 뭐가 있어요?"

"그게 당신과 제가 다른 점이겠죠." 나는 말했다. "저는 상상력이 풍부하거든요."

물론 나의 공포가 이성적인 것이 아닌 감정적인 문제라는 사실을 잘 알고 있다. 그렇지 않았더라면 나는 끝내 내 딸이 뛰어내리게끔 허락하지 않았을 것이다. 한나가 번지점프를 하고 싶어했다는 사실이 아직도 좀 놀랍다. 이 용감한 아이가 밤중에 복도의 불빛이 들어오도록 침실 문을 조금이라도 열어놓고서야 잠이 드는 겁쟁이 내 딸이 맞단 말인가?

인정하고 싶진 않지만, 우리가 가지고 있는 공포들 중 대부분이 환상에 불과하다. 우리의 일상생활은 더 이상 그렇게 위험하지 않다. 과학기술과 기계문명, 현대 의학이 우리를 위협하는 날카로운 모서리들을 거의 다 제거했다고 볼 수 있다.

하지만 우리는 과거의 DNA로부터 도망칠 수 없다. 우리는 기본적인 생존본능에 의해 공포를 느낀다. 위협을 느끼는 순간, '싸우거나 도망쳐라'는 반응을 불러일으키는 것이다.

대부분의 사람들은 싸우기보다 도망치는 쪽을 택한다(혹은 피하는 쪽). 그리고 연구에 의하면 인간이 공포를 느끼는 대상은 국적을 불문하고 똑같다. 거미, 뱀, 높은 곳, 대중 연설, 그리고 죽음.

제리 사인펠드Jerry Seinfeld는 이렇게 말했다. "연구에 의하면, 사람들이 가장 두려워하는 것은 대중 앞에서 말하는 것이다. 그다음이 죽음이다. 안 그런가? 이것은 장례식장에서 추도 연설을 하느니 차라리 관에 들어가 눕는 쪽을 택하고 싶어 하는 사람들이 대부분이라는 뜻이다."

우리를 가로막는 것은 언제나, 실패에 대한 두려움이다. 의식적이건 무의식적이건, 그것은 우리를 마비시킨다. 그래서 승진 시험에 응시하거나, 위험을 무릅쓰거나, 여자와 데이트하거나, 주문을 부탁하거나, 새로운 것을 경험하지 못하는 것이다. 안전하고 편안하고 익숙한 것에 매달리는 쪽이 항상 쉽다.

하지만 우리가 안전한 쪽을 선택할 때마다, 그것은 공포를 키우는 결과가 된다. 공포는 우리가 한 번 회피할 때마다 쑥쑥 자란다. 이 나약한 감정을 극복해야만 우리는 진정으로 인생을 살기 시작할 수 있다. "매일 조금씩 공포와 맞서 싸우지 않는 이들은 인생의 비밀을 배우지 못한다"고 랠프 월도 에머슨은 말했다.

어떻게 공포를 극복할 수 있을까? 그것은 우리가 할 수 없다고 생각되는 일들을 거듭거듭 시도함으로써 가능하다. 만약 당신이 젊다면, 그리고 사람들 앞에서 말하는 것에 공포심을 갖고 있다면, 오늘 많은 청중들 앞에서 말하는 기회를 즐기겠다고 결심하는 것이다.

30년 전, 몹시 요동치는 비행기를 탄 경험 이후로, 나는 한동안 비행기만 타면 하얗게 질리곤 했었다. 하지만 지금 내 항공 마일리지는 넘쳐나고 있다.

두려움은 성공을 가로막는 큰 벽이다. 그것은 사소한 것에도 커다란 그림자를 드리운다. 두려움은 신념의 반대말로, 우리를 과거에 대한 후회와 미래에 대한 갈망 사이에 묶어놓는다.

하지만 우리가 인정하는 한 공포는 정당화된다. 우리가 빠져나와야 하는 것은 진정한 위협이 아니라 상상속의 괴물이다. 버트런드 러셀은 이렇게 말했다. "공포를 정복하는 것이야말로 지혜의 시작이다."

그 보상은 어마어마하다. 공포의 반대편에서 우리를 기다리고 있는 것은 자유이다. 갈망으로부터의 자유, 후회로부터의 자유, 사는 것 같지 않은 삶으로부터의 자유!

행운은 용감한 자의 것이다.

마리앤 윌리엄슨 Marianne Williamson은 이렇게 썼다.

우리가 갖고 있는 가장 깊은 공포는 결핍이 아니다. 오히려 우리가 측량할 수 없을 만큼의 힘을 갖고 있다는 사실이 가장 두려운 것이다. 우리를 가장 깜짝 놀라게 하는 것은 우리의 어둠이 아니라 우리 안의 밝음이다. '이토록 환하고, 멋지고, 능력 있고, 굉장한 '나'는 도대체 누구란 말인가?' 하고 스스로 묻게 되는 것이다. 사실, 그렇지 않은 사람이 어디 있는가? 우리 모두는 어린아이들처럼 환하게 빛나는 존재들이다. 그리고 우리가 스스로의 빛을 내보낼 때, 무의식적으로 다른 사람들도 그렇게 하게끔 만들게 된다. 우리가 스스로의 두려움으로부터 벗어날 때, 우리의 존재 자체로 다른 이들도 두려움으로부터 자유롭게 만들 수 있는 것이다.

옳으신 말씀이다. 하지만 그렇다고 해서 내가 아드레날린의 엄청난 분출을 감수하면서 체카무스 협곡에서 번지점프를 시도해야 할까?

그건 좀 생각해보아야 할 문제다. 흠……. 건장한 남자를 몇 명쯤 동원해야 할까?

우리가 죽으면 사망 기사에 뭐라고 실릴까?

이번 주 우리 부모님의 사망 기사를 읽고 나는 슬픔에 빠졌다. 부모님을 평소 잘 알고 지내던 분들은 그 두 분을 '좋은 사람' 그리고 '공동체의 기둥'으로 표현하곤 했었다.

우리의 작은 고향마을에서 아버지는 거의 모든 것—상공회의소, YMCA, 로터리 클럽, 항상 돈에 쪼들리는 지역 골프 클럽 등등—의 회장이셨다.

그러나 두 분의 사망 기사는 그분들의 죽음을 개인적 사건으로 다루지 않았다. 아마도 그래서 나도 그것들을 읽어넘길 수 있었을 것이다. 그분들은 아직 돌아가신 게 아니다. 사실, 난 지금 그분들이 살아 있는 그 누구보다 더 생생하게 느껴진다.

80년대, 부모님들이 활기 넘치고 건강하셨을 때는 언제나 인생을 즐기셨다. 내 아내 카렌과 나를 상대로 격렬한 혼합복식 탁구 경기를 펼치시기도 했으며, 어김없이 우리에게 완승을 거두셨다.

내가 왜 그분들의 사망 기사 따위를 읽고 있어야 하는가? 어떤 이들은 스스로의 마지막 순간을 받아들이기 힘겨워한다. 하지만 나의 부모님들은 그렇지 않았다. 그분들의 생존신탁은 이미 끝나 있고, 유언은 최근에 수정되었다. 장례식 계획도 이미 세워져 있다. 손자손녀들은 집 안에 있는 어떤 물건이 누구 것인지 이미 알고 있다.

그분들의 사망 기사도 미리 작성되어 있었다는 사실을 나는 알게 되다. 하지만 썩 잘 된 기사는 아니었다. 그분들이 써놓으신 정보들은 뼈대만 있는 빈약한 것이어서 그다지 쓸모가 없었다. 예를 들어 친척들의 긴 명단과 누가 먼저 죽었는가와 같은 것들은 쓰여 있지만, 냉동실 어디에 소고기를 넣어두셨는지는 적지 않으셨다. 그리고 어머니가 어느 날 한밤중에 침대 밑에서 부스럭 거리는 소리가 나서—그게 나인 줄 아시고—도둑과 술래잡기 놀이를 하며 계단을 내려와 집 밖까지 달려 나가셨던 이야기는 어디에도 없었다.

우리가 스키 여행에서 돌아오던 길에 차가 고장 나서 집에까지 40마일을 히치하이킹으로 와야 했던 추억도 쓰여 있지 않았다. 그때 우리는 모두 다섯 명이었기 때문에—아버지와 나, 세 형제들—두 팀으로 흩어져 차를 언어 타야 했다. 꽁꽁 언 겨울날, 아버지와 가장 어린 동생이 다른 차에 언어 타고 엄지손가락을 치켜세우고 있는 모습을 또 다른 차창 밖으로 보는 것은 괴상하고도 즐거운 경험이었다. 이런 추억들을 늘어놓자면 끝이 없다.

사망 기사라는 건 언제나 이런 가장 중요한 부분을 놓친다. 정말 애석한 일이다. 사망 기사는 죽음을 알리기 위한 것일 뿐인가? 그것은 한 인생의 이야기이며 애도와 기억의 시작이 되어야 한다고 나는 생각한다.

잘만 쓰인다면, 사망 기사는 문학의 경지에까지 이를 수도 있다. 1988년 〈런던타임스〉에 실린 위대한 재즈 아티스트 쳇 베이커Chet Baker의 사망 기사를 한 번 보자.

> 분명히 며칠 밤을 새웠을 것이다. 그러나 그의 트럼펫 소리가 투명하게 울리고 그의 노랫소리가 속삭이며 들려올 때에도, 그리고 음악이 금방이라도 완전히 멎을 듯 위태롭게 보일 때에도, 그의 타고난 음악인의 기질은 상처받은 영광의 작은 기적들을 이루어냈다.

〈데일리 텔레그래프Daily Tlegraph〉지의 휴 매싱버드Hugh Massingberd가 쓴 사망 기사는 위에 것보다는 조금 덜 시적이다.

> 5세에 마닐라에서 죽은 귀족 모이니한Moynihan 3세는 그의 성격과 행적으로써 유전적인 기질이 반드시 전수되지는 않다는 사실을 분명히 밝혀주었다. 그의 주된 직업은 봉고드럼 주자, 사기꾼, 사창가의 난봉꾼, 마약 밀매자, 그리고 경찰의 정보원이었다.

우리들 중 대부분은 〈뉴욕타임스〉에 사망 기사가 실릴 만큼 유명해지거나 악랄해지지는 않을 것이다. 평범한 우리들이 조그만 동네 신문에나마 처음이자 마지막으로 이름을 올리는 것은 죽었을 때가 유일하다. 사망 기사 전문기자 리차드 피어슨Richard Pearson은 즐겨 말한다. "신이 저의 편집장이시지요."

그것은 분명 힘든 직업이다. 막 죽음을 맞이한 이를 감싸고도는 감정의 회오리 속에서, 사망 기사 전문기자는 슬픔으로 제정신이 아닌 유족들을 상대해야 하고, 최선을 다해서 정확하고, 생생하고, 기억에 남을 만한 글을 써내야 한다.

상황이야 어쨌든, 한 사람의 인생을 요약한다는 것은 훌륭한 직무이다. 사망 기사의 목적은 죽은 이를 명예롭게 하고, 사회에 그의 부고를 알리고, 가족들이 고인에 대해, 그리고 그들 스스로에 대해 더 많은 것을 배우게 해주는 데 있다.

사망 기사는 한 사람의 인생과 성취를 다루며, 인간과 장소, 지역의 의미를 이야기한다. 훌륭한 사망 기사란 죽음의 슬픔을 표현하는 것보다 살아 있는 날들에 영감을 주고, 가장 소중한 것이 무엇인지 되새기게 해주는 기사일 것이다.

사망 기사에는 다음 달에 열릴 이사회나 직원 임금 인상, 재정적 위치, 차고 있던 롤렉스 시계에 관한 내용은 실리지 않는다. 그 대신 우리에게 가족과 우정, 공동체의 중요성을 일깨워주고 죽은 이의 가장 훌륭한 점을 모방할 수 있도록 해준다.

하지만 내가 우리 부모님을 모방하는 건 아무래도 힘들 것 같다. 그분들의 삶을 대하는 태도, 유머감각, 그리고 억누를 수 없이 강렬했던 삶의 열정은 우리 가족 중 누구도 따라하기 힘든 것이었다. 하지만 그분들의 삶이 별처럼 먼 곳에서 우리를 이끌어줄 수는 있을 것이다.

『부고』의 작자 마릴린 존슨Marilyn Johnson은 모든 훌륭한 사망 기사 기자들이 고인의 가족으로부터 듣고 싶어 하는 말, 그리고 우리들이 죽어서 듣기를 원하는 말은 이것이라고 했다. "나는 아직 그분을 충분히 알지 못합니다."

모자에서 우주를 끄집어내는 법

수천 년 동안 우리 조상들은 우리가 사려 깊은 우주의 중심에 살고 있다고 믿었다. 우리는 창조주의 형상대로 만들어졌으며, 만약 착하고 바르게 산다면 죽어서 영원한 축복의 나라로 가게 된다고 말이다.

이것은 아름다운 이야기이다. 신앙심 깊은 수많은 세계인들이 아직도 굳게 믿고 있는 이야기이기도 하다. 하지만 현대 과학은 이를 거의 뒷받침해주지 않는다. 세계적인 물리학자 스티븐 호킹은 몇 술 더 떠서, 우주는 무無로부터 스스로를 창조했다는, 발칙하기 짝이 없는 아이디어를 주창했다.

〈뉴욕타임스〉 베스트셀러가 된 그의 새로운 책『위대한 설계』에서, 스티븐 호킹은 인류의 가장 오래되고도 끈질긴 질문인 "우주는 어떻게 시작되었는가?"에 답하려는 시도를 한다.

어렸을 때, 나는 종종 이 수수께끼를 생각하느라고 밤잠을 이루지 못했었다. 내가 그 답을 모르기 때문이 아니라, 그것에 답이 있다는 것을 상상할 수 없었기 때문이었다. 나의 주일학교 선생님은 내가 매사에 너무 생각이 많다고 말씀하셨다. 그에 따르면, 당연히 우주는 신이 창조하셨으니 인간이 그에 관해 쓸데없이 궁리할 필요가 없었다.

"그럼, 신은 누가 창조했어요?" 나는 물었다.

"신은 창조주가 필요 없단다." 그는 미소를 띠며 대답했다. "그는 신이거든."

"그럼, 만약에 신이 창조주 없이 존재할 수 있다면 우주도 그럴 수 있지 않을까요?" 나는 다시 물었다.

"모든 것에는 창조주가 필요하지. 그렇지 않으면 존재할 수가 없으니까." 그는 설명했다.

"그렇다면 어떻게 신은 존재하죠?" 나는 끈덕지게 물었다.

그의 얼굴에서 미소가 사라졌다. 그의 인내심도 바닥이 났다.

스티븐 호킹—케임브리지대학교에서 30년간 수학교수로 재직했으며 과학계에서 셀 수 없을 만큼 많은 영예와 상을 받았던—은 이 가장 기본적인 질문에 대해 끊임없이 생각했으며, 주일학교 선생님이 애매모호하게 남겨 놓은 영역으로 즐거이 발을 들여 놓았다.

호킹은 특히 블랙홀 이론으로 유명한데, 그것은 우주론과 양자 중력이론에 획기적인 영향을 미쳤다. 그는 만유인력과 일반 상대이론의 핵심이 되는 과학적 공헌을 했다. 그리고 20여 년 전, 그는 책 『시간의 역사』로 커다란 히트를 쳤다. 그것은 일반인들을 위한 물리학 책으로 237주간 베스트셀러라는 전무후무한 기록을 수립했다.

물론 시간의 역사를 탐구하다보면 분명 이런 질문이 떠오르게 마련이다. "도대체 어디서부터 시작해야 하나?" 물리학자들은 답한다. 시간은 공간 속의 4차원이기 때문에 137억만 년 전의 빅뱅부터 시작해야 한다고. 호킹은 말한다. 빅뱅 이전에는 무엇이 있었느냐고 묻는 것은 북극의 북쪽에는 무엇이 있느냐고 묻는 것과 같다고 말이다.

하지만 호킹은 그 문제에 답하기 위해 여전히 노력하고 있다. 1988년에 책을 출간한 이후로 그 주제에 관한 연구는 더욱 심화되었다. 최근, 이 주제에 대한 그의 생각들을 말하자면, "도발적이다"라는 표현조차 부족하게 느껴질 지경이다.

호킹은 이제 우리가 다중 우주(멀티버스multiverse, 우리가 살고 있는 우주는 무로부터 스스로 생겨난 여러 개의 우주들 중 하나에 불과하며 각각의 우주들은 다른 자연의 법칙을 따른다. 또한, 우주는 하나의 존재도 아니며 하나의 역사를 갖지도 않는다. 모든 가능한 우주의 역사들이 동시에 존재한다는 이론) 속에 살고 있다고 주장한다. (잠깐만 기다려 달라. 이제부터 좀 더 쉬운 이야기가 나온다.) 그리고 호킹은 한 술 더 떠, 우리가 역사를 창조하는 것이 아니라고 말한다. 우리가 역사를 목격하는 순간, 역사가 우리를 창조한다고 말한다.

이런 견해들은 받아들이기 힘들 뿐만이 아니라 우리의 직관을 혼돈시키고, 일견 터무니없어 보인다(비과학적인 것은 말할 것도 없고). 호킹은 이런 반응들을 기대하고 또 환영한다. 우리의 일상생활을 지배하고 있는 뉴턴적인 3차원 현실을 뛰어넘는 순간—양자물리학의 지배를 받는 원자와 미립원자들의 영역에 발을 딛는 순간—경험과 직관은 무용지물이 된다.

예를 들어, 모든 것들이—달과 아스파라거스와 인간이—같은 물질로 만들어졌다는 말은 절대로 사실이 아니다. 하지만 우리 주위에 보이는 모든 것들은, 유기물이건 무기물이건 주기율표상의 같은 원소들의 조합으로 만들어져 있다.

우리는 보통 우리 앞에 놓인 탁자가 딱딱한 물질이 아니라 끊임없이 진동하는 환영에 불과하다는 사실을 인식하지 못한다. 모든 것은 원자로 이루어져 있다. 그리고 원자는 거의 텅 빈 공간이다.

언젠가 한 친구가 이런 말을 한 적이 있다. "지구가 평평하며 태양과 별들, 그리고 행성들이 그 주위를 돈다고 믿었던 고대인들은 얼마나 어리석은지!" 난 그의 발언이 못마땅했다. 왜 그들을 무시하는가? 어쨌든, 눈으로는 정확히 그렇게 보이는데.

특별한 도구들과 과학적 방법들이 개발되기 이전에는 우리가 결코 알 수 없었던 많은 것들이 있다. 과학은 우리가 현상의 원리를 이해하는 수준을 높여주었다. 최근에 와서야 우리는 시간이 상대적이며 우주는 팽창하고 있다는 것, 그리고 모든 생물들은 공통의 계보를 갖고 있다는 사실을 알게 되었다.

그 사실들을 뒷받침해주는 수많은 증거들이 있기에 우리는 믿을 수가 있다. 하지만 우주가 아무것도 없는 무에서 뚝딱 생겨났다니, 무슨 과학 이론이 이렇게 엉터리일까?

호킹은 그의 과학이론들이 양자물리학상에서 언제나 한결같다고 말한다. 비록 그것이 아직 물리학자들조차 잘 이해하지 못하는 깊은 신비의 영역이지만 말이다. 양자 실험은 환상적일만큼 정확한 측량을 가능하게 만들었고 무수한 우주의 속성을 밝혀냈다. 양자물리학은 다른 어떤 과학 이론들보다 더 많은 실험을 거쳤으며 그 실험이 실패로 끝난 적은 없었다.

하지만 그의 책 『위대한 설계』에서 호킹은 이렇게 쓰고 있다.

논리에 관한 추상적인 생각들이 독특한 이론을 이끌어내고, 그 이론이 우리가 보고 있는 놀랄 만큼 다양한 우주를 설명하고 예견할 수 있다는 것이 진정한 기적이다.

잠깐, '논리에 관한 추상적인 생각들'이라고? 과학은 모름지기 관찰과 증명과 실험을 통한 검증에 기반을 두고 있어야 하는 것이 아닌가?

내가 무언가를 놓치고 있다는 생각이 들었다. 그래서 나는 내가 좋아하는 과학 전문가, 마이클 셔머에게 물어보았다.

마이클은 그도 호킹의 그 책을 좋아하지만, 그것은 과학이 아니기 때문에 판단을 조금 유보해야 할 것 같다고 말했다. 최소한 아직까지는 말이다. 호킹의 이론들은 실험을 거쳐 검증되기까지는—최소한 잠재적으로 증명되기까지는—철학적 사색이나 초현실적인 예상, 혹은 잠재과학의 영역에 남아 있어야 할 것이다.

우주의 시작을 이야기할 때면 종교는 과학적 이성과 한 가지 공통점을 갖는다. 언제나 미덕으로 여겨지는 겸허함이 그것이다. 그러므로 신념의 차이를 떠나 우리의 근원에 대해 이야기할 때는 언제나 이 기본적인 전제에서 시작해야 할 것이다. "우리는 알지 못한다."

죽어야 사는 것들

몇 주 전 어느 날 밤, 내 여섯 살 난 아들 데이비드가 자다 말고 일어나 내 어깨에 머리를 기댔다. 그는 눈물이 가득 머금은 슬픔에 찬 목소리로 이렇게 말했다. "아빠, 이 모든 것이 사라져버린다는 게 믿어지지 않아요."

그 전날 학교에서 한 친구가 그에게—분명히 놀려주고 싶은 마음에—미래의 어느 날 태양이 폭발할 것이고, 지구와 그 안에 있는 모든 사람들을 태워버릴 거라고 말했다고 한다.

나는 데이비드에게 그런 일은 일어나지 않는다고 말해주었다. 그 친구가 한 말은 초신성 폭발에 관한 것 같은데, 초신성 폭발이 일어난다면 분명 주위의 별들에게 극적인 종말이 올 수 있긴 하다. 하지만 우리의 태양은 그런 식으로 폭발하지 않을 것이다. 한 행성이 폭발로 종말을 맞을 것인가를 결정하는 요인은 매우 다양하다. 그리고 우리 은하계의 태양이 영화의 한 장면처럼 폭발하려면 지금보다 4배는 더 무거워야 한다.

"그럼 태양이 지구를 멸망시키지 않는 거예요?" 아들은 확인하려는 듯 내 얼굴을 바라보며 물었다.

그때 나는 아이를 안심시키기 위해 조금 거짓말을 했다.(어쨌든, 잠은 재워야 하니까.) 하지만 보통 나는 아이들에게 불편한 현실을 부정하거나 무시하기보다는 직시하도록 가르치려고 노력하는 편이다.

나는 그에게 과학자들의 견해를 이야기해주었다. 40~50억 년이 지나면 태양은 연료(수소)가 고갈될 수 있고, 그러면 거대한 붉은 덩어리로 부풀어 오를 것이다. 태양이 팽창하면, 그 열로 인해서 지구의 바다는 끓어서 증발해버릴 것이고 대륙은 다시 녹아서 용암이 될 것이다.

이 이야기를 듣고 데이비드는 조금 낙담한 듯 보였다.

"하지만 다행인건." 내가 덧붙였다. "그런 일들이 일어나는 건 수십억 년이 흐른 뒤라는 거야. 너와, 네가 아는 사람들이 다 죽은 뒤의 이야기거든. 그리고 그때쯤 되면 인류가 분명히 다른 별들을 여행하고, 옮겨 살만

한 다른 행성들도 개발해놓았을 거야. 우리의 후손들은 아마도 은하계의 다른 쪽에서 번성하게 될지도 모르지."

아들은 내가 내놓은 낙관론을 가볍게 무시해버렸다. 초등학교 2학년짜리에게 너와 네가 아는 모든 이들이 언젠간 죽을 것이라는 식의 이야기가 호소력 있게 들릴 리가 없었다. 지금부터 수십억 년이 흐른 뒤라도 그럴 것이다. (데이비드에겐 '내일', '다음 주'같은 말들만이 의미가 있다.)

그래서 우리는 좀 더 의미 있는 토론에 돌입했다. 나는 아들에게 "너는 어리고 건강하며 앞으로 오래, 오래, 그가 상상할 수 있는 시간보다 더 오래 살 것"이라고 말해주었다. 하지만 그에게 살아 있는 모든 것은 언젠가 죽는다는 사실을 말해주는 것도 잊지 않았다. 그것이 순리라는 것을.

이 세상을 떠나거나, 사랑하는 누군가를 잃는 것은 분명 슬픈 일이다. 하지만 어떤 면에서 보면—만약 우리가 운 좋게도 그렇게 오래 살 수 있다면—우리는 늙고 쇠약해지게 된다. 삶의 질이 급격히 떨어지는 것이다. 그땐 죽음이 축복이 된다.

사랑하는 이를 잃은 사람들에게는 그다지 호소력이 없는 말이겠으나, 죽음은 인생이라는 테피스트리(실로 수놓은 벽장식품—역자주)의 한 부분이다. 죽음 없이는 우리가 존재할 수 없다. 나는 데이비드에게 자주 이런 이야기를 하곤 한다. "지금 네 접시 위에 놓여 있는 것들도 다 한때는 살아 있던 것들이었단다. 그 과일, 야채, 고기, 파스타까지도(곡식으로 들판에 있었을 때는). 그러니 그 모든 것들에 감사해야 해. 그것들이 죽지 않았다면, 네가 살아갈 수 없을 테니까."

식물과 동물, 그리고 우리 조상 들이 죽지 않았다면, 우리는 살아갈 공간조차 없었을 것이다. 지구는 끝없이 불어나기만 하는 인구를 수용할 수 없다. 생존하기 위해 서로를 죽여야 했을 것이다. 하지만 자연의 섭리는 나이든 이들이 새로운 세대에게 자리를 양보하도록 만든다.

SF 작가 코니 바로우Connie Barlow와 그녀의 남편 레버런드 마이클 더드 Reverend Michael Dowd는 아이들이 죽음을 자연의 한 과정으로 받아들이는 것을 돕고 있다. 그녀는 아이들에게 가끔씩 이런 질문을 던진다. "여러분들 중 할아버지 할머니가 이미 '조상님'이 된 사람 있어요?" 아이들은 망설임 없이 번쩍번쩍 손을 든다. 한 교회에서 이런 질문을 던지자, 한 소년이 자랑스럽게 외쳤다. "우리 할머니는 2004년 1월 26일에 조상님이 되셨어요!"

죽음이 없었다면, 우리는 우리들을 앞서 살아갔던 이들을 존경하기 어려웠을 것이다. 그리고 인생의 목표를 세우지도 않을 것이며, 삶에서 무엇을 먼저 해야 하는지 우선순위를 정하지도 못할 것이다. 그리고 무엇보다, 시간은 더 이상 소중한 존재가 아닐 것이다.

죽음은 소중한 것과 하찮은 것들을 구분해준다. (오늘 암 진단을 받은 이에게 다음 주에 있을 큰 예산회의가 아직도 그렇게 중요한지 한 번 물어보라.) 우리는 주위의 아는 사람들이 죽어야만 비로소 자만심을 떨쳐버리고 진정 중요한 것들로 관심을 돌리게 된다.

결국, 모든 것을 가능하게 만드는 것은 죽음이다. 산이 죽지 않으면, 모래와 흙이 없을 것이다. 고대의 숲들과 빙하가 죽지 않았더라면, 북반구의 호수들은 존재하지 않았을 것이다. 공룡이 죽지 않았더라면, 인간 또한 존재하지 못했을 것이다. 별들이 죽지 않으면—우리와 우리 주위의 모든 것들을 구성하는 원소들을 방출하는—행성도, 삶도 없는 것이다.

죽음은, 특히 그것이 예기치 않은 순간 찾아왔을 때, 우리의 삶을 다시 돌아보게 만들고 그 모든 순간들에 의미를 부여한다. 죽음은 우리에게 충만하고 열정적으로 살라고 말한다. 그리고 감사함과 품위를 지닌 채 삶을 떠나라고 가르친다.

데이비드는 어쨌든 그걸 이해한 듯하다. 어느 날 누나 한나가 학교에서 돌아와 그녀가 기르던 애완용 햄스터가 죽은 것을 보고 슬퍼하자, 데이비드가 두 팔로 그녀를 감싸고 이렇게 말했다. "누나, 정말 안됐어." 그러더니 돌연 철학적인 어투로 이렇게 덧붙였다. "하지만, 누나도 알잖아. 죽음은 삶의 일부라는 걸."

전설을 위한 진실

얼마 전 한 친구와 영화 이야기를 하던 중, 나는 〈브레이브 하트〉—스코틀랜드의 혁명가 윌리엄 월레스에 대한 역사 영화—에서 많은 감명을 받았다고 말했다.

"하지만 그 영화는 이야기를 너무 낭만적으로 각색했어. 그건 사실과 달라." 친구가 말했다. "꾸며낸 이야기가 어떻게 감동적일 수가 있지?"

많은 독자들이 분명 그처럼 생각하고 있을 것이다. 사실주의를 신봉하는 우리 사회에서 영웅담들—책이건 영화건—은 실화가 아니면 의미가 없다고 생각된다. 전설이나 신화 같은 것들은 그저 오락거리이거나, 더 나쁘게 말하자면 꾸며낸 거짓말이라고 여겨지는 것이다.

하지만 반드시 그런 것만은 아니다. 전설 또한 의미로 가득한 은유일 수 있다. 사실에 기반을 둔 이야기가 아니라 할지라도, 사실 너머에 있는 무언가를 가리킬 수 있는 것이다. 전설들은 '지식'을 알려주진 않지만 '지혜'를 이야기한다.

개화기 이후, 우리가 역사를 평가하는 관점은 그것이 실제로 일어난 사건인지에 대해서만 초점이 맞춰져왔다. 하지만 그 이전의 사람들은 사건 그 자체에 얽매이기보다는 그 사건이 의미하는 바가 무엇인가를 알고자 했다.

옛 사람들에게 전설이란, 어쩌면 역사상으로 한 번도 일어나지 않은 허구일지 모르지만 또 다른 의미에서 보면 우리 마음속에서 항상 일어나고 있는 사건을 의미했다. 신화학은 탄생, 질병, 탐욕, 상실, 행운, 공포, 축제, 죽음 등 시간을 초월한 일과 감정 들을 다룬다.

모든 시대와 문화 속에는 전설이 존재한다. 인간이 숨 쉬기 시작한 바로 그 순간부터, 우리는 이야기들을 만들어내기 시작했다. 그 이야기들을 통해서 우리의 삶을 더 넓게 하고 의미와 방향을 부여하고자 했다. 특히 영웅담들은 우리에게 숭배의 대상을 제공하는 데 그치지 않고 우리 스스로의 마음속에 영웅의 기질을 키우도록 해주었다.

영웅이란, 자기 한 몸 돌보는 것보다 더 큰일에 삶을 바친 사람을 일컫는 말이다. 누군가가 다른 이들의 삶에 모범이 될 때, 그는 쉽게 신격화된다. 특히 오늘날에는 운동선수들 중에 이렇게 신격화된 예가 많다. 현대 사회에서 스포츠는 개인의 탁월함과 위대함, 그리고 역경을 헤치고 쟁취한 승리를 무엇보다 생생하게 보여주는 도구이기 때문이다.

하지만 역사적으로 전설이나 신화들은 고유한 역할을 수행해왔다. 그것들은 이 세상을 설명해주었으며 우리가 그 안에서 어디쯤 살고 있는지를 보여주었다. 실용적인 이론들로는 풀 수 없는 인생의 고민들이 신화와 전설을 낳았다.

예를 들어, 초기 부족사회에서 사람들은 살아남기 위하여 무언가를 죽여야만 했다. 이런 아이러니를 설명하기 위해 전설이 탄생했다. 로렌스 G. 볼트 Laurance G.Boldt는 이렇게 말했다. "만약 당신이 하루 대부분의 시간을 동물을 뒤쫓고 사냥하는 데 쓴다면, 그리고 당신이 쏜 화살에 맞은 동물이 고통에 신음하며 죽어가는 것을 보아야만 한다면, 북적거리는 슈퍼마켓에서 랩으로 깔끔하게 포장된 고깃덩어리를 카트에 던져넣을 때와는 분명 다른 감정을 느낄 것이다."

전설과 신화는 인간의 마음을 어루만지고 비록 살생이라 할지라도 정당하고 성스럽게 만들어준다. 하지만 오늘날 현대사회를 사는 우리들에겐 그다지 설득력이 없다.

독일의 철학자 카를 야스퍼스 Karl Jaspers가 "시대의 축"이라 부르는 기원전 800년에서 기원전 200년 사이의 기간에 전 세계적으로 인류의 가장 견고한 전통이 생겨났다. 그 시기의 인류는 영성의 개화기를 경험했던 것이다. 그 시대의 중국에는 유교와 도 사상이 꽃피웠고, 인도에는 불교와 힌두교가, 중동과 그리스에는 일신교 사상이, 유럽에는 이성주의가 만개했다. 인류가 스스로의 한계와 가능성을 그 어느 시대보다도 또렷하게 자각하게 된 것도 바로 그때였다. 그 시대의 성인들은 정의로움과 성실함, 그리고 자비야말로 개인과 사회를 이롭게 하는 가치라고 가르쳤다. 그로부터 2천 년이 지난 지금까지도 그 전통은 힘을 잃지 않고 계속되고 있다.

PBS스페셜 〈신화의 힘〉에서 빌 모이어스 Bill Moyers는 이렇게 말한다.

인류가 공통적으로 갖고 있는 특징은 신화에서 극명하게 드러난다. 신화와 전설은 우리가 수세기에 걸쳐 찾고자 했던 진실과 의미에 관한 이야기들이다. 우리 모두는 우리의 삶을 이야기하고자 하는 욕망이 있으며, 그 이야기들을 이해할 필요가 있다. 누구나 죽음을 이해해야 하고, 태어나서 살아가는 동안 누군가의 도움을 받아야 한다. 우리가 누구인가를 알아내기 위하여, 영원에 도달하고 삶의 신비를 이해하기 위하여 우리는 "왜 사는가"라고 끊임없이 묻는다.

비교 신화학의 전문가 캠벨Campbell은 세상의 지혜에 관한 전통을 연구하는 데 일생을 바쳤다. 그는 전통적인 신화학들의 역할을 몇 가지로 정리했다.

그 첫 번째 역할은 인간의 의식을 '신비의 전당'으로 이끄는 것, 즉 우주의 신비와 영광을 있는 그대로 자각하게 만드는 것이다.

그 두 번째 역할은 우리 삶의 질서를 받치고 있는 우주의 이미지를 보여 주는 것이다.

그 세 번째 역할은 도덕적 질서를 지지하고 확인하는 것이다.
그 네 번째 역할은 사람들이 인생의 다양한 면들과 여러 단계를 경험할 수 있도록 돕는 것이다.

오늘날 우리들은 처음의 두 가지 역할을 과학에 맡기고 있다. 우주의 광대함을 경외하고 자연의 질서를 이해하는 데 과학은 유용할 수 있다. 하지만 과학적 방법들이 정말로 모든 것들을 깔끔하게 설명해줄 수 있을까?

분명 그렇지 않을 것이다. 과학적으로 이해될 수 있는 세상은 〈창세기〉가 설명하고 있는 세상과 비교가 되지 않는다. 오래된 신화들의 가치는 우리가 삶의 좀 더 깊은 곳을 들여다보게 해주고, 진정 중요한 것들에 마음을 쓰도록 해준다는 데 있다. 만약 어떤 이야기들이 우리의 마음과 정신을 변화시킬 수 있다면, 그것만으로도 충분히 가치가 있지 않을까?

신화는 우리가 눈으로 보는 세상 그 너머에도 무언가가 있다는 것을, 수학을 뛰어넘는 공식이 있다는 것을, 언어와 예술로 표현할 수 없는 감정이 있다는 것을 보여준다.

고대의 전통들은 우리를 옳은 방향으로 이끌어준다. 그리고 우리가 껍데기뿐인 삶을 살지 않도록 해준다. 반쯤 눈뜬 상태로 살아가는—진실로 깨어서 살아가지 않는—죄를 짓지 않도록 해주는 것이다.

전설은 단지 오래되고 검증되지 않은 동화가 아니다. 그 이야기들은 인간의 정신을 앞으로 나아가게 한다. 그것은 영혼을 담는 그릇이며, 의식을 변화시키고 초월적인 성취를 이루는 도구이기도 하다. 모든 신화와 전설들은 정신을 변화시키기 위해 만들어졌다고 믿는다.

오늘날, 우리는 그 상징들 너머, 그것들이 나타내고자 하는 풍부한 의미를 이해할 수 있게 되었다. 이전 세대 사람들은 경험하지 못했던 의식적 깨달음을 얻게 된 것이다.

캠벨은 신화와 전설들이 범세계적인 진실을 담고 있다고 주장한다. 자아발견과 자아초월을 통해 이루어지는 개인과 사회의 조화가 바로 그것이다.

지식과 경험을 가지고 인생을 살아가는 것, 그리고 인생의 신비와 우리 자신의 신비를 탐험하는 것은 꼭 필요한 일이다. 그것은 삶에 새로운 빛과 조화, 기쁨을 준다. 지금 자신이 처한 상황을 신화적 견지에서 생각해보는 것은 우리가 이 눈물의 골짜기(인생을 말함-역자주)에서 마음의 평정을 잃지 않고 살아갈 수 있도록 도와준다. 당장은 비극적으로 보이는 순간일지라도 그 속에서 긍정적인 측면을 찾아낼 수 있게 해주는 것이다.

이 모든 것은 당신에게 달려 있다. 마음을 다해 모험에 뛰어들 준비가 되었는가? 영웅의 모험 말이다.

당신은 어디쯤 와 있는가?

몇 달 전 내 친구 마시Marcy가 나와 저녁 식사를 함께하고 난 뒤, 요즈음 '근본적 의문들'과 씨름하고 있다고 말했다.

나는 누구인가? 나는 어디로 가고 있는가? 이 모든 게 다 무슨 소용인가? 와 같은 의문들 말이다.

그래서 그녀는 새로 생긴 교회 도서관에 가서 철학, 종교, 과학에 관한 몇 권의 책들을 빌려왔다고 했다. 하지만 그녀는 종잡을 수 없다는 표정으로 말했다. "그런 문제들을 다루는 책들은 수도 없이 많아. 하지만 도대체 어떤 것부터 시작해야 좋을까?"

나는 그녀에게 스스로 정확히 무엇에 흥미를 느끼는지 잘 생각해보고,

그 길을 따라가라고 충고했다. 하지만 훌륭한 길잡이가 될 만한 책은 한 권 소개해주었다. 『거대사』가 바로 그 책이다.

우리가 어디에서 왔는지 모른다면 어디로 가야하는지도 알 수 없다. 『거대사』는 역사학자들의 지식뿐만 아니라 고고학자, 우주학자, 지질학자, 생물학자들의 통찰까지도 규합하여 우리가 걸어온 길과 걸어 갈 길을 보여준다. 그리고 최근의 과학적 발견들을 바탕으로 하여 창조로부터 지금 이 순간까지 세상 속에서 우리의 위치가 어떻게 변화해왔는가를 설명해주는 거대한 통합론을 제시한다.

우리가 왜 이런 것들을 알아야만 하는가?

캘리포니아대학교의 독보적인 물리학 교수 조엘 프리맥 박사Dr. Joel Primack는 이렇게 설명한다. "우리가 살고 있는 이 세상에 대한 의미 있고 믿을 만한 이야기가 없다면, 우리는 인생의 큰 그림을 그릴 수가 없다. 그리고 큰 그림이 없이 살아간다면 우리는 언제까지나 소인배일 수밖에 없다."

하지만 이런 '큰 그림'을 그린다는 것이 쉬울 수는 없다. 미시간대학교의 교수인 밥 베인Bob Bain과 로렌 맥아더 해리스Lauren McArther Harris는 최근 한 워크숍에 모인 75명의 세계사 교사들에게 5분 안에 미국사를 요약하여 발표해달라고 요청한 적이 있다.

대부분은 이 과제를 문제없이 해냈다. 미국원주민, 유럽인들의 정착과 식민지화, 미국 혁명, 시민전쟁과 재건, 영토 확장과 산업화, 두 번의 세계대전, 경제 공황과 뉴딜, 냉전사태, 시민권, 뭐 그런 실타래들을 막힘없이 술술 풀어냈다.

그다음 그들에게 다시 서구 문명의 역사를 5분 안에 발표해달라고 요청했다. 그 과제 또한 역사 교사들에겐 별 문제가 되지 않았다. 인더스 문명, 고대 지중해 문명, 중세, 르네상스, 종교개혁, 계몽주의 운동, 연합국의 생성, 해체, 민주화 혁명, 등등······.

하지만 그들에게 5분 동안 '세계의 역사'를 설명해보라고 요청하자, 그들은 멈칫거렸다. 무엇을 빼고 넣어야 할지, 세계의 모든 역사들을 어떤 연결고리로 엮어서 설명해야 할지 몰랐던 것이다. 다시 말하지만 그들은 세계사 선생들이었다!

우리들 대부분이 과거의 일들을 받아들일 때 이 같은 문제를 겪는다. '역사'라는 주제는 너무나 광대하고 다양해서 충분히 의미 있는 해석이 없이는 그 엄청난 양에 압도되어버리는 것이다.

『거대사』는 그 '의미' 부분을 연결해준다. 그것은 인간의 역사와 역사 이전의 모든 것들은 하나의 조화로운 테피스트리로 엮어낸다. 정치적인 사건들과 주요한 인물들에 초점을 맞춘 전통적인 역사관과는 달리,『거대사』는 우리들 모두에게 해당되는 변화와 세계의 양상을 다룬다.

우리는 국가의 역사를 같은 나라에 사는 사람들과 공유하며, 개인적 역사를 그보다 훨씬 작은 수의 사람들(가족, 친구)과 공유한다. 하지만 그 나머지 인류들, 자연과 이 별에 함께 살고 있는 이들과 공유하고 있는 역사에 관해 생각해본 적이 있는가? 이렇게 크게 생각하게 되면, 위대한 개인—우리가 배우고 모방하려 애쓰는 사람들—의 행위와 업적을 이야기하는 것은 의미 없어진다. 이때 우리는 내면으로 연결된 인간 존재 자체를 이해하게 되며, 궁극적으로 세상 속에서 우리가 서 있는 위치를 확인하게 된다.

예를 들어, 고생물학자들은 호모 사피엔스가 출현한 것이 약 20만 년 전 동아프리카라고 말한다. 그때부터 우리는 야만인에서 과학자로 진화해왔다. 그 진화의 단계 중에서 괄목할 만한 것들을 정리해보자면,

    1. 언어: 논리 정연하고 분절음으로 구성된 표현법의 발달은 소리를 지르거나 울부짖음으로써 위험을 경고하고 동료를 부르던 인류의 수준을 철학과 시를 논하는 단계로 올려놓았다. 언어가 없이는, 지성이 결코 바닥 단계를 벗어날 수 없다.

    2. 불 : 불의 발견으로 우리는 기후의 영향을 덜 받을 수 있게 되었고, 밤을 덜 두려워하게 되었으며, 저녁 식탁을 더욱 풍성하게 차릴 수 있게 되었다. (이 부분을 재미있게 다룬 영화 〈불을 찾아서〉를 한 번 보기 바란다. 대사가 없는 영화들 중 가장 재미있는 영화가 아닐까 한다.)

    3. 동물들의 정복: 오늘날, 우리들 대부분은 동물들을 애완동물 아니면 요리할 수 있는 고기로 인식한다. 하지만 인류가 만물의 영장 자리에 오르기 전, 동굴이나 초가집에 살던 시대에는 동물들은 엄연히 우리의 생명을 위협하는 존재였다.

    4. 농업 : 곡물과 가축을 키우는 농업의 발달이 없었더라면, 우리 조상들은 사냥과 채집생활에서 문명생활로 옮겨갈 수 없었을 것이다. 하지만 인류 역사의 98퍼센트에 해당하는 시간 동안 우리는 농업이 무엇인지 모르고 살아왔다.

5. 사회조직 : 우리가 돌을 던지거나 곤봉을 휘두르지 않고도 분쟁을 해결할 수 있다는 것을 배우기 전까지는 안전도, 풍요도 없었다. 협동과 양보를 기반으로 한 사회 조직이 발전과 지식, 그리고 풍요를 생산해냈다.

6. 윤리 : 정의와 양심 없이는 평화가 지속될 수 없다. 2천여 년 전, 붓다는 말했다. "남을 괴롭히면 스스로 괴롭게 된다." 공자도 말했다 "네가 하기 싫은 일이면, 남에게도 시키지 말아라." 힌두교 경전에도 이런 말이 나온다. "네가 대접받기를 원하거든 남을 대접하라." 예수도 말했다. "남들이 너를 대하기를 원하는 대로 남들을 대하라."

이 윤리를 받아들인 사회는 살아남았고, 그렇지 않은 사회는 멸망했다. 이것은 단순한 진리이다.

7. 도구 : 도구—바퀴, 망치, 칼과 같은—없이 우리가 건설하거나 얻을 수 있는 것들은 아주 미미했다. 새로운 도구들의 발명은 우리의 장애를 없애 주었고 삶의 질을 엄청나게 높여주었다.

8. 교육 : 모든 세대들은 그들이 발견한 것들과 축적된 지혜들을 다음 세대에 넘겨주었다. 우리는 야만인으로 태어나지만 교육이 우리를 인간으로 만든다.

9. 활자와 인쇄 : 활자는 인간정신이 이루어낸 업적을 영원하게 기록한다. 그리고 인쇄는 그 기록을 세상의 구석구석으로 나른다.

10. 수학과 과학 : 계몽된 정신 없이 사회는 발전할 수 없다. 전자현미경으로부터 허블 천체망원경까지, 과학은 고대인들이 상상할 수 있었던 그 이상으로 넓게 우주의 신비를 밝혀냈다.

하지만 기록으로 남아 있는 5,000년의 인류 역사는 이 지구의 역사를 생각할 때 빙산의 일각에 불과하다. 우리는 그것에 관해 거의 생각하지 않지만, 행성에도 역사가 있고 태양계에도, 우주 전체에도 역사는 존재한다. 최근에 이르러서야 과학의 덕택으로 우리는 그 모든 초기 역사들을 꿰뚫을 수 있게 되었다.

지금 우리는 우주가 137억 년 전에, 태양계는 45억 년 전에, 현미경으로 관찰 가능한 생명체는 37억 년 전에 생성되었다는 사실을 알고 있다. 2억 5천 2백만 년 전 사상 초유의 멸종 사태가 일어났었다는 사실도. '이 모든 사실이 진실인지 아닌지를 어떻게 알 수 있나'까지를 다루고 있다는 점이 『거대사』의 가장 큰 매력이다.

샌디에이고주립대학교의 역사 교수이며 옥스퍼드 출신 학자인 크리스천Christian은 '거대사' 운동의 창시자들 중 한명이다. 그는 1989년부터 그 과목을 가르치기 시작했으며, 1991년 즉흥적으로 '거대사'라는 말을 만들어 내기도 한 사람이다.

크리스천은 인간 초기 문명이 지식의 여러 분파들에 흩어져 있고, 학문적인 원칙들을 무시한 채 여기저기 산재해 있다는 것을 알게 되었다. 더욱이 그 사실은 고고학적으로 한 번도 발표된 바가 없다. 그런 산만함이 '큰 그림'을 알아보기 어렵게 만들었다. 따라서 내 친구 마시 같은 신출내기 연구가들이나 학생들이 종종 길을 잃고, 혼란을 겪고, 꽉 막힌 상황을 경험하는 것이다.

그 해결책 중 하나는 48시간 강의로 이루어진 데이비드 크리스천의 한 학기 수업, '거대사: 빅뱅, 지구 위에서의 삶, 인간성의 발생'을 듣는 것이다. 아니면 그 강의를 DVD나 오디오 CD로 다운로드 받아서 볼 수도 있다. (www.teach12.com을 방문해보라.)

그 수업들은 알기 쉬운 30분짜리 강연들로 짜여져 있으며 길이는 짧지만 압축되고 정제된 지혜들로 가득하다. 크리스천은 '큰 그림'에만 집착하지 않는다. 그는 모든 것들의 상관관계를 밝히고 과학에 문외한인 사람이라도 쉽게 이해할 수 있도록 설명해준다.

예를 들어, 그는 우리 태양계의 광대함을 이렇게 설명한다. 만약 한 사람이 제트기를 타고 시속 550마일로 날아간다 할지라도 미국 대륙을 횡단하는 데만 5시간이 걸린다. 같은 속도로 여행한다면 달까지 18일, 태양까지 20년, 목성까지는 82년, 내가 좋아하는 명왕성까지는 750년을 날아가야만 도달할 수가 있다.

그렇다면, 명왕성에 가장 가까이 있는 다음 별, 2,500만조 마일 떨어진 센타우르스 자리의 알파성까지는 얼마나 걸릴까? 그 답은 500만 년이다. 하지만 우주적 차원에서 볼 땐, 그 거리는 바로 옆집과 같다.

우리 눈에는 촘촘하게 흐르고 있는 듯 보이는 은하수는 약 1,000억 개 정도의 별들이 이루는 장관이다. 그리고 그 각각의 별들은 비행기로 500만 년을 날아야 도달할 수 있을 정도의 거리를 두고 서로 떨어져 있다. 허블은 태양계 이외에도 1,000억 개 이상의 다른 은하계가 있다고 밝혔다. 그 각각의 은하들 또한 수십억 개의 별들로 채워져 있다는 것을 상상해보라. 과학잡지 〈네이처Nature〉는 최근 우주에는 약 300섹스틸리언

(sextillion, 300섹스틸리언이란 3 뒤에 0이 23개 붙은 수치이다)개의 별들이 있다고 발표했다. 그것은 지금까지 추정되었던 별들의 수보다 3배나 더 많은 숫자이다. 이것이 얼마나 어마어마한 숫자일지 상상이 되는가? 굳이 말하자면 지구상에 있는 모든 바닷가와 사막의 모래 알갱이 숫자를 합친 것보다 많은 별들이 존재한다는 의미이다.

우주는 당신의 '상상하는' 것보다 큰 정도가 아니다. 그것은 당신이 '상상할 수 있는' 것보다 크다.

만약 '거대사'가 당신의 상상력을 헤엄치게 하지 못한다면 그 이유는 단 하나, 당신이 집중하지 않았기 때문이다. (그래서 우리가 대학 시절에 이 과목을 놓친 것이다.) 어쨌든 과학자들이 정밀한 전문 도구들을 사용하게 되고 우리가 언제부터 존재하기 시작했는지를 측정할 수 있게 된 것은 불과 몇십 년 전의 일이다.

'거대사'는 당신과 세상의 모든 것들과를 연결시켜주는 의식이다. 다른 사람들과, 다른 세상들과, 우주의 다른 부분들과 말이다. 이렇게 더 넓은 시야를 갖게 되면 어떤 유익함이 있을까?

세계는 지금 그 어느 때보다도 긴밀하고 가깝게 연결되어 있다. 하지만 반대로 우리는 점점 더 스스로를 세상으로부터 고립시키고 있다. 서로를 국가의 경계, 문화, 언어, 종교로 구분한다. 실은 우리 모두 세계적 차원에서가 아니라 우주적 차원에서 근본적으로 하나로 묶여 있다. 과거를 이해하는 것은 미래를 좀 더 명징하게 내다보는 것을 가능하게 해준다.

당신을 이루고 있는 이야기는 특정한 국가와 인종, 성격적 부류, 유기체적인 범주까지 뛰어넘는 어떤 것이다. 그것은 당신과 인류 전체 사이,

그리고 세상의 모든 것들 사이를 이어주는 깊은 영적 고리이다.

세포 생물학자이자 수필가 루이스 토머스Lewis Thomas는 이렇게 말했다.

> 나는, 그리고 여러분은, 우리가 원하건 원하지 않건 언젠가 하나의 화학 원소로 돌아갈 것이다. 수십 억 년 전 불타는 지구가 태어나 식으면서 생성된, 약 3.5억 년 전 바위 위에 그 자취가 남아 있는 바로 그 원소 말이다. 나는 그 생각을 떨쳐버릴 수가 없다. 어떤 존재를 설명하려 해도 이곳에서 시작할 수밖에 없는, 오랫동안 묻혀 있던 우리의 기원에 대한 이 생각들이 나의 가장 소중한 지식이다. 우리는 결국 박테리아의 후손들이다. 그러니까, 아주 먼 후손들이다. 우리가 원숭이의 혈통이며 침팬지와 친척뻘이라는 말에 발끈할 것 없다. 최소한 외견상 비슷해 보이는 종족끼리 뭉쳐 사는 것이 그 시대에는 더 살기 쉬웠을 수도 있다. 하지만 최근에 밝혀진 과학적 이론에 따르면, 우리는 그 이상의 모욕도 감수해야 할 판이다. 우리는 세상의 모든 것들과 한 혈통이라는 것. 잔디 풀, 갈매기, 물고기, 벼룩, 그리고 투표권을 가진 공화국 시민이 모두가 하나의 조상을 갖고 있다는 사실을 말이다. 이 모두가 정말 소박한 기원으로부터 시작되었다.

이것은 지리학자들이 "깊은 시간"이라 부르는, 우리가 이해할 수 있는 범주를 뛰어넘은 영원한 시간 여행이다.

작가이자 교육가인 레버런드 미셸 더드는 이것을 "위대한 이야기"라고 불렀다. 우주의 발생에서부터 은하계의 생성과 생명의 잉태, 의식과 문화가 발전, 사고와 배려의 끝없는 확장까지를 아우르는 모든 이들과 모든 것들이 성스러운 역사라고 보았다. 그는 '거대사'를 '영광스러운 폭로'

라고 정의 내렸다. 누구든지 열린 마음과 호기심을 갖고 있다면 쉽게 다가갈 수 있는 공공의 지식인 것이다.

내 친구 마시처럼 당신도 무엇 때문에 살며, 무엇을 향해 가고 있는지 혼란스러워 하고 있을지 모르겠다. 이것은 수천 년 동안 우리를 흔들었던 질문이기도 하다.

'거대사'가 당신을 도와줄 것이다. 그것은 한 발자국 물러서서 상황을 판단할 수 있는 지혜를 주고, 당신이 지금 우주적 시간과 공간의 어디쯤에 서 있는지를 보여준다. 우리는 누구인가, 우리는 어디를 향해 가고 있는가를 탐구해나가는 길에 우리가 어디서부터 왔는지를 똑똑히 보여주는 이정표를 발견한다면 실로 엄청난 도움이 될 것이다.

영성의 일곱 가지 원칙

내가 처음 『정신적인 부』를 쓰기 시작할 무렵, 독자들의 오해를 피하기 위해 내가 사용한 문장들의 의미를 정확히 설명하고자 노력했었다.

당신이 돈으로 값어치를 매길 수 있는 모든 것들—당신의 집, 차, 은행 계좌, 주식 포트폴리오, 티타늄 골프채 등—을 나는 '물질적 부'라고 불렀다. 그리고 돈으로 값을 매길 수 없거나 값을 매기기에는 너무 값진 것들—당신의 건강, 가족, 취미, 해변의 노을, 가을 낙엽 등—은 '영적인 부'라고 이름 붙였다.

내가 이것들에 '영적인'이라는 말을 썼다고 해서, 결코 어떤 특정 종교를 옹호하거나 비방하려는 의도는 없었다. 나의 목적은 단 두 가지, 좋은 삶에 대한 아이디어를 뚜렷하게 하는 것과 가능하면 포괄적이고 수준 높은 이야기들을 풀어가는 것이었다. 나는 '영적인'이라는 말을 가장 일반적인 의미, '영혼을 고무시키는'이라는 뜻으로 사용했다.

내가 지난 3년간 받았던 피드백들 중 절대 다수는 긍정적인 의견들이었다. 세계 각국의 다양한 종교를 가진—혹은 무교의—수천, 수만 명의 독자들로부터 이메일을 받았다. 그들 중 대부분은 나의 글을 읽고 많은 생각을 하게 되었다는 감사의 글들을 보내주었다.

하지만 나는 '영성'에 관해 글을 쓰면서 누군가의 심기를 건드리지 않을 수는 없다는 사실을 깨달아야만 했다. 놀랍게도, 내가 받은 가장 혹독하고도 비난 가득한 편지들은 거의 대부분 '자칭 기독교 신자들'로부터 온 것이었다.

그들 중 한 명은 이렇게 썼다. "영성이란 자비나 인내, 용서, 겸손, 자선, 혹은 자기 초월 등과는 아무런 관련이 없습니다. 그것은 단지 주 예수를 주님으로 영접하고 구세주로 믿는 것을 의미합니다. 이야기는 그걸로 끝이에요."

나는 혼란에 빠졌다. 그걸로 모든 이야기가 끝이라고? 최소한 거기서부터 얘기를 시작해볼 수는 없는 걸까?

스스로 "영적이긴 하지만 종교적이진 않은 사람"이라고 표현하는 이들이 있다. 하지만 내 생각에 '종교적이긴 해도 영적이진 않은 사람들'도 꽤 있는 것 같다.

또 다른 독자는 내가 예루살렘에 관하여 쓴 다원론적인 글을 읽고 이렇게 무뚝뚝한 답을 보내왔다. "당신은 모든 종교의 편에 서는 듯 썼지만 결국 어떤 종교의 편에도 서지 못했소."

평소라면 이런 내용에 어깨를 한 번 으쓱하고 지나갔겠지만 그날 나는 조금 발끈해서 되쏘는 답장을 썼다. "그렇지 않습니다. 저는 단지 당신처럼 곡해하는 사람들의 반대편에 섰을 뿐입니다."

하지만 그 답장을 쓴 뒤 '보내기' 버튼을 누르기 1초 전, 나는 살짝 부끄러운 마음이 들었다. 왜 이런 의견들을 그냥 넘겨버리지 못하는가? 그의 발언은 나의 종교에 대한 견해에 아무런 위협을 가하지 않는다. 다른 어느 누구의 종교관도 해치지 않는다. (그가 내 목에 칼을 겨눈 것도 아니지 않은가.)

나는 그때 종교관의 교환이라는 것도 가능하리라는 느낌이 들었다. 그러기 위해서는 열린 마음과 자제심—특히 종교적 토론을 할 때 갖기 힘든 감정—이 필요하기 때문에 결코 쉬운 일은 아닐 것이다. 하지만 역사학자 카렌 암스트롱은 이에 관해 훌륭한 접근법을 제시하고 있다.

소크라테스 식 대화법은 한 사람이 다른 사람을 굴복시키고 그의 생각의 방식을 고치도록 강요하는 것이 결코 아니다. 소크라테스 식 대화법은 마음의 훈련이다. 소크라테스는 매 순간 상냥하게 말들을 주고받지 않는다면 이 대화법은 절대로 성공할 수 없다고 말했다. 우리는 우리의 대화 상대에게 말할 때, 선물을 건네듯이 아름답게 표현해야 한다. 그러면 상대방은 그 말을 듣고 마음에 넣은 뒤, 또한 답례로 우리에게 무언가를 줄 것이다. 그리고 이런 식의 대화를 거치고 나면 반드시 우리는 변화하게 되어있다. 그렇지 않다면 대화가 아니라 다툼만이 남게 될 것이다.

여기에는 작은 지혜를 뛰어넘는 무언가가 있다.

언쟁을 피하기 위하여 나는 보통 종교나 영성에 관한 언급은 거의 하지 않는 편이다. 그래도 만약 누군가가 "당신이 사용한 '영성'이란 말의 명확한 의미를 설명할 수 있습니까?"라고 묻는다면 즉시 대답한다. "못합니다."

영성이란 것은 의미가 너무나 광범위하다. 가장 엄격한 정통 기독교이론에서부터 가장 기괴한 뉴에이지 이론까지 아우르는 말이 바로 '영성'이다. 사전을 찾아보면 이 단어의 정의로 열두 가지가 넘는 말들이 나온다. 나는 도저히 이 말을 한마디로 압축할 재주가 없다.

하지만 이 말에 관해 깊이 사색해보고, 다른 이들에게도 의견을 물은 결과 내 나름대로 '영성'에 관해 정의를 내려보기로 결심했다. 이것들은 단지 나의 개인적인 믿음일 뿐이다. 아래의 목록들이 절대적이라고는 결코 말할 수 없다. 하지만 사색을 즐기는 이들이라면 동의할 수 있을 만한 '영적인' 이들의 공통 특징들을 일곱 가지로 정리해보았다.

1. 영원한 신비를 인식한다

우리의 존재 자체는 굉장한 수수께끼이다. 시간이 언제 시작되었는가? 공간은 어디에서 끝나는가? 왜 우주는 텅 비어 있지 않고 무언가가 존재하는가? 신학자들은 신을 거론하며 이 질문들에 답한다. 무한한 사랑이며, 무한한 힘의 원천인 신이 시간과 공간을 초월하여 존재한다는 것이다. 물질주의자들은 이런 설명에 만족하지 못한다. 하지만 그들조차 이것보다 나은 설명을 제시하지는 못하고 있다.

바로 이 지점에서 공통된 기본 가설을 세울 수 있다. 스스로 모른다고 느끼는 순간, 우리는 무지의 심오함을 깨닫게 된다. 이것이 영적 탐구의 시작이다. 우리가 무언가를 이해하려 애쓰는 이유는 스스로 그것을 모른다는 것을 알기 때문이다. 신은 이해를 초월하고, 상상을 초월하는 존재라고 떠들고 난 뒤, 다른 사람의 신에 대한 이해는 틀렸다고 주장하는 것은 좀 우스꽝스럽지 않은가? '영성'이란, 신성함에 대한 견해가 상상하기에 따라 광범위하게 다를 수 있다는 사실을 받아들이는 것이다.

2. 타고난 경외심을 갖고 있다

은하수는 우리의 뇌가 상상할 수 있는 것보다 훨씬 더 크다. 1초에 18만 6천 마일을 여행하는 빛이 우리 은하계를 통과하려면 10만 년이 걸린다. 그런데 최근의 허블 망원경에 찍혀 나온 바로는 육안으로 볼 수 있는 우주 안에만 2천 4백 억 개의 은하계가 존재한다. 그리고 더욱 최근, 독일 슈퍼컴퓨터가 측정한 가상 우주 안에는 5천억 개가 넘는 은하계가 존재한다. 별이 가득한 밤하늘을 올려다보며 경외감에 넋을 잃는 것은 참으로 영적인 체험이라 할 것이다.

아인슈타인은 이렇게 말했다.

우리가 느낄 수 있는 가장 멋진 감정은 '신비'다. 그 속에 모든 종류의 예술과 진정한 과학의 씨앗이 숨어 있다. 이런 감정에 익숙하지 않은 이들, 더 이상 놀라움을 느끼지 못하고 그저 두려움에 이끌려 살아가는 이들은 죽어 있는 것이나 마찬가지이다. 우리가 도저히 파헤칠 수 없는 것이 정말로 존재함을, 그리고 그러한 존재들은 가장 숭고한 지혜와 아름다움으로 모습을 드러내며, 우리의 하잘것없는 재능으로는 그저 그 위대한 형체만을 인식할 수 있을 뿐임을 아는 것……. 그 지식과 그 감정……. 그것이 진정한 종교적 정서의 핵심이다.

3. 삶의 신성함을 음미한다

 삶이 어떻게 시작되었는지, 우주 속에서 그것이 어떻게 펼쳐질지 아는 이는 아무도 없다. 과학자들은 그것을 연구하고 있지만 답은 언제나 교묘히 우리 손을 빠져나간다. 많은 성스러운 문서들은 우리의 기원이 초자연적인 창조 과정을 거쳤다고 말하고 있다. 과학은 물론 자연발생론을 주장한다. 하지만 제아무리 형이상학적인 계보를 찾고자 해도 현실적인 우리의 기원은 엄연히 무기질이 유기질로 바뀐 것이다. 그렇다고 해서 이것이 기적이 아니란 말인가? 우리는 자연과 분리된 존재가 아니다. 우리는 가장 깊은 차원에서 자연과 연결되어 있다. 의식을 갖고 있는 인간이란 우주를 비추는 거울과 같은 존재이다. 과학자들이 이 사실을 상식으로 받아들이는 데 3세기가 걸렸다. 하지만 신비주의자들은 이미 수천 년 전부터 이 모든 것들을 이야기해왔다.

4. 스스로의 삶에 깊이 감사한다

 우리에게 주어진 삶을 당연하게 여기는 이들이 많다. 우리는 단지 잠시 이곳에 머물 뿐이라는 사실을 얼마나 자주 잊고 사는지! 록펠러나 카네기, 하워드 휴즈 같은 부호들이 만약 다시 삶을 얻어서 길가의 허름한 모텔 수영장에 단 몇 시간 앉아 있을 수만 있다면 얼마인들 지불하지 못하겠는가? 살아 있는 것의 축복에 비한다면 돈은 아무것도 아니다.

 그리고 살아서 여기에 있을 수 있는 행운은 극히 소수만이 누리는 것이다. 빌 브라이슨Bill Bryson은 그의 책 『거의 모든 것의 역사』에서 이렇게 쓰고 있다.

당신은 지독히도 운이 좋은 혈통을 타고난 사람이다. 아니, 그것은 기적이라고 불려도 좋을 만한 행운이다. 생각해보라. 38억 년의 시간 동안—이것은 산과 강과 바다의 나이보다 더 많은 시간이다—당신의 선조의, 선조의 선조들이 서로를 유혹할 만큼 매혹적이어야 했고, 그들이 후손을 낳고 기를 만큼 건강하게 장수를 누렸어야 했다. 그 가능성은 운명과 환경의 드라마틱한 도움 없이는 불가능한 일이었다. 당신 부모의 계보에 있는 조상 어느 누구도 몸이 으깨지거나, 동물에게 잡아 먹히거나, 물에 빠지거나, 굶주려 죽거나, 창에 찔리거나, 막다른 궁지에 몰리거나, 불의의 부상을 입거나 해서는 안 되었다. 그리고 그들의 유전적 형질을 딱 적합한 시기에 적합한 파트너에게 전달할 수 있는 기회를 놓치지 않아야만 했다. 그 모든 행운들의 조합이 결과적으로, 놀라운 작품으로 탄생했으니, 그것이 바로 당신이다.

5. 높은 도덕적 감성을 갖고 있다

도덕에는 두 가지 중요한 기본 요소가 있다. 그 첫 번째는 스스로 대우받기를 원하는 대로 다른 사람을 대우하는 것이다. (정말 황금률이라 하겠다.) 그 두 번째는 무언가를 하겠다고 말했다면, 그 말을 지키는 것이다.

하지만 나는 우리가 단순히 남들에게 해를 끼치지 않고, 약속을 지키는 것 말고도 더 큰 도덕적 책임이 있다고 생각하는 사람이다. 자선 행위를 통해서 다른 사람을 배려하는 것도 도덕적 생활의 일부라 할 것이다. 철학자 대니얼 데닛 Daniel Dennett은 이렇게 썼다.

많은 이들이 스스로의 '영적인' 욕구를 충족시키기만 하면 도덕적으로 훌륭한 삶을 영위하고 있다고 순진하게도 굳게 믿고 있다. 하지만 많은 사회운동가들, 종교인들과 무신론자들까지도 이들이 스스로를 기만하고 있다는 사실에 동의한다.

오늘날, 수백만의 사람들—어린아이들을 포함하여—이 굶주리고 있다. 그리고 헤아릴 수 없이 많은 수의 사람들이 궁핍한 삶을 이어가고 있다. 우리는 이 늙고, 약하고, 가난하고, 핍박받는, 혹은 자유를 빼앗기고 구속된 이들을 잊어서는 안 된다.

6. 더 높은 깨달음과 지혜를 갈구한다

'더 높은 깨달음'을 좀 더 쉽게 말해보자. 그것은 우리 삶의 유한함을 인식하고 그 한정된 시간 동안 최선의 방법으로 살아가려고 애쓰는 것을 의미한다. 그것은 또한 스스로의 인생뿐만 아니라, 함께 살아가는 다른 이들을 공동 운명체로 받아들이려는 태도를 의미하기도 한다. 더 높은 깨달음이란 우아함과 품위의 다른 이름이다. 무엇이 신성한지, 무엇이 지킬 가치가 있는 것인지를 아는 것을 말한다.

지혜란, '무엇을, 언제 할지'를 아는 것이다. 그것은 또한 언제 행동하지 않고 지켜보아야 할지도 아는 것을 의미한다. 나는 심리학자 윌리엄 제임스가 내린 정의를 좋아한다. "지혜란 무엇에 눈감아야 하는지를 아는 것이다."

7. 인생의 의미를 찾는다

인생의 목적은 무엇일까? 자연의 세계를 들여다보면, 살아 있는 모든 것들은 생존을 위해 끊임없이 투쟁하며 그들의 유전자를 다음 세대에 이어가기 위해 애쓴다. 생명공학적 견지에서 보면, 우리가 살아가는 목적도 이와 별반 다르지 않다. 하지만 살아가는 '의미'는 어디에서 찾아야 할까?

인류 역사상 대부분의 시간 동안, 우리는 그 질문에 대답하기엔 너무 바빴다. 오로지 살아남는 것만으로도 힘에 부쳤다. 현대사회에 이르러서야 종교인들이 그 질문과 씨름하기 시작했다. 철학자들과 그 제자들도 그 질문에 매달렸다. 만일 당신이 그 질문에 답하기 위해 남은 여생을 다 바친다 해도 결국 그 답을 얻지 못할 것이다. 왜일까? 삶의 의미는 '발명'하는 것이지 '발견'하는 것이 아니기 때문이다. 우리 모두는 각자 무엇을 위해 살아가는지를 결정할 의무가 있다. 그리고 그 의미를 충족시키기 위해 우리 인생의 시간들을 바쳐야 할 의무도 있다.

호주 출신의 작가 매튜 캘리Matthew Kelly의 생각이 옳았다. 그는 이렇게 말했다. "인생의 핵심 목표는 '자신의 가장 최고의 모습'으로 사는 것이다."

이 일곱 가지 특질에 맞아 떨어진다면 '영적인 사람'이라 부를 수 있을까? 흠……. 아마도. 하지만 난 아직도 조금 자신이 없다.

진정한 종교는 당신이 무엇을 믿느냐의 문제가 아니라 당신이 어떻게 행동하는가의 문제다. 내 친구 중 한 명을 예로 들어보겠다. 그는 난폭하게 운전하고, 함부로 말을 내뱉으며 돈을 벌고 펑펑 쓰는 데 대부분의 시간을 할애하는 친구다. 그는 교회에도 다니지 않는다. 명상도 물론 하지 않는다. 그가 자연의 경외로움에 찬탄한다든가 세상 속에서의 그의 위치를 인식한다는 것은 상상도 할 수 없는 그런 친구이다. 그런데 그가 최근에 국내 골수 기증 프로그램에 가입했다. 전혀 알지도 못하는 누군가를 진심으로 돕겠다고 나선 것이다. 그 이야기를 듣고 나자 그 친구는 내가 알고 있는 '영적인' 사람들 중 한 명이 되었다.

　아마도 진정한 영성이란, 저 유명한 리트머스 테스트와 같은 것이 아닐까? 비록 왜 그런지 정의 내릴 순 없지만, 딱 보면 알 수 있다는 점에서 말이다.

Beyond
Wealth

닫는 글
'영혼의 부'를 이루는 균형 있는 삶을 위해

    지난 3년간 '정신적인 부'에 관해 150개에 달하는 에세이들을 써왔다. 그리고 이쯤 해서 그것들을 한데 묶어도 좋겠다는 생각이 들었다.

    나의 좋은 친구이자 동료인 줄리아 구스에게 무엇보다 감사한다. 우리의 주력 분야인 투자 상담과는 전혀 관계없는 내용을, 그것도 돈이 될 것 같지도 않은 책을 기꺼이 내준 용기에 박수를 보낸다. 하지만 수많은 독자들의 후기는 우리가 옳은 결정을 내렸음을 말해주었다. 무언가에 뛰어들 때는 그것이 어떻게 전개될지 전혀 예상할 수 없지만, 그렇다고 해서 움츠러들어서는 안 된다는 것을 배웠다.

    나의 한결같은 독자들에게도 감사를 표하고 싶다. 그들은 매주 나의 글을 읽고 소중한 의견을 보내주었으며, 그 의견들 속에서 내가 무엇을 짚어내었고 무엇을 놓쳤는지를 알 수 있었다. 그들은 또한 새로운 정보를 제공해주었고 내가 간간히 저지르는 실수를 지적해주었으며, 내가 기운이 빠져 있을 때 응원을 보내 주었다.

　세계 곳곳의 독자들로부터, 내 글을 읽고 영적인 풍족함에 대해 토론할 수 있는 기회를 갖게 되었다는 이야기를 들을 때마다 정말로 나의 노력들이 보상받는 듯한 느낌이 들었다. 전문가가 아니라 일반론자이기 때문에 가능했다는 생각이다.

　그리고 또한 전 세계에서 내가 이 책에서 다룬 내용들에 관해 깊이 사색하고 탐구하고 있는 독자들이 보내주었던 탁월한 충고들에도 깊은 감사를 보낸다. 그들이 지닌 이해의 깊이에 나는 놀라움을 금치 못했다. 오늘날 영적인 문제들은 정치적 문제들보다도 더 민감하고 무거운 주제로 인식되는 듯하다. 누군가를 몇 년 동안, 혹은 평생 동안 알고 지냈다 하더라도 그 사람의 마음속 깊은 생각이나 신념을 전혀 알아채지 못하고 살아가는 수가 많다. 보통 그들이 어떻게 행동하느냐에 따라 그 사람됨을 추측할 뿐이다.

　행동 이야기가 나와서 말인데, 행동에 관련된 주제로 글을 쓸 동안 많은 독자들이 내가 과연 내가 쓴 바대로 이상적인 삶의 태도를 갖고 있는지 알고 싶어했다. 물론, "저는 일과 놀이 사이에 완벽한 균형을 맞추고 있어요. 깨어 있는 동안 규칙적으로 운동을 하고, 건강식만 먹고, 가난한 이들을 돌보고, 셰익스피어를 읽고, 모차르트를 듣고, 간디나 마르쿠스 아우렐리우스의 삶을 닮고자 애쓰고 있답니다" 라고 답할 수만 있다면 얼마나 좋겠는가. 하지만 만약 내가 그렇게 말한다면 내 친구들과 가족들이 들고 일어날 것이다. (그리고 아무리 노력해도 크림파이를 끊을 수가 없다.) 솔직히 내 글 속에서 서술한 이상적인 삶의 태도들은 특히 그 필자에게 있어서 아직 진행 중인 숙제라고 고백할 수밖에 없다.

내가 왜 이 에세이들을 계속 써 내려갔을까? 잘 모르겠다. 젖소들이 젖에서 우유를 짜내야 하는 것처럼 끊임없이 무언가를 써야만 하는 사람들이 있는 것이 아닐까? 나는 완벽하게 몽상적인 수필가이다. 그리고 내 글들이 아직 많이 부족하다는 것을 잘 알기 때문에 많은 것을 읽고, 탐구하고, 끄적이는 데 대부분의 시간을 써야 한다는 사실이 기쁘다. 그리고 내게 있어서 그것은 노동이 아니라 즐거운 유희다. 인생을 살아갈수록, 그 즐거움을 뿌리치기가 힘들다.

내가 쓴 가장 최근작 『숨겨진 섬의 비밀』에서 밝혔듯이, 나는 이 글들을 내 아이들 한나와 데이비드를 염두에 두고 썼다. 아직 그 아이들이 이 내용을 이해하기에는 너무 어리지만, 언젠가 이 책을 집어들게 되기를 바란다. 그리고 그들이 살아가고 있는 이 세상에 대하여 배우게 되기를…… 그리고 그들의 아빠를 이해하는 데도 아주 조금이나마 도움이 되기를 바라는 마음이다.

감사의 글
'정신적인 부'를 마치며

    이것은 나의 세 번째 책이다. 그리고 매번 책을 낼 때마다 내가 원래 생각했던 것보다 큰 반향을 불러일으키곤 했다. 내 글들을 묶어 책으로 내도록 해준 존와일리 앤선즈의 모든 분들께 감사드린다. 데브라 잉글렌더, 켈리 오코너, 그리고 스테이시 피슈켈터에게 특별한 감사를 표하고 싶다.

    나의 자료조사와 글쓰기를 도와준 여러 스태프들—단 한 명의 편집자라도 좋으니—에게 감사한다고 말하고 싶지만 이것은 거의 전적으로 혼자 진행한 프로젝트였다. 그것에 대해 불평하는 것이 아니다. 나는 오후 시간에 바닷가에 나가거나 골프를 치는 것보다 책상 앞에서 수필을 쓰는 쪽을 좋아하는 사람이다. (내가 백스윙하는 폼을 본다면 내가 왜 이런 말을 하는지 바로 이해가 될 것이다.) 이 책을 쓰면서 나는 많은 것을 탐구하고 배울 기회를 얻게 되었으며 나의 무지를 개선할 수 있었음에 감사한다.

그리고 이 책 안에서 인용한 수많은 위인들과 사상가들 이외에도 내가 특별히 감사해야 할 사람들이 많이 있다. 나의 견해를 설명하는 데 많은 도움을 주는 책을 저술해준 작가들—특히 존 템플턴, 카렌 암스트롱, 브라이언 매기, 그리고 조셉 켐벨—에게 감사한다.

'정신적인 부' 프로젝트를 처음부터 끝까지 이끌어주고 과분한 추천사를 써준 줄리아 구스에게 감사의 말을 전한다. 금요일 오후 늦게까지 꾸물럭거리는 나의 원고를 기다려주고 매번 아슬아슬한 마감 시간에 탈고하는 필자를 참아 준 나의 웹 팀—마틴 덴홀름, 에릭 슈츠, 그리고 카렌 쉴트—에게 특별한 감사를 보낸다.

내 아내 카렌에게도 감사한다. 입장을 바꿔 생각해보건대, 깨어 있는 대부분의 시간 동안 읽고, 쓰고, 멍하니 먼 곳을 바라보는 남자와 사는 것은 결코 쉽지 않았을 것이다. 카렌, 고맙소. 나를 참아주어서.

그리고 이 지면을 빌어 내 전작 『숨겨진 섬의 비밀』 중 한 구절에 대한 오해를 풀고자 한다. "나는 빌 브라이슨을 싫어한다. 작가라면 응당 그래야 한다. 만약 왜 그래야 하는지 이유를 모르겠다면 그가 쓴 작품 아무거나 한 번 읽어보기 바란다"고 나는 썼다.

이것은 의도된 문장이었고—나는 순진하게도 모두가 그것을 눈치채리라 생각했었다—빌 브라이슨에 대한 반의적인 찬사였다. 그는 내가 가장 좋아하는 동시대의 작가라는 말로도 충분하지 않은 사람이다. 그의 글을 읽으면 누구라도 자괴감에 빠질 정도로 훌륭한 작가라는 뜻이었다. 그의 작품에 비하면 스스로의 글이 너무나 형편없게 느껴져서 어떤 작가라도 글쓰기를 때려치우고 어린이 놀이방을 차리거나, 와플을 구워 팔고 싶게 만드는 작가이기 때문에 그렇게 표현했던 것이다. 나는 빌 브라이슨을 한 번도 만나본 적이 없다. 하지만 그의 책을 읽고는 그를 숭배하게 되었다.

그러니 세계 각국의 독자들로부터 "왜 빌 브라이슨같이 훌륭하고 재능 있는 작가를 폄하하느냐?"는 편지를 받았을 때 내가 얼마나 당황했겠는가.

이 지면을 빌려 나의 문장을 정정하도록 하겠다. "나는 빌 브라이슨을 싫어한다. 작가라면 응당 그래야 한다. 만약 왜 그래야 하는지 모르겠다면 그가 쓴 작품을 읽어보기 바란다, 두 번씩."

옮긴이 곽세라

이화여자대학교 영문과를 졸업하고 나라기획, 금강기획에서 카피라이터로 활동하던 중 인도로 유학을 떠나 델리대학교에서 힌두철학과 석사과정을 밟았다.
저서로는 13년간 세상을 여행하며 만났던 힐러들의 이야기를 모은 『인생에 대한 예의』, 『길을 잃지 않는 바람처럼』을 비롯하여 불안한 현대인의 답답한 머릿속에 신선한 바람을 불어넣어주는 유쾌한 자기계발서 『모닝콜』 등이 있다. 『영혼을 팔기에 좋은 날』 이라는 소설집을 내놓기도 했다. 편역서로 『신은 여자에게 더 친절하다』가 있다.

삶에서 무엇이 가장 중요한가

1판 1쇄	2013년 4월 9일
1판 2쇄	2020년 9월 22일

지은이	알렉산더 그린
옮긴이	곽세라
펴낸이	김정순
책임편집	배경란
디자인	김진영
마케팅	양혜림 이지혜

펴낸곳	(주)북하우스 퍼블리셔스
출판등록	1997년 9월 23일 제406-2003-055호

주소	04043 서울시 마포구 양화로 12길 16-9 (북앤빌딩)
전자우편	editor@bookhouse.co.kr
홈페이지	www.bookhouse.co.kr
전화번호	02-3144-3123
팩스	02-3144-3121

ISBN 978-89-5605-646-3 03320

이 도서의 국립중앙도서관 출판도서목록(CIP)은 e-CIP 홈페이지(http://www.nl.go.kr/cip.php)에서 이용하실 수 있습니다.(CIP2013001830)